リチュアル

RITUAL

人類を幸福に導く「最古の科学」

著 ディミトリス・クシガラタス
認知人類学者、
コネチカット大学・実験人類学研究所長

訳 田中恵理香

晶文社

ブックデザイン／西垂水敦・市川さつき（krran）
DTP／髙井愛

私の両親へ

第1章 儀式のパラドックス

　ギリシャのティノス島はエーゲ海に浮かぶ小さな島だ。重要な港として使われている入り江には毎日、ギリシャ本土の港湾都市ピレウスからのフェリーが小刻みに揺れながら入ってくる。海岸沿いには白い漆喰《しっくい》塗りの四角い家が立ち並び、その背後のごつごつした茶色い丘と鮮やかなコントラストをなしている。フェリーの下甲板《げかんぱん》からほんの数台のトラックと乗用車がゆっくり出てくると、旅行客がタラップに押し寄せるように下りてきた。波止場にはタクシーの運転手や旅行会社のツアー担当者が集まり、ホテル名の書かれたカードを手に客を出迎えたり、まだ空きのある部屋を斡旋しようと売り込みをかけたりしている。少したつと観光客は姿を消した。おそらく近くの海岸や博物館へと向かったのだろう。まもなくして、いかにも休日らしい雰囲気だった波止場の光景が異様なものへと変わった。

　まだ波止場に残っている人たちの大半は黒い服に身を包み、一人ひとりがまちまちの速度で歩いている。彼らの表情は重々しく、決然とした様子だ。そして波止場からそれほど離れていない場所に集まると、次々に手と膝を地面につき、町のメインストリートを這《は》ったまま移動しはじめた。腹ばいになって、肘で自分の体を前に押し出すように進む人もいれば、通りを横切るように体を横たえて回転しながら急な坂道を登っていく人もいる。まるで、ギリシャ神話に登場するシーシュポスのようだ［神々の怒りをかったシーシュポスは大きな岩を山頂に運ぶ苦行を強いられた］。体をよじったりくねらせたりしながら、肘をついて前進する。一人の女性が仰向けに倒れ、男性二人がその女性の手をつかんで引きずった。四つん這いになって、小さな子どもたちを背中に乗せて進む人もいる。

夏の盛りで日陰が少なく、強い陽ざしが石畳の道を熱くしていた。急な傾斜を少しずつ進んでいくと、まるで戦場のような様相を呈してくる。血のにじんだ肘と膝、日に焼けた手足、傷だらけの体、苦痛に満ちた顔。暑さと疲労で多くの人が倒れ、それでも先へと進もうとする。一緒にいる家族が駆け寄ってきて水を差しだし、それを飲んで元気になった信者はすぐにふたたび登りはじめる。

目ざすは、ティノス聖母正教会だ。丘の頂上にそびえるこの荘厳な教会は、近くのデロス島から運んできた白い大理石でできている。ファサードには上部がアーチ状になった柱が波のようにいくつも連なり、削ってかたちを整えたバラスター［手すりを支える柱状の部分］や装飾的な窓がしつらえられ、遠くから見ると繊細な刺繍《ししゅう》が施されたレースのようだ。言い伝えによると、一八二三年、ある修道女が見たお告げの夢に出てきた場所から、古いイコンが掘り出されたという。イコンを納めるためにその場所に建てられた教会は、まもなく一大巡礼地となった。毎年、世界各地から大勢の人が、奇跡を起こすというイコンに祈りを捧《ささ》げようとティノス島を訪れる。

巡礼者は四つん這いになって丘の頂上までくると、さらに体を引きずりながら大理石の階段を二つ続けて上り、ようやくイコンに参拝できる。細部まで精緻に浮き彫りにされたイコンのテーマは受胎告知だ。しかし、肝心の受胎告知の場面はほとんど見えない。巡礼者が奉納した宝石で全体が覆われているからだ。イコンが置かれた礼拝堂の天井には何百もの銀の奉納品が吊《つ》り下げられ、いくつもの誓いや奇跡があったことを思い起こさせる。ハートのかたち、脚や目のかたち、ゆりかごや船のかたちのものもある。

　礼拝する者がみずからに苦行を課すティノス島のこうした光景は、一見すると意味がなさそうで、ただ驚異的だと思われるだけかもしれない。だが、同じような光景は世界じゅうで見られる。中東では、シーア派のイスラム教徒がイマーム・フセイン［イスラム教シーア派の第三代イマーム（指導者）］の殉教を悼んで、自分の体を刃物で切りつける。フィリピンでは、イエス・キリストの受難をしのんで、カトリック信者の手のひらと足に釘が打ち込まれる。タイでは、道教の信者が中国の神々を讃《たた》える九皇大帝祭を執り行い、ナイフや串、牡鹿《おじか》の枝角や傘まで、あらゆるものを使ってみずからの体を突き刺し、血を流す。メソアメリカ文明地域のマヤ族は、男性がアカエイの棘《とげ》でペニスを突き刺すという流血の祭儀を行っていた。また現代のアメリカ合衆国では、アパラチア山脈地域の南部の州で、ペンテコステ派の信者集団が致死性の毒をもつ蛇を手にして、教会で恍《こう》惚《こつ》として踊る。蛇はとぐろを巻き、いつでも襲いかかってきそうだ。実際、たびたび襲ってくるのだ。これまでに、蛇を操る信者一〇〇人以上が死亡したと記録されている。しかも、あまり世間に知られることがないので、実際の死者数はこの記録よりはるかに多いはずだ。こうした行為を行う集団について研究している社会心理学者のラルフ・フッドは次のように言う。「蛇を扱う教会に行けばかならず、手がなかったり、指を失ったりした人を見かける。熱心な信者がいる家族はこういう苦しみを味わってきた」[1]

ほかの地域でも、これまでにあげた例ほど苦痛ではないものの、同じぐらい犠牲をともなう儀式に身を投じる人たちがいる。チベットの僧侶は俗世間を離れて沈黙の瞑想《めいそう》生活を送り、何十年もかけて瞑想法をきわめる。世界各地のイスラム教徒はラマダン月のあいだ、夜明けから日没まで飲食を絶つ。インドの婚礼は丸一週間続くこともある。準備に数か月かけ、何百人、ときには何千人もの客を招待する。その費用は平均的な収入の世帯にとって大きな打撃になるだろう。ローカルNGOの〈進歩的村落事業・社会福祉研究所〉によると、インドでは全世帯の六〇パーセント以上が子どもの結婚式の費用を金融業者に頼り、法外な金利を要求されることが多い。借金の返済を保証する手立てがない人の多くは、返済のために年季奉公を余儀なくされる。[2]

ここまで、宗教的な儀式に限定して紹介してきた。しかし、儀式は私たちの社会的慣習のほぼすべての根本にある。小槌《こづち》を振る裁判官や、就任宣誓をする新大統領を思い浮かべてみるだけでもわかるだろう。軍隊でも政府機関でも企業でも、入所式やパレードというかたちで、また忠誠を誓うためにより手間のかかるかたちで儀式が執り行われる。重要な試合でいつも同じソックスを身に着けるスポーツ選手や、高額な賞金がかかるとサイコロにキスしたり幸運のお守りを握りしめたりするギャンブラーもいる。日々の生活のなかで、私たちはみな儀式を行っている。乾杯のときにグラスを掲げ、卒業式に出席し、誕生日会に参加する。儀式は、太古から人々に必要とされ、これから見ていくように人類の文明のなかできわめて重要な役割を果たしてきた。

それにしても、明らかな代償を払うにもかかわらず直接的な利益が目に見えないこうした行動に、私たち全員が深くかかわるのはなぜだろう？　そして多くの場合、目的がはっきりしないのに、こうした行動がこれほど重大な意味をもつのはなぜなのだろう？

私は数年前、交換留学生としてデンマークに滞在し、コペンハーゲンのすばらしい美術館〈ニイ・カールスベア〉を訪れた。古代地中海文明の工芸品などがある収集品エリアを歩きまわっていると、アメリカから来た考古学専攻の学生グループが教授のまわりに集まっているのを見かけた。教授は、背が高くてエネルギッシュな中年女性で、展示品の解説をしていた。教授の熱意が伝染したのか、学生たちは熱心に教授の話に聞き入り、ひと言ひと言に関心を示していた。私は彼らのあとをついていき、無料ガイドツアーの恩恵にあずかることにした。

第1章
儀式のパラドックス

教授はいわゆるソクラテス式問答法を用いていた。学生に向かってただ講義をするのではなく、すでにある知識を試すための質問を投げかけ、新たな推論を導く手助けをする。いくつかの展示品を指さしながら、その起源と目的を説明したあと、奇妙なかたちの古代ギリシャの土器のところに来た。そして「これは何でしょう?」と尋ねる。学生は答えに詰まっていた。空洞のある角《つの》のかたちだったが、明らかに飲み物を入れる容器ではない。小さすぎたし、底に穴があいている。細部に至るまで装飾的な彫刻が施してあり、制作に労力を要したのは確かだったが、用途がはっきりしない。教授は一人の学生のほうを向き、「何に使ったと思いますか。何のためのものでしょう?」と尋ねた。「わかりません」と学生は戸惑った様子で答える。「私たちにはわかりませんよね」と教授は繰り返した。「何に使うのかわからないということは、どういう意味でしょう?」。それを聞いて、学生ははっと気づいたようだった。「祭礼だ!」と叫んだ。「そう、祭礼に使ったのです」と教授は満足そうに言った。「何かの儀式で使われたのでしょう」

教授の答えに、私も思いあたることがあった。人間の本質のもっとも興味深い側面と合致していたからだ。儀式こそ、まさに人間の普遍的特性なのだ。知られているかぎりの人間社会には一つの例外もなく、過去でも現在でも、人生の節目を記念するため、高度に様式化され手順にのっとって正確に執り行われる数々の慣習がある。こうした行為は儀式と呼ばれ、明確な目的がまったくない場合もあるが、ある場合でも、特定の目的とそれを達成するために行われる行為とのあいだに因果関係がない。雨乞いの踊りをしても、空から雨が降ってくるわけではない。ヴードゥー人形を突き刺しても、遠くにいる人が傷つきはしない。タロットカードの占い師が確実に予言できるのは、占いのあとで財布が軽くなることだけだ。手段と目的にこのような乖離《かいり》があるから、教授は、多くの労を要する作品なのに明確な用途がないので儀式に用いられたのだろう、と推論したのだった。

行為と目的のあいだに説明がつかない乖離があるにもかかわらず、じつにさまざまな儀式が何千年も続いている。事実、もっとも世俗的な社会であっても、また私たちが認識しているかどうかは別としても、はるか遠い昔と同じように、儀式は現在でも普通に行われている。木をたたくこと［魔除けになるとされる］や祈りを唱えること、また新年の祝いから大統領の就任式まで、私的な生活でも公的な場面でも、あらゆる重要な局面に儀式が入り込んでいる。そして、宗教的な文脈で行われるのか世俗の文脈で行われるのかにかかわらず、儀式は人間のすべての活動のなかできわめて特別なものであり、意義と重要性をともなって深く根づいている。

このような特徴こそ、単なる習慣などのそれほど特別でない行動と儀式とを区別するものだ。一定の反復される型があるという意味では、どちらも様式化された行為と言えるが、習慣の場合は、行為が社会のなかで直接的な影響を及ぼす。いっぽう、儀式は象徴的な意味があり、それ自体を目的として行われることが多い。寝る前に歯を磨くという習慣を身につける場合、その行為の目的は直接的な効用を得ることにある。つまり、「因果関係が明確」だ。象徴的に宙で歯ブラシを振り回しても、歯を清潔に保つ役には立たない。一定のプロセスを繰り返すことで習慣となり、私たちは考えるまでもなくその行為を定期的に行えるようになる。

それに対して、儀式は「因果関係が不明確」だ。しかし、儀式では、どこに焦点をあてて注意を払うかがはっきりしている。儀式で行われる象徴的な行為は、覚えておいて正確に実施しなければならないからだ。例をあげると、ギリシャ正教の結婚式では、花婿と花嫁の付添人が結婚指輪を交換して交互に三回、花婿と花嫁の指にはめ、頭にそろいの冠を三回かぶせる。司祭は三回祈りを唱える。花婿と花嫁は同じグラスからワインを三口のみ、祭壇の周囲を三度回る。こうした動きの手順は入念に準備され一時間かけて厳密に執り行われる。忠実に実施するため細部にわたる指示と予行演習が必要になる。じつを言うと、これらの行為には法的効果がない。二人の婚姻が成立した要件になるのは別の手続きであり、法的文書に署名や捺印《なついん》をすることが必要だ。しかし、婚礼における象徴性や祝祭性によって、この出来事が意義深く忘れがたいものになる。だから私たちは、婚姻に効力をもたせるのは書類よりも儀式だという印象を受ける。習慣は定期的・日常的に行うことによって、大切な活動でも整然と行えるようになるが、儀式はある出来事を特別なものにすることによって、私たちの生活に意味を植えつけるのだ。

別の言い方、具体的には社会学者のジョージ・C・ホーマンズの言葉を借りて言うと、「儀式的行為は、外の世界に対して実用的な結果を生み出すものではない。この点こそ、我々が儀式と呼ぶ理由の一つである」。事実、多くの宗教団体では、明確な目的を想定して行う儀式が魔術とみなされる場合がある。ホーマンズは言う。「しかし、このように述べたのは、儀式に効用がないという意味ではない。(略)社会の人々が心の安定を得て不安を払拭することができ、社会組織に秩序が生まれる」[3]

人類学者は一世紀以上にわたって、細心の注意を払って数多くの興味深い観察結果を集め、儀式の効用を探究してきた。そして、個人として達成感を得て力をつけ変革を遂げるための手段として、また協働と社会秩序維持のためのメカニズムとして、儀式は計りしれないほど大きな可能性を秘めていることが認識されてきた。ただし、研究者たちは洞察に富んだ理論を打ち立てるのだが、その理論について実際に検証することはなかなかできなかった。あるいは検証しようとしなかった。文化人類学者は、社会は複雑で厄介な場であり、人々の生活で重要な意義がある事柄は簡単には定量化できない、という前提から始める。フィールドで民族誌学研究《エスノグラフィー》を行い、自然な状況のなかで人々の儀式の慣習を観察する。そのようにして、ありのままの状況で儀式がどのように行われるかを理解することに意識を集中するのだ。

いっぽう、心理学者やそのほかの実験的思考を重視する研究者たちは、計測は高度に統制して行うべきものであり、実際の生活の場面ではそのような高度な統制は容易にできない、と考えている。彼らはたいてい、実験室で研究を行い、一定の時間における断片的な行為に着目する。その目的のために人々を日常の環境から引き離して実験室に連れてくる。そこでは、研究結果を複雑にする外部要因を排除できる。ただし、実験の過程で必然的に、日常の環境に付随していた意味の大部分が得られなくなる。

このように、実験室の中で意味のある行為を研究するのが難しいためもあってか、心理学者のあいだで、儀式が研究対象として取り上げられることはあまりなかった。人間の行動としてはとるに足らない側面であり、いずれ失われるであろう精神のひずみのようなもの、または科学的な研究がほぼ不可能な、捉えどころのないテーマだとみなされていた。その結果、人間の本質のなかでもきわめて普遍的な側面である儀式について科学的に解明されていることは、最近まであまりなく、あっても断片的だった。

この傾向が近年になって変わってきた。人類学が成熟するにつれて、民族誌学の研究者は、人々の発言は真剣に受け止めるべきだが、同時に、そうした発言を実証的に検証する方法を見いだすことが重要だと認識するようになった。そして心理学者は、人間の心理には、大学の実験室の狭い閉鎖的な空間で検証の対象者が見せる以上のものがあると気づき、文化的な背景への関心を高めた。

さまざまな領域の社会科学の研究者が、多くの事例について共同で研究に着手し、相互に学びはじめた。新しい手法や技術が開発され、それまで手が届かなかった問いを探究できるようになった。ウェアラブルセンサーによって、人々が実際の生活で儀式に参加しているときに体内でどんなことが起こっているかを調べられるようになった。生化学の進歩と脳画像のおかげで、実験室でもフィールドでも人間の脳を覗《のぞ》くことができる。認知科学の革新によって、人間の心の中で起こっていることを調べる新しい方法が提供された。コンピューターの能力が向上し、新しいソフトウェアパッケージの開発とあいまって、統計学者が複雑なデータを解析できるようになった。儀式についての科学的な研究がようやく成熟に至ったのだ。ついに私たちは、長年の謎を解くために探究を進める準備ができた。さて、儀式という不可解なものに、いったいどんな意味があるのだろう?

私は、子どものころから儀式に惹《ひ》かれてきた。ギリシャで過ごした子どものころ、月に一度、母と一緒にバスに乗って市の中心部に出かけていた。母は裁縫用品を買ったり光熱費の支払いをすませたりと、さまざまな用事を片づける。母につき合ったごほうびは、市内でいちばん大きい書店に行くことだった。『ナショナル ジオグラフィック』が買える唯一の店だ。インターネットが一般の人々に広まる数年前のことであり、当時のギリシャにはケーブルテレビがなかった。『ナショナル ジオグラフィック』の光沢のあるページが最初の窓を開いてくれ、私は人類学の世界に心を奪われた。はるか遠い場所へ誘《いざな》われ、別世界の文化に導いてもらった。インドで行われている壮大な巡礼の旅や、アンデス地方の治療師、ハイチのヴードゥー教の儀式に関する記事を読み、ニジェールのウォダベ族のあいだで行われる求婚の儀式や、グアテマラのマヤ族に見られる占いの慣習、アマゾン地域のさまざまな部族が行っている苦痛をともなう通過儀礼などの写真を目にして、深い感銘を受けた。ケニアとタンザニアのマサイ族の男性は成人の儀式の一環としてライオンを殺さなくてはならない、ということも知った。みごとにライオンを捕獲した若者は、祭礼でライオンのたてがみを頭飾りにするのを認められるという。

こうした慣習はすべて遠い場所で行われていたため、時間の流れからも切り離されているかのような印象を受けた。過ぎ去りしロマンの時代の滅びかけた遺物のように思えたのだ。私が属する社会にも儀式は広く行きわたっているという事実には、あまり思いが及ばなかった。しかし実際は、ギリシャのほかの学校と同じく私の学校でも、年度の初めに聖別の儀式を行っていた。毎日、朝のお祈りに出席することが義務づけられていたし、ときには地元の教会に行かなくてはならなかった。そうした宗教的な儀式に加えて、国旗掲揚式があり、国歌を歌い、祝日にはそれぞれの町で行われる学校のパレードで行進した。しかし、こうした儀式は、儀式とは別物のように思えた。おそらく、私にとっては意味がなかったからだろう。先生に強制されたものだったからだ。義務だから参加していたが、いつも逃れるための口実を探していた。身近で行われている儀式は、じつは儀式とは言えないようなものだと感じていたからかもしれない。ただ繰り返しているだけで、気持ちが高揚することもなく、『ナショナル ジオグラフィック』の特集ページで紹介されている華々しい祭礼とはまったく違っていた。あるいは、あまりに身近にあったために、認識できなくなっていただけかもしれない。

公共放送でティノスの巡礼の報道を見たのは、十代前半のころだった。あらゆる年代の男女が聖なるイコンに祈りを捧げるため、膝を傷だらけにして、腕から血を流しながら丘を登っていた。目的地に着くと巡礼者の多くは泣き出し、険しかった顔が至福の表情に変わった。記者にインタビューされる人たちは、巡礼がどれほど自分にとって大切なのか、力を込めて語っていた。巡礼の旅をするために何年も貯金した人もいた。なぜなのかと聞かれると、立てた誓いを成就させるためと話した。聖母マリアに特別な願いをかける人もいた。子どもを授かるように、子どもが試験に通るように、そして病気やけがが治るようにと。特別な理由がない人もいた。巡礼そのものが目的だったのだ。

私は祖父に、巡礼について聞いたことがあるかと尋ねた。祖父は私が知っている人のなかで、もっとも信仰が篤かった。ギリシャ正教に関するあらゆることに精通し、ほかの人たちから「教会の人」と呼ばれていたが、まったくそのとおりだった。もちろん、祖父は巡礼について聞いたことがあると答えた。祖父がいた村から実際に巡礼に出かけた人の名前を何人かあげた。私が知っている人までいた。そして思いついたように、ギリシャのほかの地域で見られる同様の慣習について話しはじめた。南のほうにあるクレタ島で見られる苦痛に満ちた巡礼から、北部の農村で行われる火渡りの行事まであった。これらは、過去の遺物ではなく、遠く離れた知らない土地の部族の慣習でもなく、いまここで、私と同じ文化にいる人たちが行っていた。だが、なぜなのだろうか？　なぜ、これほど多くの風変わりな慣習が、科学とテクノロジーを有する世俗化された現代に存続しているのか。そして、儀式にこれほどの時間と資力を費やすよう人々を駆り立てているのは何なのか。もっとほかのこと、たとえばお金を稼ぐ、愛をかわす、社交的な生活を送って家族の世話をする、またはただ幸せに暮らすなどして時間を過ごせるだろうに。

何年かのち、私はこの問いを探究する機会を得ることになる。アリストテレス大学に入学し、宗教学が専門のパナヨティス・パヒス教授から指導を受けることになった。学生として、儀式の歴史学と心理学の世界に飛び込み、このテーマに関して見つけられるかぎりのコースを選択し、関連図書を手あたりしだい読みあさった。ある日のこと、教授が、デンマークのオーフス大学に宗教認知科学の研究プログラムが新しく開設されたので、そこで研究できる機会があるかもしれないと口にした。もう一度説明する必要などなかった。私は暖かいコートを一着購入し、荷物をまとめて、人生初の飛行機に乗り、初めての外国へと旅立った。新しいミレニアムの最初の日のことで、まさに通過儀礼となった。

オーフス大学では、文化に対して従来とは根本的に異なる視点と出会った。心理学と進化論的科学をもとに開発された手法と理論を活用し、伝統的に人文学の領域に置かれていたテーマを研究するというものだった。ひと目で恋に落ちた。私は、認知心理学、進化人類学、神経科学などの分野について最新の理論を読みはじめた。象徴的思考の展開について、苛烈な試練が記憶に刻まれる過程について、そして特定の宗教体験にかかわる脳の領域について知った。

それでもまだ、決定的な何かが欠けていた。知りたい問いの答えを見つけるのは、デスクや図書館や実験室ではできなかった。儀式について自然な環境のなかで研究しなければならない。実際に人々に会い、彼らの話を聞き、日常の活動に参加するという意味だ。つまり、人類学者にならなければいけないのだ。

私は修士課程を修了するとベルファストに行き、クイーンズ大学の人類学者で儀式を専門に研究しているハーヴィ・ホワイトハウスのもとで学んだ。博士論文では、過激な儀式を研究することにした。ここで言う「過激」とは、儀式を実践する人が普通ではないとか、異常だとかいう意味ではない。事実、過激な儀式が行われている地域では、幅広い人が儀式に参加している。あらゆる社会経済的背景をもつ人たちだ。ただしその儀式は、尋常ではない努力を要するという意味で、過激なスポーツと同じぐらい過激なのだ。たとえば、世界各地で行われている儀式のすべてをリストアップして、儀式にともなう心理的ストレスや肉体的苦痛、エネルギー消費を計測して並べ替えたら、これらの儀式はリストのいちばん上にくるだろう。

私は、必修になっていた事前研修を終了し、博士号取得に向けた研究提案書を提出した。祖父が話していた儀式の一つを調査することに決めたのだ。それは、火渡りの儀式だった。世界各地のさまざまな社会に、はだしで熾火《おきび》の上を歩く儀式がある。火渡りの儀式をいくつか調査するため、ギリシャとブルガリア、そのあとスペインを訪れ、小規模な農村社会でフィールドワークを行うことになる。ほどなくして、私はふたたび荷物をまとめ、ついにフィールドに飛び込むことになった。

その後一年半にわたって、私は人類学者がすべきことをした。つまり、問いを投げかけるのだ。来る日も来る日も、住民の家に行って何百人もの人にインタビューをし、数えきれないほどの行事に参加した。いつもの日曜日のミサもあれば、衝撃的な火渡りの儀式もある。並はずれた人たちに会い、心を奪われるような会話をかわし、興味をそそられる話を聞いた。ところが、私にとってもっとも重大な問いに答えを出すのは最高に難しかった。それは、もっとも単純で、何よりも重要な「なぜ?」という問いだ。なぜ、このような大変な儀式にかかわるのか? 調査が進むにつれて、答えは想像していた以上に複雑になっていった。

アレハンドロは七三歳の男性で、スペインのサン・ペドロ・マンリケという小さな村の出身だ。十代のころから、家族とともに地元の火渡りの儀式に参加してきた。私は何年ものあいだに数多くの火渡りの儀式に立ち会ったが、この村の儀式ほど激しいものはほかになかった。二トン以上のオークの木を使って、アルミニウムを溶かすほど熱い火をおこし、参加者は別の一人を背負い、はだしで火の上を歩く。たいていの人は子どもを背負う。だが、アレハンドロは違った。自分の体重より重い大人を背負うことが多かった。アレハンドロは火渡りに参加することをおおいに誇りに思っていた。五〇年間、儀式を欠席したことはない。やめるつもりはないのかと私が尋ねると、アレハンドロは考え込み、長い間をおいてから言った。「いつか年をとって、できなくなるとわかっている。でも、その日が来たら火渡りに行かないだけのことだ。家にいる。その場にいて見ているだけで参加できないなら、鐘楼から飛び降りて自殺するね」

その翌年、検診で不整脈の症状が出たため、アレハンドロは儀式に参加することを医師から止められた。刺激が強すぎるので、この状態ではリスクを冒さないほうがいい、と医師は言った。老人は火渡りができないので、宣言したとおり、その夜は自宅にいることにした。彼にとっては火渡りと同じぐらい苦行だったが、参加できないなら見に行かない。

だが、息子のマメルには別の考えがあった。

その年、私は祭りを見るため、ふたたびサン・ペドロを訪れていた。そして行列に加わるよう誘われた。地元の人が町役場前の広場に集まって手をつなぐ。人間の鎖がリズミカルに動きながら丘を登っていくと、レシントと呼ばれる円形の野外劇場に行き着く。レシントの中央の平らな地面でまきの山を燃やすのだ。私はマメルの隣でしっかり手をつないだ。マメルの父親の家に近づくと、マメルに引っぱられ列から外れた。マメルが行列から離れるとは、いささか驚きだ。「どこへ行くんだ?」と私が尋ねると、「いまにわかるから」と答えた。

私たちはアレハンドロの家へと歩き、中に入ると、彼は窓のそばに座っていた。アレハンドロは顔を上げ、私たちを見て驚いたようだった。マメルが父親の前に立って告げた。「とうさん、火の上を歩けないなら、僕が背負って火の上を歩くよ」。老人は何も言わなかった。立ち上がり、息子を抱きしめただけだった。目は涙でいっぱいだった。

その夜、アレハンドロがマメルの背中に乗ると、集まった大勢の人が拍手を送った。息子の背に乗り、息子が炎の上を少しずつ、しっかりした足どりで歩くあいだ、晴れやかで誇らしげな顔をしていた。村じゅうの人がアレハンドロ父子に声援を送り、家族は駆け寄って二人を抱きしめようとした。しかし、アレハンドロはまだ終えていなかった。きっぱりと手を振り、みなをその場に押しとどめた。体の方向を変え、もう一度火のほうへ向き直ると、誰もが息をのんだ。アレハンドロが何をしようとしているのか、わかっていた。アレハンドロは前へ二歩踏み出すと、足踏みを始めた。いまや笑みは消え、いっそう神妙な面持ちになった。一心に集中して火をにらみつけ、意志の力で火をねじ伏せようとしているかのようだった。ためらわずに、赤く燃える炭の上を歩きはじめた。そして少し間をおいて、炭を並べた火床の反対側から勝ち誇ったように現れた。人々は熱狂し、火渡りに挑戦するほかの人たちもアレハンドロをほめたたえた。家族だけは別だった。無理してつくった笑顔から、感心しかねる気持ちと誇らしい気持ちが入り混じっていることが伝わった。

なぜ医師の指示に従わなかったのかとアレハンドロに聞くと、彼は次のように答えた。「火渡りの儀式をしたら心臓《ハート》が大変なことになるかもしれないと、医者に言われたんだ。でも、もし儀式をしなかったとしたら、わたしの心《ハート》がどうなるか、医者はわかってるのだろうか」。どうやら、アレハンドロがこの儀式より大切だと考えているものは、ほかにないようだった。アレハンドロは、自分の人生でもっとも大切なことの一つだと、何度も繰り返し私に語った。しかし、なぜ火渡りの儀式がそうまで大事なのかと問うと、当惑した顔になった。そして私を見つめ、長い間をおいてから私の質問を繰り返した。言葉が見つからず困っているようだった。「なぜするのかって？　それは……、なぜだかよく説明できない。たぶん、子どものころから経験してきたことだったから。父もやったし、祖父もやった。だから、小さな子どものときから、いつも火の上を渡りたいと思っていた」

幾度となく、人類学者はこうした発言に出くわす。なぜその儀式を行うのかと人類学者から尋ねられたときによくある反応は、戸惑った表情と長い沈黙だ。そしてようやく次のような言葉が出てくる。「どういう意味でしょう？　わたしたちはなぜこの儀式をするのかと聞かれても……。とにかくしてるんです。伝統だから。わたしたちはそうなんです。そうするんです」

これが儀式のパラドックスだ。多くの人が、儀式は重要だと断言するが、なぜ重要なのかとなると、昔から続いているからという以外はよくわからない。儀式には意味がないように思われるが、儀式を行う人にとってはきわめて重要で神聖な経験になっている。だが、人間の活動で深い意味があるほかの分野、たとえば音楽や芸術やスポーツと同じように、当初は奇妙で役に立たないと思われていたものが、実際に変革を起こす力になる場合もあるのだ。

儀式のパラドックスを解明しようと、私は二〇年にわたる旅に乗り出し、世界のなかでも最高に過激な儀式について、よくある多くの儀式とあわせて研究してきた。その地域に住み込んでコミュニティの一員となり、数々の儀式を実際に見て、実験室とフィールドで次々と検証を行い、人々が儀式に駆り立てられる動機を理解しようとした。儀式を実践する人たちを実験室に連れてきて実際の環境から切り離すのでなく、多くの場合、フィールドに実験室を持ち込み、自然な環境のなかで研究しようとした。その結果、数年かけて世界各地のコミュニティを訪れ、祈りなどの日常的な儀式から、ポール登りのような過激な儀式、壮大な巡礼などの大規模な行事、あるいはひっそりと人目に触れずに行われる黒魔術の儀式に至るまで、数多くの調査をすることになった。そして生体認証センサーを使い、ホルモン検体を採取して、さまざまな儀式について神経生理学上の効果を調べることができた。行動計測は、体内で起こるプロセスがどのように人間どうしの相互作用に影響するかを研究するのに役立った。心理測定のためのテストと調査から、儀式を実践する背景となっている動機が多少なりとも明らかになった。参与観察によって、人々が儀式をどのように経験するのか、また儀式の実践にどのような意味を見いだすのかについて、新たな知見を得ることができた。

私の研究結果や、科学のさまざまな領域で明らかになっていることを集約した結果から、儀式は私たちの進化の歴史に深く根を下ろしていることがわかってきた。じつのところ、儀式の起源は、人類の起源と同じぐらいさかのぼれる。儀式の長い歴史には理由がある。儀式における行為は、物質的な領域には直接の影響を及ぼさないが、私たちの内面の世界を変革し、社会を形づくるうえで決定的な役割を担っている。本書の目的は、読者のみなさんをそうした科学的発見へと誘い、儀式が私たちの内面に及ぼす作用と、個人や社会に果たす重要な機能を明らかにすることにある。儀式を科学的に研究することによって、私たちを形づくる原初的で根本的な要素としての儀式について理解するとともに、儀式の実践を促進できる。儀式に対する執着について納得できたときこそ、人生のなかで儀式がもつ力を十分に活用できるようになるのだ。

第2章 儀式と種

タンザニア北部のナトロン湖の岸辺では、毎年、古代から続く祭りが行われている。遠く離れた地から一〇〇万以上の参加者が、ときには何千マイルも旅をしてやってくる。湖に到着すると、参加者全員で親しく食事をとりながら、最大の行事が始まるのを待つ。鮮やかなピンクの衣装に身を包み、小さな集団に分かれてすばらしいダンスを踊るのだ。輪になって、頭を上げたり下げたり、横に回したりしながら端正な動きをする。ときどきパートナーを変えて同じ動きを繰り返す。しだいに興奮が高まり、ダンスが熱狂的になっていく。回転しはじめ、ときおり感極まって叫びながら足を宙に振りあげる。やがて、全体が一つの鼓動する集団になる。祭りが頂点に達すると、隊列を組み、声をそろえて歌いながら整然と行進する。これは気楽などんちゃん騒ぎとは違う。それどころか、これ以上はないほどの大きな賭けなのだ。祭りが終わると、若い女は気に入った男のダンサーを選ぶ。そして性的なパートナーになり、最終的に生涯のパートナーになることもある。何世代にもわたって受け継がれ、現在まで変わらず続いている慣習だ。

この求愛の儀式については、近年、フランスの鳥類学者のグループが研究している。主役はフラミンゴで、舞台は「レック（lek）」だ（レックはスウェーデン語で「楽しみ」や「ゲーム」の意）［英語のlekは、鳥や動物が求愛のために集まる場所、また求愛行動そのものを意味する］。このような求愛の場は世界各地に見られ、さまざまな種《しゅ》の動物が数多く集まり、求愛の儀式を行っている。研究者たちは、フランス南部のローヌ川デルタのカマルグ地域にいる、管理タグをつけた鳥三千羽を利用した。この地域は一面浅い潟《かた》になっていて、フラミンゴの絶好の生息地だ。タグがついているので、鳥の各個体の性別、年齢、来歴がわかり、自然のままの鳥を遠くから観察できる。二年以上かけ、高精度ビデオカメラを使って発情期のフラミンゴ一〇〇羽（オス五〇羽とメス五〇羽）の行動を観察し、撮影した。フラミンゴの各個体のダンスの種類、頻度、タイミングについて、交尾と繁殖の成功率とともに詳細な記録をとったのだ。そして、ダンスの技――動きの組み合わせのバリエーションや豊富なレパートリー――に長《た》けた鳥は、つがいを見つける可能性が非常に高いことを発見した。[1] 餌《フィード》にありつけるのは早く来た鳥《アーリーバード》かもしれないが、繁殖《ブリード》に適しているのはグルーヴィーなダンスができる鳥だ。

フラミンゴの「レック」の行動によく似た儀式化された求愛行動で、広く知られているものがある。一対になった鳥が輪になり、そろって体を伸ばしたり、回転したり、頭を下げたりしながら踊る動きは、人間が行うウィンナ・ワルツに驚くほど似ている。また、集団が恍惚としながらいっせいに踊る様子は、ロックコンサートやレイブ［一晩じゅう音楽をかけて踊るイベント］を想起させる。鳥類と同じように、人類にも同調した動きをともなう行動があり、鳥類でも人類でも、この類似した行動が交合へとつながることが多い。しかしここで、社会科学者の多くは即座に警告を発する。鳥類の儀式は生まれつき備わっている本能の結果だ、と主張するのだ。フラミンゴはそのようにプログラムされているからダンスをするのだろう。脳がそうするように伝えるから、従っているまでだ。それに対して、人間の儀式は複雑で、微妙な象徴的意味合いに満ちていて、私たちの洗練された文化から生み出されたものだ、と。

とはいうものの、本書でこれから示すとおり、儀式は鳥に備わった特性の一つであるのと同様、人間が生まれつきもつ特性の一部でもある。いや、それ以上のものだ。儀式はまさに人間の普遍的な行動なのだ。もし儀式がまったくない人間社会を発見した人がいれば、喜んでこの本の代金をお返ししたい。あらゆる文化を通じて、儀式は子どものころから自然発生的に現れ、容易に学習されて継承される。宗教の世界でも世俗社会でも同じように行われている。

さらに言うと、鳥類の儀式のすべてが無意識の単純な行動として片づけられるわけではない。ニワシドリは、オスが念入りにつくった愛の巣で独特の交尾の儀式を行う。こうした儀式の要素――ダンスの動作やさえずり、そのほか複雑で細かくこれ見よがしな求愛の様式――はすべて、ニワシドリのさまざまな個体群によって異なり、文化的に継承されていく。ある鳥が別の地域に移動すると、その土地の個体群の習慣に合わせて、交尾の儀式を適応させていく。[2]また、カササギ、カラス、オオガラスなどの鳥類には、死の儀式があることが知られている。

集団のなかの個体の死骸に、不寝番《ねずのばん》でもするかのように群がり、小枝などを集めて死骸のまわりに並べるのだ。[3]

鳥と人間を比較したときにもう一つ問題になるのは、鳥類と人類は遠く離れた親類であることと、つまり系統発生学的に見て類縁関係が遠いということだ。鳥類と人類の儀式が実際に関連しているなら、近い類縁関係にある動物、たとえば哺乳類、とくに類人猿に同様の行動が見いだせるはずだ。

ここで二つの可能性が考えられる。一つは、鳥類と人類の儀式は直接の関連はなく、「収斂《しゅうれん》進化」と呼ばれる過程のなかで別々に進化したというものだ。これは、同じような問題を解決しなければならない場合に、異なる種のあいだで似たような形質と行動が発達することを意味する。たとえば、ゴリラとニシンが直接的な類縁でないのと同様に、イルカとサメは遺伝子学的に近い関係にはない。しかし、イルカもサメも、水中を高速で移動するのに付随する、似たような問題に順応しなくてはならないことから、とてもよく似た流線型の体に進化をとげた。同じく、人類と鳥類には、高度に儀式化された行動をとるにあたって重要な役割を果たしている類似性がある。具体的に言うと、鳥類は主要な感覚として視覚と聴覚を用いていて、大半の種は社会性があり、つがいを求め、多くは一夫一婦で、まねをするのがとてもうまく、リズムと発声と同調性に関して特有の傾向をもつ。このような特徴はすべて、これから見ていくように、人間の儀式についてもかならず見られる。

もう一つの可能性として、鳥類以外の動物の儀式的行動について、私たちはしっかり見てこなかっただけかもしれないという点があげられる。実際に、以前は人間だけにあると思われていた特徴が、ほかの動物にも見いだされている。最近まで人間だけに備わっていると考えられていた特徴には、たとえば、感情、性格、道具の製作・使用、共感、道徳性、闘争などがある。しかし科学者は、自然環境のなかでほかの動物について体系的な研究を始めるとすぐ、こうした特徴は何らかのかたちでほかの種にも見られる場合があると気づいた。同じように、哺乳類が儀式的行動をとるとする根拠は最近までほとんどなかった。こんにちでは、儀式的行動を示す根拠は十分あり、その数はさらに増えていることがわかっている。イルカは、そろって水面から顔を出すという、ある種の集団ダンスをする。ザトウクジラは群れになって歌うように啼《な》く。海洋哺乳類には弔いの儀式を行う種があり、死骸を何日も運んだり、死骸の周囲をそろって泳いだりする。イルカが死んだ仔《こ》を船に向かって押し出し、船の乗組員が死骸を引き上げるのを待っている様子も観察されている。イルカはそのあと、船のまわりを取り囲み、泳いで去っていった。[4]

空と海に加えて、陸の動物でも儀式は豊富に見られる。キリンはつがいを探すとき、タンゴに似た求愛のダンスを踊る。オスとメスが並んで歩き、長い首をこすり、突き合って絡み合わせる。オオカミの群れは、そろって遠吠《とおぼ》えをして、歌うようにいっせいに啼《な》く。ゾウは、死んだ仲間を悼み、弔いの儀式をする。

ゾウは、死を理解していると考えられる数少ない動物の一つだ。同じ集団の仲間の死骸に砂をかけて、木の葉や花で覆って埋葬しようとしているところが、たびたび観察されている。遺骸を見つけたゾウは、ほかの動物も——人間までも——埋めようとするという報告まである。[5] 野生生物保護活動家で、『野生のエルザ』という映画のモデルにもなったジョージ・アダムソンは、ケニアの女性について次のように語ったことがある。その女性は、木の下で休んでいるうちに眠ってしまい、しばらくして目が覚めると、近くにゾウの一群がいた。そして、近寄ってきた一頭に鼻で触れられ、においを嗅がれたという。女性は驚いて動けなくなってしまい、死んだふりをすることにした。まもなくゾウが集まってきて、大きな声で啼きはじめた。木から小枝や葉を集め、女性の体をすっかり覆った。翌朝、地元の牛飼いが女性を見つけた。その女性はまだ小枝の大きな山の中にいた。恐怖のあまり動けなかったのだ。[6]

仲間のゾウ、とくにリーダーなど群れの重要なメンバーが死ぬと、ゾウは何日も死骸に付き添い、その後もたびたび死骸のもとに戻ってくる。何十年もたってから遠距離を旅して、血縁関係にあったゾウの骨がある場所を訪れることさえある。たどり着くと、群れ全体で声もなく立ちつくし、交替で骨を調べ、やさしく触れ、ひっくり返したり臭いを嗅いだりする。アダムソンは、政府所有の庭園に何度も侵入したため射殺されたオスのゾウについて書いている。ゾウの死骸は半マイル引きずられ、そこで解体され、その肉は近くに住む部族の人たちに配られた。その夜、ほかのゾウが死骸を見つけ、骨を拾って射殺された場所に戻したという。

葬式という儀式も、私たちの親類であるヒト科の動物、つまり消滅した種も現存する種も含めた大型類人猿でよく行われている。ゾウと同じくチンパンジーも、群れの仲間が死ぬと、そのまわりに集まり、そこで何時間も静かにしているが、ふだんはこうした行動はとらない。交替で死骸をきれいに整え、ときどき叫び声をあげ跳びまわって、沈黙を破る。[7] このような行動は、人類の多くの文化で見られる葬儀の慣習と驚くほど似ている。弔問客が通夜に参列し、遺体の前で泣いたり叫んだりするなど、声を出して死者を悼む。

ヒト以外の霊長類を自然環境のなかで初めて体系的に研究した霊長類学者のジェーン・グドールは、類人猿の驚くべき行動について述べている。グドールは、タンザニアのゴンベ国立公園でチンパンジーと何年も過ごし、気づいたことがあった。チンパンジーは特定の場所に行くと、かなり特異な行動をとるのだ。たとえば、大きな滝に近づくと、グドールが「滝のダンス」と呼ぶダンスをよくする。長いときは一五分続き、壮観だ。チンパンジーは、ダンスを披露するあいだ直立で足踏みをし、極度に覚醒された状態で足を踏みかえ、リズミカルに動かす。滝のしぶきを浴びながら、木の蔓《つる》につかまって体を揺すり、水のなかに大きな石を投げ入れる。興奮が静まると、何分間か座って静かに滝を見つめる。チンパンジーは、別の状況でも似たようなダンスを踊る。「雨が激しく降りだすと、若木か低い枝につかまり、前から後ろへと何度もリズミカルに木や枝を揺らし、続いて地面を両手でたたいて、両足で踏みしめながらゆっくりした動きで前進して、次から次に石を投げる。（略）こうした行動をとるのは、驚きや畏れに似た感情に刺激されたからではないか」とグドールは考えた。[8]

さらに最近になると、西アフリカのいくつかの場所で、チンパンジーが石を集めて特定の木まで運んでいく様子が記録されている。チンパンジーはその石を、くぼんだ穴に並べたり、木の幹に打ちつけたり、木の根元に積み上げたりしていた。こうした石積みについて、研究者たちは、さまざまな文化で人が石塚や石塁をつくって神聖な場所に目印をつけることになぞらえた。[9] たしかに、ある種の木はチンパンジーにとって特別な意味があったのだろう。だから、近くを移動する途中でよく道を変更して、木のところに寄ってから移動を再開するのだ。木の前で直立し、前後に体を揺らして荒い息を吐きながらホーホーと啼き、ひどく興奮して何度も跳び上がる。この行動が最高潮に達すると、足か石で木の幹をたたく。

霊長類の多くは社会性をもつ種であり、それゆえに社会的儀式を行う。これらの種には人類学者が「離合集散社会」と呼ぶ集団で生活するものがあり、個体は集団とゆるやかにつながっていて、餌を探すため小さい集団に分かれたのちに、ふたたび一緒になる。これは人間の行動と似ている。私たちは、必要に応じて、また関心や価値観によって自由な時間を使い分け、そのときどきで近しい家族、拡大家族、親友、同僚、そのほかの集団とともに過ごす。離合集散社会をつくる種では、個体は属する集団から長期間離脱し、その後また合流することがある。ふたたび合流すると、個体間で絆を固めるための挨拶の儀式を行う。人間は握手やキスやハグをする。チンパンジーやボノボやクモザルも、まったく同じことをしている。[10] 抱き合ってキスをして、互いに毛づくろい《グルーミング》をし、荒い息づかいでホーホーと啼く（ティーンエイジャーの集団が興奮して「オー・マイ・ゴッド！」と叫ぶのとどこか似ている）。チンパンジーは、それぞれの集団だけに通じる特有の握手《ハンドシェイク》として「ハンド・クラスプ」を行う。オスのヒヒはお決まりの行動として「陰嚢《いんのう》つかみ」をするが、これはまさに信頼を構築する儀式のように見えるし、実際にそのような効用がある。[11] 人類学者のマーヴィン・メギットは、オーストラリアのアボリジニーの部族であるワルビリ族が行う、似たような儀式を観察した。ワルビリ族は、男性どうしで、緊張を和らげるためペニスをつかむ儀式を行う。「しかし、過去に殺人があったとか、またはある人が魔術の結果として死んだらしいと推測されるなど、事態が深刻な場合は、苦痛を被ったほうが相手のペニスを握ることを拒否した」という。メギットの報告によれば、こうした拒絶は重大な侮辱であり、流血騒ぎになることもあった。[12]

霊長類学者のフランス・ドゥ・ヴァールは、チンパンジーが人間に向かって儀式化された挨拶をすることまで観察した。ジョージア州のヤーキーズ霊長類研究所の野外調査拠点にいるチンパンジーは、世話係が近づいてくるのを遠くから見つけると、大きな声でホーホーと啼きだすのだった。「集団で大騒ぎが続き、しきりに抱きついたり、キスしたりする。親愛を示す身体接触が一〇〇倍になり、集団の中での地位を示すシグナルは七五倍になる。下位の個体が支配者の個体、とくにアルファオス［リーダーのオス］に近づき、おじぎや荒い息やうなり声で挨拶する。逆説的ではあるが、類人猿は階層序列を切り崩す前に、いま一度、階層を確認するのだ。私はこの反応を祝福と呼ぶ」[13]

研究者によるこうした観察は、儀式が動物界で広く行われていることを示唆している。同時に、興味深い傾向をもう一つ示している。もっとも知能の高い動物は、もっとも多様性に富む儀式を行う動物でもある、ということだ。いうまでもなく、動物の知能をどう測るかは、議論を呼ぶ難しい課題だ。知的能力で動物を順位づけできるよう「あらゆる生物のＩＱ」を何らかのかたちで求めようとする試みが数多く行われてきた。たとえば、脳が大きいほうが知性が高いとする考えは直感に訴えるものがあるので、長いあいだ広く受け入れられてきた。しかし、この考え方には明らかに問題がある。大きい生物ほど脳の体積が大きいのは、体温の調整や大きな筋肉の制御といった基本的な必要性を満たすために脳を使うためだ。牛はチンパンジーより脳が大きいが、チンパンジーほど頭がよくないと一般に考えられている。

ほかの計測法に目を向けても、似たような問題が出てくる。たとえば、ニューロンの数、または大脳皮質、とくに大脳新皮質など脳の特定の組織の量が考えられるが、大脳新皮質は哺乳類にしか見られない。また、体重で調整すると（体重に対する脳の重さの割合という測定基準ができる）、新たに不思議な現象が出てくる。一つには、一般に大きな生物ほど体全体に比較して脳が小さくなるのだ。例をあげると、カエルは、体重に対する脳の重さの割合がゾウより大きい。この点を考慮し、脳化指数（EQ = Encephalisation Quotient）の計算では、動物の脳の大きさをほぼ同じ大きさの別の種と比較する。

ここであげた測定基準では、同じ目《もく》に属する動物（たとえばヒヒとリスザル、オオガラスとコマドリ）を比較すると意味がありそうだが、より遠い種、たとえばゾウとカリブー、トガリネズミとクジラなどを調べていくと、比較ができなくなる場合が多い。しかも、これは問題の半分にすぎない。同じぐらい難しいのが、異なる種のあいだで儀式を定量化することだ。とはいうものの一般的には、自然界で儀式を観察すると、高度に知能が発達した動物のあいだで仰々しく派手に行われていることがわかる。類人猿、イルカ、ゾウ、カラスなど、動物王国のスターたちが、高度に儀式化された生活を送っているようだ。

これは、逆説的に思われるかもしれない。知能が発達した動物がなぜ、一見すると意味がないと思われる行動にこれほど多くの時間とエネルギーを無為に費やすのか。問題を解決するには、もっと単純な方法が見つかるだろうに。しかし、これこそがまさに儀式の力だ。儀式は、不明瞭な手段を通じて望む結果を達成できる精神的ツールなのだ。だからこそ、知能が高い動物が、一見して無駄だと思われる行動をとる。そうせざるをえないからではない。余裕があるからだ。知能が高い動物は本質的に、認知の装置として機能する行動をとるだけの精神的余裕があるので、みずから裏をかくことまでできるのだ。必要とあれば、直接的な機能がある活動から注意をそらし、間接的ではあるが自分たちにとって確実に益がある行動に注力できる。知能が高い動物は儀式によって、交尾やつがい形成などの複雑な心理的課題、喪失や不安の克服、協働や社会形成などに対処している。このように考えると、もっとも知能が発達した動物がもっとも儀式を行う動物であることは、驚くにあたらない。

ホモ・サピエンスほど、何かにつけて広く儀式を行う動物はいない。実際に考古学者の多くが、儀式は象徴的な思考能力と関連しているので、行動の観点から現代の人類を定義するうえで中核をなす特徴だと考えている。私たち人間は、複雑で抽象的な考えや概念を伝える能力という点では、唯一無二の存在だと思われる。いまこの時点だけでなく、ほかの時代や場所においても、想像上の時間と場所においても。私たちは、考えや概念を伝えるため、芸術や物語や神話だけでなく、儀式も媒体にしている。事実、人間の認知の起源に関するいくつかの理論で、儀式と知能は連動しながら進化したと提起されている。

生物人類学者は、まだ言語がなかった社会では文化的知識を継承するうえで、集団で行う儀式が重要な役割を果たしたと示唆している。儀式は、集団の物語を象徴的に再演することで、個人の認知を助ける「外付け支援システム」となり、具現化された原始的言語として機能した。

このことは、言語そのものが形成される道筋への決定的な一歩となった。[14] 神経科学者のマーリン・ドナルドは、儀式は社会的認知が進化するための精神的な礎石であり、儀式によって初期のヒト科の動物は自分の考えを社会的慣習と結びつけることができた、と論じている。集団の経験と象徴的意味を共有するしくみを確立することで、儀式は思考と記憶を調整し、人間の集団が一つの有機体として機能していくための手助けをしたのだ。また、儀式は象徴的意味やリズムや動作とも緊密に結びついていて、日常的なものと非日常的なものを区別する役割をもつことから、芸術の進化とも関連していた。[15]

こうした理論が正当であるなら、儀式は種としての私たち人間の核となるものであり、人類の進化のなかできわめて重要な役割を果たしてきたといえる。もちろん、遠い過去に関する理論は検証が難しい。文字をもたない社会は、当然ながら文字による記録を残さなかったので、言語や信仰、神話、人々の物語については何もわからない。しかし、精神は化石になって残るものではないが、芸術や儀式は残り、考古学の記録に痕跡を残す。

人類は六〇〇万年から七〇〇万年前にチンパンジーから分化したが、人類の進化の系統のなかで儀式があったことを証明するもっとも初期の痕跡は埋葬だ。スペイン北部のアタプエルカ地方の洞窟で、考古学者が少なくとも二八体の骨格の残骸を発見し、この洞窟をシマ・デ・ロス・ウエソス(「骨の穴」の意)と名づけた。そこは広大な洞窟網の一部で、骨格はすべて、入り口から遠い小さな空間に詰め込まれ、そばには珪岩《けいがん》を巧みに削ってつくった手斧《ておの》も置かれていた。洞窟の中に、居住していたことを示す痕跡は何もなく、遺体が意図的に運ばれ置かれたことを示唆していた。七千個以上の骨から抽出されたDNAから、骨格はホモ・ハイデルベルゲンシスに属することが明らかになった。ネアンデルタール人につながるもっとも初期の系統で、四三万年前に存在していた。

同じような墓地が南アフリカのハウテン州の洞窟で見つかった。このとき発見された骨は、ホモ・ナレディと呼ばれるごく初期の人類の種のものだった。洞窟には、一五体の完全な骨格が納められていた。放射性炭素年代測定法により、約二五万年前のものと判明した。現場は完全に手つかずの状態で残されていた。骨に歯の跡がついているといった、肉食動物が侵入したことを示す痕跡はなく、がれきが散乱していなかったので、洪水があった形跡もなかった。骨格は完全な状態で、遺体が置かれたときと同じと思われる姿勢で横たわっていた。誰か別のホモ・ナレディが、洞窟の暗い曲がりくねった通路を通って運んできたかのようだった。急斜面になっている一二メートルの高さの岩の頂上部まで登ってから、狭いすき間を下り、外界から遮断された空間に入る。そこへ骨格を安置し、外へ出るときに入り口を閉じた。ただし、ここで話が遮断されて終わるのではない。遺体は、何世代にもわたり次から次へとこの場所に安置された。ここは、先史時代の墓地だったようだ。

これが意図的な埋葬を示しているとは考えない科学者もいた。埋葬以外のものであると説明するいくつかの説がこれまでに却下されてきたが、それでも埋葬であったとする明らかな根拠はまだない。可能性は低いが、一五人がそれぞれこの空間に落ちて骨折することなく死んだとも考えられる。当時は、洞窟の地形が異なっていて、遺体は別の場所から洪水で流されてきたのかもしれない。あるいは、将来調査が進めば別の説明ができるかもしれない。この洞窟だけから何かを断定するのは難しい。

現在の人類に近い種で、絶滅したネアンデルタール人のケースでは、ここまで議論にならずに埋葬が立証されている。イラク、イスラエル、クロアチア、フランス、そのほかさまざまな場所から埋葬の跡が見つかっていて、ただ遺体を放置したのではないことが明らかだ。遺体は埋葬場所に丁寧に安置されていた。とくに小さな子どもの遺体は注意深く扱われていて、胎児のような姿勢で置かれることが多かった。そして、埋葬場所が死体をあさる動物に荒らされないよう、あらゆる手段がとられていた。ときおりクマの骨や頭蓋骨が見つかり、円形に並べられていることから、ネアンデルタール人はトーテミズムか動物信仰も行っていたと考える考古学者もいる。フランス南西部のブルニケル洞窟では、石筍《せきじゅん》［鍾乳洞の水滴からの石灰分が床面に沈殿してタケノコ状になった生成物］を折り、それを使って地下深くに大きな円形の構造物をつくった。そこが、何らかの集団儀式をするために集まる場所になっていたのかもしれない。[16]

ネアンデルタール人の儀式がどこまで考えられたうえで行われていたかについては、疑義をはさむ者もいる。いかんせん物的根拠は限られていて、愛する者を埋葬するときに彼らがどんなことを考えていたのかは知る由もない。それでも、たしかなことが一つある。現在の私たちの種が現れるころには儀式が行われていた痕跡がある、ということには議論の余地がない。解剖学上の現生人類（ホモ・サピエンス）は、死者をただ埋めたのではない。遺体に赤みがかった黄土で装飾を施し、墓の中に宝石や装飾品、愛用品や動物を納めた。「二次葬」が行われることも多く、遺体を炭化させるか肉を取り除くか、そのまま腐敗させるかしたあと、もう一度亡骸を丁寧に埋葬場所に納めた。さらに、岩に彫ったり描かれたりした図像、象徴的な意味をもつ装飾品、意図的に壊された陶器、そのほかの貴重な品々から、さまざまな儀式を集団で行っていたことが示唆されている。

フランスの社会学者のエミール・デュルケムは、オーストラリアのアボリジニーの社会の生活では二つの異なる局面が交互に現れると、述べている。

> 一つの局面では、人々は小さな集団に分かれ、それぞれの集団が独立して仕事をしている。家族は、狩猟や漁業をしてそれぞれで生計を立てている。つまり、各家族が、考えられるかぎりのあらゆる手段を使って必要な食物を得ている。もう一つの局面では対照的に、人々はみなで集まり、特定の場に密集する。（略）密集するのは、氏族または一部の部族が集まるよう招集されたときで、そうした機会に（略）宗教的祭礼を行う。[17]

デュルケムによれば、この二つの異なる局面は、二つのまったく異なる領域を構成している。

世俗の領域と宗教的な領域である。世俗の領域には、日々生存していくための平凡でありふれた単調な活動がすべて含まれる。労働、食料の調達、毎日の生活のための外出などだ。これに対し、宗教的な領域は、儀式を通じて生まれるものであり、特別だとみなされるものに捧げられる。集団で儀式を行うことで、人々は日々の心配事をいったん忘れ、一時的にせよ異なる状態に没頭できる。そして儀式はかならず厳格な構成を忠実に守るので、初期の人類は集団で儀式に参加することによって、初めて社会的な慣習を確立した。儀式を行う者たちは、儀式のために協働することで、単なる個人の集まりではなくなり、共通の規範や決まりや価値観をもつ「共同体」になった。だから、人類学者のロイ・ラパポートは、儀式は「人類の基本的社会行動」であると断言している。[18] このようにして、社会そのものが存在するようになったのだ。そして、このことは歴史的に見て文字どおり正しいと言えるだろう。

ギョベクリ・テペは考古学上の重要な遺跡であり、トルコ南西部の、シリアとの国境からわずか数マイル離れたところにある。一九六三年に発見された当時は中世の墓地だと誤って認識され、あまり関心を集めなかった。しかし、一九九四年にドイツの考古学者クラウス・シュミットが現地を訪れ、はるかに重要なものに出くわしたとすぐに気づいた。当初はビザンチン時代の墓碑だと考えられていたのは、じつは新石器時代の巨大なT字型の石柱の一部だったのだ。これらの石灰岩の巨石は、九万平方メートルにわたる範囲に点在する二〇の円形構造物を建造するために使われたものだった。遺跡はかなり広大で、数十年たっても、発掘が完了したのはわずか一部である。巨石には、比類ないほど精緻な浮き彫りが施されている。表現されているのは、さまざまな野生動物だ。キツネ、イノシシ、雄牛、ガゼル、ツル、ハゲワシ。浮き彫りに描かれたヘビは、巨大な石柱を囲んで体をくねらせ、その上にサソリや昆虫が這っている。半身が人間で半身が動物の空想上の生き物もいる。このような動物の姿がたいまつやかがり火のゆらめく光のもとで生きているかのように見えると、人々が畏敬の念に打たれただろうことは想像に難くない。遺跡は間違いなく、何かを記念するための神聖な場所だった。

しかし、この遺跡でもっとも驚異的なのは、巨大なスケールでも精巧な芸術作品でもない。その年代だ。ギョベクリ・テペは、一万二千年以上前に建造され、知られているかぎり世界でもっとも初期につくられた祭礼のための構造物だ。エジプトのピラミッドより三倍古く、ストーンヘンジの二倍以上の時間をさかのぼった古いものだ。じつは、文明を特徴づけるあらゆるもの、たとえば農業や文字や陶器や車輪が生まれたときよりさらに前の時代になる。

この巨大な建造物は、狩猟採集民の巡礼の場所として使われていたようで、シュミットによれば、狩猟採集民はイスラエルやヨルダン、エジプトなどの遠い地から途方もない距離を旅して訪れていたという。遺跡がある地域には、恒久的な居住地はなかったようだ。栽培植物や飼育動物の痕跡は見つかっておらず、千年近くのちになってから初めて、神殿の周囲に住居が建設された。

ギョベクリ・テペによって、私たちが先史時代の人類について知っているつもりになっていたことがすっかり変わった。文明が誕生した時期が、これまで考えられていたときより数千年以上前にさかのぼっただけではない。農業が定住と組織化された社会の要因だとする、それまで一般的だった考え方と齟齬《そご》が生じると思われた。長いあいだ広く信じられていた説では、人類の文明が誕生する引き金になったのは農業だとされる。定説によると、人類は植物を栽培することによってしだいに定住生活に落ち着いていった。こうして、人口が急速に増え、大規模な共同体が発達した。共同体では、余剰食料の生産と道具の製作が可能になり、労働が分化されて新しい労働形態が生まれた。同時に、新たに生み出された時間と資源と組織を利用して、複雑な社会構造を支えることが可能になり、技術が発達し、宗教概念が形成され、そして巨大な神殿を建造することができた。こうした画期的な変化ゆえに、この時代は一般に「新石器革命」または「農業革命」と呼ばれる。ギョベクリ・テペの発見は、この言説に重大な問いを投げかけた。

農業によって人類社会は進歩と繁栄の新たな段階へ一気に向かったとする見解自体、考えてみるといささか疑問である。相互に深くかかわりあった現代社会では、定住生活が有利であることは明白だ。定住生活と大規模な社会は、人類の文明のあらゆる偉大な恩恵を可能にする。

高度な科学技術、体系的な教育と医療、豊かな芸術、余暇の追求、高い安全性、そして（議論の余地はあるかもしれないが）生活の質の大幅な向上などだ。これらのどれ一つとして、点在する場所で孤立して生活する狩猟採集民の小集団は享受できなかっただろう。そして、定住という私たちの生活様式の快適さは、これまで農業社会で何千世代にもわたって取り組み築き上げてきたことの蓄積があるおかげだということも、ほぼ明らかだ。ところで、定住がもたらした恩恵とは何だろう?

こんにちでは、いわゆる農業革命が、最初期の農民に壊滅的な影響を及ぼしたことがわかっている。現代と古代の社会から得られた人類学上の根拠から、遊牧生活から定住生活への変化によって生活状況が急激に悪化したことが示唆されているのだ。[19] 狩猟採集民は、多様性に富む環境を利用して、比較的バランスのとれた食生活と健康で活動的な生活様式とを確立していた。たえず移動していると資源を蓄えられないので、狩猟採集民の社会はきわめて平等だった。労働時間は短く、それでも食の欲求が満たされ、より多くの自由時間が楽しめた。

対照的に、農業が始まると、わずかな種類の主食作物ばかりをとる食生活に依存することになった。あとは、乳糖に対する耐性ができた人、また発酵などの調理法を編み出した人には、乳製品があったぐらいだった。このため、最初期の定住者は自然災害の影響を受けやすく、深刻な栄養失調に陥った。農民は基礎的ニーズを満たすため、長い時間働かなくてはならなかった。これは農業生活が厳しかったからでもあり、また余剰食料を生産するためには、余った食料を奪われないようにするための余分な資材が必要だったからでもある。ひと握りの支配層が富を蓄積し軍組織が編成されると不平等が生まれ、庶民が搾取されやすい条件がつくりだされた。人々はほかの人とも家畜とも近い距離で生活しているため病気にかかりやすく、疫病で共同体が全滅することも多かった。子どもの数は二倍以上になったが、成人に達するまで生きる者は少なかった。[20]

農業が始まってから健康状態と平均寿命が低下し、幼児死亡率が上昇したことには、驚く。平均身長は一〇センチ低くなり、新石器時代前の水準に戻ったのは、二〇世紀に入ってからだった。農民は、病気や深刻なビタミン不足、さまざまな身体の変形や病的状態を経験した。[21]化石証拠から、骨の密度と強度が低下し、骨粗しょう症や変形性関節症を恒常的に患い、退化状態にあったことが判明している。歯のエナメル質が薄くなったため歯冠に穴やくぼみが多く残っているが、これは栄養不足を示している。デンプン質の植物の摂取が増えたので、虫歯になったり歯が抜けたりした。骨に炎症があったことから、結核や梅毒やハンセン病といった感染症が蔓延《まんえん》していたことが明らかになった。頭蓋骨は、鉄分の不足と貧血のため穴だらけだった。新石器時代の集落の発掘によって、土壌と水が動物の糞《ふん》で激しく汚染され住居には寄生虫がはびこっていたことがわかっている。[22]したがって、農業革命により、すぐに人口増加が起こったわけではなく、大都市や高度文明が繁栄したわけでもない。どう見ても、初期の農民の生活は何千年ものあいだ、狩猟採集民よりも状況が悪かったように思われる。

では、定住の動因は何だったのだろう。もちろん、新石器時代の人々は、快適な生存と引き換えに骨の折れる農作業をして、そんな犠牲の恩恵を何千年ものちの子孫が受け取れるようにしたかったわけではない。自然の選択は、生物学的なものであれ文化的なものであれ、将来を予測して行っているのではない。未来の世代にどんな恩恵があろうと、すぐに何かの役に立つのでなければ、その行動は広まっていかないだろう。

ギョベクリ・テペのような遺跡の発見は、ある興味深い説明を提示している。定住への移行は、経済的というより社会的要因から来ている、というものだ。人々は、巨大な神殿で大規模な儀式を集団で行うために、さまざまな場所から集まってきた。しかし、このような神殿を建造するには、人類史のその時点でまったく前例がなかったような規模の共同作業が必要だった。ギョベクリ・テペの建造に使われた石の一部は近くの採石場から切り出されたものであり、高さは六メートル以上、重さは一五トンもあった。このような巨石を洗練された技術を使わずに切り出して運び、浮き彫りを施して設置するには、多数の人からなる集団が何年も一緒に作業する必要があり、このことが、複雑な社会が発達する土台となった。神殿が完成すると、聖職者が常駐し大勢の巡礼者が訪問できるようにしなければならない。だから、神殿が農業を始める誘因になったのだろう。遺伝子的な根拠から十分に説明されていることだが、遺跡からそう離れていない場所で世界最古の小麦の株が見つかっている。ギョベクリ・テペの建造から五〇〇年以内の時期に栽培されていたものだ。その数百年後、同じ地で家畜を囲って飼育するようにもなった。シュミットは言う。「まず神殿があった。それから都市ができた」

これはきわめて先鋭的な見解である。何世紀にもわたり支配的だった考え方は、文明は物質的なものを求める力によって推進されてきたというものだ。一部の考古学者は、新石器時代に起きた社会変化は人口圧力によるものであり、人類が食料増産の方法を探さなくてはならなくなったからだとする。気候変動が要因となり、より多くの狩猟動物を養える肥沃な土地を求めるようになったからだとする学者もいる。それとも、逆のことが起きたのだろうか。つまり、限界的な環境に留まっていた集団こそ、生き延びるために新しい生存手段を産み出さざるをえなかった。さらに、農業への移行は、カロリーをより有効に利用できるような技術の進歩によるものだと主張する者もいる。あるいは、初期の社会で支配的立場にあった男性が、政治権力に対する欲望を満たすために、社会を拡大することが必要だと信じていた、または強引に拡大しようとしたのかもしれない。

哲学者と政治理論学者は長いあいだ、狩猟採集から定住への移行はよい選択だったのかという点について激しい論争を繰り広げてきた。トマス・ホッブズのように、この移行が決定的な転換点となって、人類はより道徳的で意義のある存在に引き上げられたとする者もいる。いっぽう、ジャン＝ジャック・ルソーやカール・マルクスのように、移行は恐るべき過ちであり、人間性の腐敗を引き起こし一般大衆からの搾取を助長した、とする者もいる。しかしながら、この移行が物質的なものを生み出す土台であったことには誰もが同意している。この土台は、経済生産の手段とかかわる条件であり、その土台を基礎に「上部構造」が出現し［マルクスによれば、生産、経済を土台とする下部構造の上に社会、政治に関する上部構造がある］、社会規範、宗教の信仰、芸術的な試み、そして儀式の慣習が生まれた。シュミットの解釈は、この通説を頭からひっくり返した。事実であれば、私たちの種に関する歴史の大部分の章が書きかえられねばならない。最初の偉大な文明を生み出した抗《あらが》いがたい原動力が食料に対する欲望でなく儀式に対する欲求であったとすると、どうなるのだろう？

人は儀式に執着する。この執着が病的なまでに嵩《こう》ずる場合もある。強迫性障害は、たえずわずらわしい考えにとりつかれたり強烈な恐れに襲われたりして、その不安を軽減しようとして高度に儀式化された行動をとるのが特徴とされる。こうした行動には、文化的な儀式の核となっている特徴がいくつか現れる。厳格な決まりがあり反復され過剰に行われるが、明確な目的がない。にもかかわらず、強迫性障害を患う人は儀式的な行動をとらなくてはならないという衝動を感じていて、できないとひどく不安になる。

人類学者アラン・フィスクの研究グループは、古代国家から現代の狩猟採集民や工業従事者に至るまでのじつに多くの文化について、歴史的、民族誌学的記録を検証した。そしてどの文化でも、強迫性障害に関連して起こる行動の内容とその現れ方は地域で広く行われている儀式と似ていることがわかった。[23] どちらも、洗浄やお清めといった予防衛生的な行為（汚れに対する措置）、反復と過剰（危険の確認）、厳格性（新奇なものに対する嫌悪と正確さの重視）といったことを中心に展開する。

このような類似性から、一部の学者は、儀式という行為は適応ができなくなった精神の不調のようなものであり、進化の過程で起きる事故のようなものだと提起している。たとえば、パスカル・ボイヤーとピエール・リエナールは、人間が儀式に打ち込むのは、周囲の環境の危険を検知する精神体系の不調から来ているとした。[24] この「危険警戒システム」は、捕食者や汚染要因や社会的排除などの脅威がある可能性を推定し適切な防御措置を起動するために発達した。ボイヤーとリエナールによれば、儀式はこの危険警戒システムに入ってくる情報を模倣して様式化されるため、たとえ実際に危険がなくても儀式をしなくてはならなくなるという。

精神の不調という仮説は考慮に値するが、さらに詳しく見てみると、やや可能性が低い。進化において無駄なものはあまりない。実用的でない、あるいは十分適用されていない習性は長く残らない場合が多い。たしかに、進化の不調はめずらしくない。とくに、環境の変化が早く自然選択が追いつかないときにはままある。私たちがジャンクフードを欲してやまないのが、よい例だ。加工食品が出回る前は、砂糖、塩、脂肪は、なかなか入手できない希少品であったが、私たちの祖先の生存になくてはならないものだった。このような環境で蜂の巣を見つけたなら、一度に全部とってしまうのがいいだろう。もう一度チャンスがあるかどうかはわからないからだ。こんにちでは、砂糖、塩、脂肪はいとも簡単に手に入り、一つの皿に三つとも入っていることも多いが、それでも私たちの脳はまだ昔と同じ欲求に従い、欲するまま過剰に摂取してしまう。

しかし、儀式はジャンクフードとは異なる。歴史を通じ私たちの祖先が儀式から受けてきた効用の一部を、現在の私たちも享受している。そして、儀式について科学的に研究すればするほど、こうした効用は負担を上回るだけの重要性があるとする根拠が見つかる。フィスクの議論では、儀式は適応体系のなかでたまたま起きた失敗であるというよりは、むしろその逆である。強迫性障害は、儀式を行い儀式に触発されるという、人間の基本的な能力が、病的に誇張されて現れただけだ、とする。[25] この理論によれば、私たちの種には生来、儀式を生み出し実行し伝える傾向があるということになる。儀式に対する根強い欲求があることは明らかだ。世界じゅうの人類の文化において、社会の構成員の個人的な生活でも公共の場でも、重要な節目を記念するための、数えきれないほどの方法があるからだ。

いったいなぜ、儀式がこれほどの意味をもつのか？　その鍵は、文明の黎明《れいめい》期だけでなく、私たち個人の生命の始まりでも儀式が重要であるということに見いだせるかもしれない。[26] 子どもはたいてい二歳ぐらいで、守らなければならない決まりごとや習慣を形成していく。たとえば、家庭では決まった日課を守ることにこだわり、食事や就寝時にはよく何らかの儀式を求める。毎晩同じ物語を聞くとか、お気に入りのおもちゃにキスするとか、お月さまにおやすみなさいを言うとかだ。おもちゃなど特定のものに愛着をもち、特別なものとして扱い、あらゆるものに「お気に入り仕様」ができるらしい。食べ物の好みにこだわるようになり、特別なやり方で食事をとりたがる。繰り返すことに固執し、同じことを何度も何度もやってみせる。一定のパターンでものを並べ、また並べ替える。そして、ルールを厳密に守ることを要求し、ある行為が正しい方法でなされるまで満足しない。[27]

驚くことに子どもも、儀式は外の世界と因果関係があると考えているようだ。たとえば、イスラエルとアメリカの就学前の子どもに関する調査では、誕生日パーティーをすると一歳年が増えると、多くの子どもが考えていることが明らかになった。[28] 子どもに次のような話を聞かせてみる。ある女の子は一歳と二歳の誕生日にパーティーをしてもらったが、一年後、両親は誕生日のお祝いをすることができなかった。女の子は何歳でしょう、と聞かれると、多くの子どもがまだ二歳だと答えた。似たような話で、ある女の子は三歳になったときに誕生日パーティーを二回してもらった、と話すと、多くの子どもが女の子は四歳だろうと言う。調査者が、なぜ誕生日を祝うのかと尋ねると、多くの子どもが因果関係を表す言葉を用いる。大きくなるために誕生日パーティーをするんだ、と。なぜこうなるのだろう?

社会のなかで役割がある構成員になるため、子どもは自分が属する集団の規範や習慣に従うことをすばやく学ばなければならない。[29] だから、規範となるルールや決まりを熱心に取り入れ、社会規範が守られないとすぐ抗議する。[30] ほかの人、とくに同じ社会集団の構成員のふるまいを模倣する。しかも、他人のふるまいを忠実にまねるのが上手なので、そのふるまいが、いますべきことにはふさわしくない場合でもやりたがる。

セント・アンドルーズ大学の心理学の研究者グループによる、若いチンパンジーと人間の子どもの模倣的行動を比較した実験がある。[31] からくり箱を組み立て、からくりが解けるとクマのかたちのグミのお菓子「グミベア」――子どももチンパンジーもほしがる報酬――が出てくるようにした。研究者は解法として四つのステップを示し実演した。次のとおりだ。①ボルトをはずすと箱の上の面にある穴が出てくる、②穴に棒を差し込み三回たたく、③箱の前部の扉をスライドさせるともう一つの穴が見える、④金属棒を使ってお菓子を穴の外に出す。そして、参加者に箱を渡した。

半数の事例では箱が不透明で、参加者はそれぞれの行動がどのような結果を引き起こすかがはっきり見えなかった。この場合、チンパンジーも子どもも正確に行動をまね、報酬を得られた。残りの半数の参加者もまったく同じ実演を見た。ただし、からくり箱が透明なアクリルガラスでできていた。このため、一連の手順のうち最初の二つのステップは目的と関係ないことが明らかになっていた。箱の内部は、上のほうがダミーの天井で仕切られていて、上面の穴から棒を差し込んでも、次のステップに何ら影響がないのだ。抜け目のないチンパンジーはこのことに気づくとすぐ、肝心な点に飛びついた。不要な動作を省き、ただちに後半のステップに飛んだ。お菓子を得るのに必要なのはここだけなのだ。食べ物のこととなると、マナーを考える余地などない。これに対し子どもは、最終目的とは関係ないものも含め、すべてのステップを忠実に模倣した。別の研究では、子どもは課題と関係ある動作だけをまねするようにとわざわざ言われても、課題と関係ない動作も含めすべての手順を型どおりにまねをした。[32]

とすると、類人猿（ape）は考えなしに猿まね（ape）したりはしないが、人間の子どもは考えずに模倣しているように思われる。しかも、追跡調査によって、子どもは年齢とともに必要以上に模倣することが増える傾向があると判明した。[33] 研究者たちの見込みでは、子どもは認知能力が発達し因果関係の理解が進むにつれ、模倣すべき動作を選択するようになる、と想定されていた。結果はまったく逆だった。すべての子どもが非常に忠実に動作をまねていたが、三歳児は、関係がない動作は実行するより省くことのほうが多かった。いっぽう五歳児は、因果関係がない動作も含め実演されたことをそのとおりに模倣した。

ただし、ここには注目に値するちょっとした事情がある。成長したがゆえに五歳児は、これらのステップは「意図がある」ものなので正確に実行しなくてはならないと認識したのかもしれないのだ。事実、子どもは意図がある行為ならあまり意味がなくてもまねをするが、間違いはまねをしないことが研究から明らかになっている。実施中に「あっ！」と声を出すなど意図しない行為もあることを伝えると、実験に参加している子どもは一連の動作からその行為を省いた。[34]

こうした過剰な模倣は、社会的学習を促進するために人類が進化させてきた適応戦略だと考えられている。[35] 私たちはどんな動物と比較しても、文化的な知識に信頼を置くことが多いため、まわりの人の行動を模倣するのは、とても都合のよい戦略になる。たとえその意味が完全に理解できない場合であっても。そのようにする理由がよくわからなくても、ほかの人がしているという事実は十分正当な根拠であると感じる。結局のところ、技能を習得しようとするなら、どんなに理屈を勉強したところで、見習いをして経験を通じて学ぶのと引き換えることはできない。同じ理由で、一連のプロセスの一つひとつのステップに、あえて異議をはさもうとはしない。料理のレシピや伝統療法を学ぼうとするときは、すべてのプロセスを模倣する。なぜバスマティ・ライスでなくアルボリオ米を使うのが大事なのか、なぜ半分だけ水を入れた鍋でパスタを調理するのが肝要なのかはわからないが、何か理由があるはずだと信じ、指示されたとおりに行うのだ。

成人しても、私たちが知るべきことの大半は、因果関係に関する深い理解ではなく、社会慣習の理解が基盤となっている。したがって、人生を通じて引き続き、模倣が重要な社会的役割を果たしていく。ただし、誰のまねをするかについては多少えり好みをする。子どもも大人も、自分自身に似ている人や集団の仲間である人の模倣をする傾向がある。たとえば、言語やなまりや民族性を共有する人から学びたがる。例をあげると、マイノリティの大学生は、自身と似た背景をもつ指導者のもとで学んでいる場合に、よい成績をおさめ卒業できる可能性が高い、とする研究がある。[36]

テキサス大学の〈学習の進化・変化・発達研究所〉で行った実験では、研究者が五歳から六歳の子どもを集め、社会的に疎外されたと感じたときどのようにふるまうかを検証した。[37] 子どもたちは、実験に参加している人たちはイエロー・グループとグリーン・グループの二つのグループに分かれていて、あなたたちはイエロー・グループだと伝えられる。子どもたちは、目印として黄色い帽子とシャツとリストバンドを渡され身に着ける。そして、ほかの子どもとボールをトスしあうという、コンピューターゲームをする。ゲームの相手はイエロー・グループのときとグリーン・グループのときがある。研究では、このゲームに参加しているあいだにボールを受けなかった子どもは疎外され仲間はずれにされていると感じたことがわかった。しかし、子どもは自分が属するグループからはずされているときに、さらに強いフラストレーションを示し不安になったと話した〔ボールを所定の回数だけ受けるとゲームからはずされ、ボールがトスされるのを見ているだけになる。実験では、イエロー・グループが内集団（in-group）、グリーン・グループが外集団（out-group）という位置づけだった〕。

ゲーム終了後、子どもたちは、イエロー・グループかグリーン・グループの大人がテーブルに物をいくつか並べるのを見る。その際、恣意的な一連の動作をしながら並べる。立方体の物を二回たたいてから動かす、額にあてる、あるいはあごの下に手を置くなどだ。子どもたちには「これがこのグループのやり方だ」とだけ伝えられる。実演が終わると、「さあ、きみがやる番だ」と言われる。ゲームのなかで自分のグループ（内集団）とゲームをしているときにグループからはずされた子どもは、グループに残った子ども以上に、示されたとおり忠実に模倣した。内集団によってグループからはずされた子どもは、外集団とゲームをしているときにグループからはずされた子どもよりも忠誠心が高かった。グループの規範にもっとも忠実だったのは、内集団によってグループからはずされた子どもたちだったのだ。別の実験では、自分の属するグループから仲間はずれにされた登場人物が出てくるアニメを見るだけでも、子どもは過剰に模倣することが判明した。[38] この結果から、小さな子どもは大切な社会的絆を高める手段として行動を模倣しているらしいと考えられる。

儀式化をことさらアピールする傾向は、幼少期のずっとあとまで続く。儀式は発達の過程を通じて、また成人してもずっと、生活の重要な部分でありつづけ、また、あらゆる文化の個人的な生活や社会的な生活において、非常に重要な節目を記念するためのさまざまな様式へと洗練されていく。いわば、儀式はどんな人間社会でも、ほぼ決まって見られる特徴の一つなのだ。人類学者のドナルド・ブラウンは、人間の普遍的特徴に関するリストを作成し、「あらゆる人、あらゆる社会、あらゆる文化、あらゆる言語で共通にあるものは何か」と問いを投げかけた。そして自身が「普遍的人間」と呼ぶものを記述するかたちで答えを提示している。「普遍的人間とは、一人ひとりの人間、あるいは人々一般について述べたものである」という。リストには、言語、料理、血縁、音楽、ダンス、アート、そのほか例外なく存在すると考えられている人間の表現形態が入っている。結婚式、子どもが生まれたときの慣習、埋葬、宣誓などのさまざまな儀式的行為も含まれる。「普遍的人間は儀式を行う。このなかには、ある個人が一つの状態から別の状態へと変容したことを明確に示すための通過儀礼が含まれる」

儀式の研究者は、「通過儀礼」という用語で、人生における主要なライフステージと変化とを明確に表現する儀式を言い表す。人類学者のアルノルト・ファン・ヘネップは、あらゆる通過儀礼が似たような構造と役割をもつことを初めて指摘した。通過儀礼には三つの段階がある。第一の段階では、通過儀礼を受ける人（イニシエート）は、過去の生活から象徴的な意味で切り離され新しいアイデンティティと立場に向けて動き出す。例をあげると、髭《ひげ》をそったり髪を切ったりすることは多くの通過儀礼で共通して行われていて（軍隊や宗教集団に入るときを考えるとよい）、自分自身の一部を捨て去り新しい人間になることを象徴している。第二の段階（よく「リミナル（境界）」と呼ばれている）は、第一の段階と第三の段階のあいだにある移行期であり、イニシエートは以前の状態は捨てたもののまだ新しい状態にはなっていない。この時期は、青年は少年でも成人男性でもない。花婿は独身でも既婚者でもない。死者はこの世にも死後の世界にもいない。あいだにあり、どっちつかずの状態だ。第三の、そして最後の段階で移行が完了し、イニシエートは新しい人間として社会に再統合される。卒業式が終わると、学生は専門家になる。軍の入隊式によって民間人が軍人になる。葬式を経て故人が先祖になる。通過儀礼は、移行によって新しい立場になったことを記念するためだけに行うのではない。その新しい立場を社会に向けてつくりだすのだ。

こうした慣習は、そもそもの初めからある。どんな文化にも、子どもが生まれると儀式に取り囲まれる。よくある慣習は、初めてはえた子どもの髪を切り取る、お清めの儀式を行う、お守りを使うなど。バリ島では、赤ん坊は生後三か月まで、地面に触れさせてはならない。ほかにも、もっと変わった誕生の儀式がある。スペインのカストリージョ・デ・ムルシアという村では、外の通りに敷いたマットレスに新生児を寝かせ、その上を悪魔に扮《ふん》した男性が飛び越える。インドの都市ソーラープルでは、ババ・ウメール・ダルガ寺院の屋根から赤ん坊を投げ落とし、約一五メートル下でシーツを広げて待っている人が受け止める。

ネバダ大学の人類学者のシャロン・ヤングとダニエル・ベニシェクは一七九の社会を調査し、その大半で、出産のあと胎盤を処理する特別な儀式があることを見いだした。埋める、燃やす、木につるす、食べるなどだ。[39] 同様の慣習として、出産後のへその緒の扱いや保存や処理に関する決まりがある。誕生にまつわる儀式は、お清めを行い加護を祈るための独特の様式を取り入れることで、子どもの出生にあたっての危険や不浄に対して親が抱く恐れを和らげる意味がある。これが、最初の通過儀礼だ。

だが、生まれただけで社会集団に十分受け入れられるとは限らない。多くの社会で、乳児は完全な人間だとはみなされず、名づけの儀式が行われるまでは社会的な立場がない。私たちの祖先の時代は、乳児死亡率が現在よりはるかに高かったので、誕生しても生き延びる保証はなかった。そのため、命名は誕生後数日、あるいは数か月か数年も先に行っていた。このことは、死亡する可能性がもっと低くなるまで子どもに感情移入するのを遅らせ、喪失があった場合に備える心理的メカニズムとして機能した。実際に、乳児死亡率は命名式の前に置く期間と相関関係があることが、研究から明らかになっている。乳児期に死亡する可能性が高いほど、命名式を行う時期が遅くなる。[40]

成人に達したときも、少年から男性、少女から女性への変容を促す儀式が広く執り行われる。西アフリカのフラ族は、顔に刺青を入れる痛みに耐えることで少女から女性になり、いっぽう少年は、男性になるための通過儀礼で仲間から激しく鞭《むち》打たれる。もっとも、成人の通過儀礼のすべてが恐れるようなものではない。バル・ミツバ［ユダヤ教の男子の成人式］、堅信礼、キンセアニェーラ［詳細は第7章を参照］、スイート・シックスティーン・パーティーなどはほんのひと握りの例であり、成人への移行を楽しく祝う行事は数多くある。

成人は、結婚の資格ができることを意味する。あらゆる社会で結婚の儀式があり、たいてい通過儀礼のなかでもっとも豪華なものになる。一九八一年のイギリスのチャールズ皇太子とレディ・ダイアナ・スペンサーの結婚式では、世界の最貧国の年間GDP（国内総生産）を上回る費用がかけられた。それでも、王室は贅《ぜい》を尽くした結婚式の費用を納税者に払ってもらうことができるが、世界には豪華な結婚式をするために自分たちの貯金を使いはたし、さらには返済に何年もかかるほどの借金までする人たちもいる。インドの結婚式は一週間続き、何百人、何千人もの客を招待する。ジャマイカの伝統的な結婚式では、村じゅうの人が招待される。エスワティニ（旧スワジランド）では、花婿は花嫁の家族に牛を一八頭贈る。現地の基準ではかなり高額だ。こうした費用を払えない者の多くは、儀式の義務を果たすため借金に頼る。

人生で起きる主要な変遷はすべて、儀式で明確に示される。最後に来るものもだ。インドネシアのトラジャ族には特異な伝統があり、手のこんだ葬式の準備ができるまで、亡くなった親族を何か月も、ときには何年も家に置いておく。その間、遺体は乾燥しミイラ化するが、遺族はまだ生きているかのように扱う。遺体をベッドに寝かせ、衣服を取り換え、食べ物と飲み物を供え、毎日会話をかわす。準備がすべて整うと、コミュニティ全体が出席して盛大な葬儀が執り行われ、遺体はようやく安置される。しかし、葬儀をもって死者とのかかわりが終わるわけではない。毎年、ミイラ化した遺体を掘り起こし、装束をまとわせ町を連れ回す。

トラジャ族の慣習は奇異に思われるかもしれないが、同じような風習は世界に数多くある。多くの文化で「二次葬」と呼ばれる慣習があり、遺骸を掘り起こし二度目の祭礼でふたたび埋葬する。また、多くの社会で、故人を追悼するための建造物をつくる。遺族の生活水準では、建造するだけの余裕がない場合であってもだ。私はマダガスカルを訪れたことがある。地元の人は葦《あし》や日干しレンガでできた窓のない小さな小屋に住んでいて、サイクロンなどの災害や肉食動物の危険にさらされている。しかし、亡くなった祖先たちは、地域で唯一の、レンガと漆喰でできた安全で広く頑丈な建物にいた。ヨルダンにある古代都市のペトラを見た人は、岩を直接掘り抜き宮殿のようにつくられた構造物が数えきれないほどあったが、あれは墓だった、と思い起こし、あらためて驚嘆するだろう。傑出した建築作品に死者が安置されているいっぽう、この地に住むナバテア人はヤギの皮でできたテントで生活していた。

これほどまで死者に執着するのはまったく不可解だ。死者を悼む生き物であるという私たちの目からすると、自然なことに思えるかもしれない。しかし、進化の過程でなぜ、ここまでして死者を悼む生物が、いや、そもそも死者を悼むという行為をする生物が誕生したのだろう。極度に社会化された生物として、人間は社会生活のためにさまざまな適応をしてきた。そのなかには愛着と絆形成というとくに強力な形態があり、自分の生まれた家族に始まって、より遠い親戚や性的パートナー、社会上つき合いがある仲間や友人にも拡大されていく。小さな子どもが親から引き離されると、多くの子どもは、分離不安として知られる急性ストレス反応を経験する。子どもの居所がわからなくなった親も同様だ。脳の働きによって、適応のための機能を果たしていると考えられるストレスホルモンが分泌されるためだ。このホルモンが作用すると、親と子は互いのそばにいたいという気持ちに駆られる。恋人たちは、別れのあとに同様のストレスを経験するだろうし、親しい友人どうしが仲たがいしても同じことが起こるだろう。こうしたストレスがきっかけとなって、和解を求めるようになり、社会ネットワークが崩壊から守られる。[41] それでも死に際しては、分離不安の反応が本来の目的を果たせなくなる。二度と一緒になることができないからであり、苦痛が深刻になるだけだ。この考え方は、人間以外で死んだ仲間を悼む生物だと考えられているゾウやチンパンジーがやはり高度に社会的であるという事実からも裏づけられる。

このように考えると、進化の過程で適応していくため、死を悲しむ「能力」が自然選択によって生まれたようではある。いっぽう、死の悲しみそのものは適応できるものではないのかもしれない。死に対する悲しみはいつまでも残る。単なる別離は死よりもはるかにたびたび起こるが、別離の場合は、不安がありながらも得られる利益があるので、利益を累積すると、死の悲しみより大きくなる。大切な人を失う経験や死に対する恐れは、激しい消耗を引き起こすが、このような感情に対処するため、あらゆる人間の文化で死に関する儀式が発達した。

死だけが、不安を取り除くために儀式を行う領域ではない。このあとさらに見ていくが、不安に関することに限らず、儀式にはより一般的に見られる特定のパターンがある。儀式は、私たちが極度に不安な場面に対処するのを助けてくれるが、これほどまでに不安な状況を認識するにはまず、社会的に築かれた、一定の水準の知見が必要だ。人間が進化させたメカニズムでは生活上の困難になかなか適応できないときに、儀式はそのメカニズムを飛び越えたり調整したりしながら、困難を克服するための精神的ツールとしての役割を果たす場合がある。このような効用があるため、儀式を求める気持ちは人間の精神の奥深くに根づいている。私たちは、単に好きだからではなく、必要だからこそ、儀式に引きつけられるのだ。

第3章 秩序

一九一四年、ポーランドの若き学生が人類学の学問領域を変えることになる旅に出た。彼の名はブロニスワフ・マリノフスキー、目的地は大洋州地域の島ニューギニアだった。マリノフスキーの学問的キャリアは、いくつかの道を通って偶然出くわした運によって形成された。[1] 幼少のころは呼吸器系に問題を抱え視力が弱く、虚弱で病気がちだった。医師の助言に従い、温暖な気候を求めて母親に連れられ長い旅に出た。地中海、北アフリカ、小アジア、マデイラ諸島、カナリア諸島を訪れ、一度の旅で何か月も過ごすこともたびたびあった。異国の地での生活は忘れられない印象を残し、外国の民族や慣習に対する興味に火がついた。ヴェネツィアの中世の宮殿やアドリア海に面したダルマチア海岸の絵のような漁村に驚嘆した。カナリア諸島のテネリフェ島では、いつもの節制した生活を捨て、二週間にわたって繰り広げられる、活気にあふれたカーニバルの祝祭に夢中になった。病気から回復すると、母親が何時間も本を読んでくれた。何年ものちに、マリノフスキーはとくに影響を受けた作品として一冊をあげている。ジェームズ・フレイザーの『金枝篇《きんしへん》』(岩波書店、一九五一年)で、世界の神話や儀式を初めて広範に研究した作品だった。

病気がちではあったが、マリノフスキーは聡明《そうめい》で教養あふれる学生だった。クラクフのヤギェウォ大学で科学哲学の博士号を授与された。博士論文は高く評価され、もっとも名誉ある賞「皇帝賞」を獲得した。特別な授賞式が執り行われ、ほかでもないフランツ・ヨーゼフ皇帝自身により賞が授与され、金とダイヤモンドでできた指輪が与えられた。この特別な栄誉によって数々の扉が開かれることになり、マリノフスキーは、望む研究をほぼ何でもできるのだと気づいた。母親が読んでくれた本がきっかけになった人類学への情熱を追求することにした。そして当時の傑出した学者たちのもとで研究を行った。近代心理学の礎を築いた一人であるヴィルヘルム・マクシミリアン・ヴントと、著名な経済学者でジャーナリズムの父であるカール・ビュッヒャーから指導を受け、その後、有名なロンドン・スクール・オブ・エコノミクスで、この分野における二人の重鎮、チャールズ・ガブリエル・セリグマンとエドワード・ウェスターマークの指導のもと、博士号取得後の新たな研究を行うことになった。

マリノフスキーは、研究のためスーダンでフィールドワークを行う計画を立てていた。関連文献を読みアラビア語を学びはじめたが、学部の事務担当者がすでにアフリカの研究への支援が多くなりすぎていると考えたため、けっきょく資金を確保できなかった。代わりにセリグマンが、数年前に自身がフィールドワークを行っていたニューギニア島にマリノフスキーを派遣するための助成金を確保してくれた。マリノフスキーはこの機会に飛びついた。しかし、ことはそれほどうまく運ばない。

フィールドに向かう途中で、第一次世界大戦が勃発した。当時マリノフスキーがいた地域は大英帝国の「植民地」であるオーストラリアの管轄下にあった［オーストラリアは一九〇一年にイギリスから独立し内政自治権を得ていたが、外交権はイギリスに委ねられていた］。マリノフスキーはポーランドの出身でイギリスに在住したこともあったが、オーストリア＝ハンガリー帝国のパスポートをもっていた［マリノフスキーが生まれたクラクフはオーストリア＝ハンガリー帝国領だった］。これは事実上、彼が敵国民であることを意味する。そのため、戦争が終わるまでヨーロッパに戻ることを禁じられた。退去期間は四年に及んだ。その間に周辺地域を放浪したことによって、マリノフスキーは研究のさまざまな選択肢を開拓することができ、最終的にニューギニア島東岸沖の小さなサンゴ環礁からなる群島、トロブリアンド諸島に上陸した。そしてその地で、もっとも先駆的なものになるフィールドワークを行う。先駆的というのは、これこそがフィールドワークだったからだ。

当時、文化人類学は学問領域としての黎明期にあり、驚くほど机上の研究ばかりを行っていた。そのころの典型的な人類学者といえば、髭をたくわえた年配の男性で、イギリスのどこかで書斎にゆったりと腰をおろしてパイプをくゆらせながら、旅行家や伝道師や植民地の行政官らが異国の人々について書き送った報告書を読んでいる、というものだ。こうして語られる習俗はしばしば誇張されていたが、観察者は、ヴィクトリア朝社会の上品ぶった、そして自民族中心主義的な基準から、現地の人々は理性がないとか原始的だとか、または異教徒であるなどと判断していたのだった。

そのような説明に基づけば、たしかにこうした人々の慣習は、イギリスの上流階級の知識人とは根本的に異なっていただろう。知識人たちは、これはもって生まれた生物学的要因によるのだと安易に結論づけた。自然に生まれた序列というものがあると考え、自分たちの文明が最上位であり、彼らの「原始的な」文化は底辺に位置づけていた。研究対象である人々と実際に会ったことがないため、人種差別的な見方はさらに増幅された。現在では、こうした学者はしばしば「安楽椅子の人類学者」と称される。有名なエピソードに次のようなものがある。一九世紀の傑出した人類学者であるサー・ジェームズ・フレイザーが、書物で述べている人々と実際に会ったことがあるのかと尋ねられ、答えた。「そんなとんでもないことをするわけがない！」[2]

二〇世紀の初めには、人類学者は安楽椅子から立ち上がり、研究している文化を知るために現地に赴くようになった。ただし、その土地の人々との交流は依然として限られていた。学者たちは到着するとたいてい、伝道師の宿舎か植民地の総督が住む邸宅に住居を定めたが、そこでは必要なものがすべて整えられていた。この時代の典型的な人類学者は、外交官や伝道師、大使館付き武官といった、植民地に派遣された同国人とつき合い、行政記録や報告書を読んで日々を過ごしていた。土地の人との交流といえばせいぜい、邸宅のテラスでお茶を飲んでいるあいだに現地の使用人を観察するぐらいだった。ときおり、これらの使用人を呼び出し、通訳の助けを借りて質問をした。この時代は「ベランダの人類学」と命名されている。

マリノフスキーは、ベランダを出て研究対象の人々のなかで暮らした人類学者の最初期の一人である。トロブリアンド諸島のイギリス人貿易業者の家に滞在できたのに、邸宅での快適な生活を捨て、森のなかにテントをはって現地の人とともに暮らし、彼らの文化とふるまいをじかに体験しようと決意した。いくぶん文学的おもむきを漂わせ次のように書いている。

（人類学者は）伝導師の宿舎や総督の公邸や農場主の住宅で、鉛筆とノート、ときにはウィスキーソーダを手にしてベランダの長椅子に心地よく座っているようなご身分は捨てなければならない。人類学者は、情報提供者《インフォーマント》から話を集め、物語を書き取り、未開人の話で紙面を埋めていくのになじんでいた。けれども、村に出かけ、土地の人が畑や海岸やジャングルで働くのを見なければならない。土地の人と一緒に、遠くの砂州まで、また知らない部族のところまで船をこいで行き、彼らが漁や交易をしたり、祭礼のために海をわたって遠征したりするのを観察するべきだ。情報は、その土地の人を自分自身で観察することで豊かな味わいとともに届けられるものであり、気が進まない情報提供者からこぼれ出てきた話から搾り取るのではない。[3]

マリノフスキーは、このアプローチを「オープンエア人類学」と呼んだ。当時一般的だった「伝え聞いたことをメモする」という手法からは根本的にはずれていた。

現地の人々とともに過ごすあいだ、マリノフスキーは、トロブリアンド諸島の家族構造、交易のしくみ、道徳、性的習慣などのさまざまな日常生活の側面を綿密に記録した。その過程で、現地の人々は安楽椅子の人類学者が描いたような理性に欠ける愚か者などではまったくなく、自分たちの環境について広範な知識をもち、生活と関連する自然の力や原理について的確に把握していることに気づいた。農民は高度な技術をもち合わせていないにもかかわらず、植物学、地質学、気象学の必要な知識をすべて有し、地域住民を養うだけでなくほかの部族と交易ができるほどの余剰生産まで行っていた。漁民は天体、風、海流を利用して航行する方法を知っていた。カヌーをつくる人たちは、頑丈な船をつくるのに必要な構造力学や流体力学を（明文化はしていないにせよ）すべて理解していた。マリノフスキーは感嘆を込めて述べている。

カヌーをつくる人は、部品を全部並べてから、これらの部品をかなりの正確さで組み立てていく。しかも、正確に計測する手段は何もたずに組み立てるのだ。長年の経験とすぐれた技能をもとにだいたいの見極めをつけ、板の相対的なかたちと大きさ、肋材《ろくざい》の角度と寸法、そして柱の長さを見積もる。[4]

しかし、トロブリアンド諸島の人々は、こうした技術のみに頼っていたわけではなかった。安心を得るために、マリノフスキーが言うところの「呪術的儀礼」も用いた。これは、特定の状況下でのみ行われる儀式だった。たとえば、地元の漁民は漁で外洋に出る前に手のこんだ行事を行うが、環礁内で漁をするときはそこまで念入りに行うことはけっしてなかった。マリノフスキーは、この二種類の漁はどちらも同じように共同体の生存と経済生活に不可欠だが、その性質がまったく異なっているのだと気づいた。環礁内の浅瀬はサンゴ礁に守られ、一年中安全に航行できる。環礁内での漁とは、軟体動物を採集したり、有毒物質を含む根の抽出物を使って小さな魚を驚かせ魚網に追い込んだりするものだ。経験を積んだ漁夫には環礁内の魚の習性がわかっているので、簡単に捕獲できることはほぼ保証されていた。

いっぽう、外洋の深海漁は危険をともなう仕事だった。狂暴な波と戦い、壊れやすいカヌーを予測がつかない熱帯の天気にまかせながら、銛《もり》を使ってサメを獲ったり、いつ来るかまったくわからない魚の群れを探したりする。十分な漁獲をあげて帰れるのか、あるいはそもそも漁から帰って来られるのかどうか、まったくわからない。沖に出ると海が荒れるので、若い乗組員は年長者から、海の怪物や飛び跳ねる岩、石になったカヌー、そのほか伝説となった災難などの恐ろしい話を聞かされ、用心するようにと忠告されていた。

このような危険な旅に出る前に、乗組員たちは入念に準備をした。禁忌を守り不寝番をし、特殊な薬草を用い、ブタをいけにえにし、編んだ敷物でカヌーを覆い、精霊に供え物をする。乗船すると、カヌーにミントをすり込みバナナの葉でカヌーをたたき、タコノキの葉の繊維でつくった吹き流しをマストに結びつけ、呪文を唱えた。特殊なボディペイントを施し、ほら貝を吹き、声をそろえて呪文を唱え、古くなったじゃがいもを用意し、カヌーにつきものの重苦しさを取り除こうとした。一連の特別な儀式は、出発と航海、目的地への到達、最後の進入と帰還、そして安全にかかわるものだった。

儀式は船を建造するときにも浸透していた。カヌー用に選んだ木を伐採する前に、木に棲《す》む邪悪な木の精「トクワイ」を追い払うため、呪文を唱え、食べ物を供えた。丸太にした木を運び出す途中、乾燥した草の束で二度たたく。これは丸太を軽くするためとされていた。丸太がようやく村に到着すると、人々の前で建造の始まりを告げる行事が行われた。丸太を運ぶのに使った蔓が、刃を薬草で覆った斧で切られた。同じ日の夜、横に並べた何本かの木の上にカヌーが載せられ、木とカヌーのまわりにも薬草が置かれた。並べた木を引き抜くのに先立ち、カヌーの装飾板を彫るのに使う道具「カヴィラリ」に向かって特別な呪文の言葉を唱えた。装飾板が完成すると、ココナッツオイルに浸した葉の束をカヌーの中に置き、呪文を唱えてから斧で束をたたき切る。その間に、カヌーのほかの部分、すなわち肋骨、帆、いかだ、舷側《げんそく》になる厚板《あついた》などが用意され、各部分の準備に一連の儀式が行われた。これらの各部分がすべて整えられようやく組み立てられると、カヌーの装飾板を取り付けるときに、また儀式が行われる。装飾板を聖なる石で打ちつけ、ミントの小枝で覆うのだ。さらに、水漏れの防止や塗装など、建造過程のほかの部分でもさまざまな儀式が続いた。ついにカヌーが完成すると、命名と進水の儀式が入念に行われた。公共の場で歌い踊り、みんなで食事するのも儀式の一部だった。

大洋へ遠征するカヌーに対してここまでこだわって儀式を執り行うのとはきわめて対照的だが、安全な環礁内での漁や海岸沿いでの物資の輸送に使われる舟については、特別な儀式を必要としなかった。同様に、住居の建築などは深海を航行するカヌーの建造と同じぐらい労力がかかり技術的にも複雑だが、やはり何の儀式も行わなかった。

マリノフスキーは、トロブリアンド諸島の生活のほかの領域についてもさまざまな調査をして、明確な傾向があることに気づきはじめた。一般に、結果が予測可能な領域では儀式はほとんど行われないが、紛争、病気、恋愛、自然現象など、危険や制御できない状況が関連する領域については、儀式がひんぱんに行われる。たとえば、悪天候や病気に弱い野菜を植えるときには儀式は不可欠だが、果樹のように耐性が高い作物を育てる際には儀式は必要ない。マリノフスキーは次のように述べている。「成功の可能性と不測の事態にかかわる要因が多岐にわたっているとき、また希望と不安のあいだで感情の揺れが大きいときには、かならず呪術を行っている。求めるものが確実であてにでき、合理的な方法と技術的な処理で制御できる場合は、呪術は見られない」[5]

マリノフスキーはこのような観察に基づき、呪術的儀礼はトロブリアンド諸島の人々の生活において重要な心理的作用を及ぼしている、と述べた。儀式は、自分の世界を制御したいという根強い欲求に端を発しているのであり、その欲求は私たちが科学的発見を追い求めることとつながっている、と論じる。この欲求があるから私たちは、世界の現象のあいだにある因果関係を認識しようとし、その因果関係に影響を及ぼす方法を見いだそうとする。儀式の場合は、因果関係は幻想にすぎないかもしれないが、それでも心を癒やすという意味での価値がある。

呪術によって、自信をもって大事な責務を遂行することができる。怒りに駆られているときや、憎悪や報われぬ愛や絶望や不安に苦しんでいるときでも、冷静さと精神の高潔さを保つことができる。呪術の効用は、人間の楽観性を儀式として表現し、希望が不安に打ち勝つための自信を引き上げることだ。呪術によって、不安より自信、動揺より安定、悲観より楽観のほうが、人間にとって価値があることが示される」[6]

そして、これは私たち自身の社会で見られることとあまり違いがない、とマリノフスキーは気づく。私たちの信仰や慣習は、文化を通じ大きく異なっているかもしれないが、世界じゅうの人々が根本では同じように考え行動している。そしてあらゆる文化の構成員が生活のストレスや不安に対処するために儀式を活用しているのだ。

　たしかに、私たち自身の社会を考えると、生活のなかのストレスや不安が多い領域では、儀式化された行為が多くなり迷信がはびこりがちだ。個人的な儀式が自然に生まれるところを観察したければ、高いリスクや強い不安がある場面、制御できる余地が限られている分野から始めるとよい。カジノやスポーツ会場、紛争地帯を考えてみよう。

　ギャンブルをする人は迷信深いことでつとに知られる。カジノに行けば、自分で物事を制御する力はすべて入り口で手放さなくてはならない。ギャンブルはそもそもの本質からして偶然によるゲームなので、プレイヤーが自分の運命をコントロールできる力は限られている。またはまったくコントロールできない。だから不安が引き起こされる。この不安に対処するため、ギャンブルをする人はさまざまな儀式を自分で開発する。[7] ルーレットが回るあいだ目を閉じる人。スロットマシンに話しかける人。サイコロをころがす前にサイコロに息を吹きかける人。そして、ギャンブルをする人はしない人よりも迷信を信じている、というだけではない。ギャンブルに費やした時間が長くなるほど、儀式や迷信的な行為を多く行うようになるのだ。[8]

　社会学者のジェームズ・ヘンズリンは、ミズーリ州セントルイスでクラップス［サイコロを二つ使うゲーム］のプレイヤーの儀式を調査した。プレイヤーはどんな結果になってほしいかによって、サイコロを投げる独特の方法を編み出していることが観察できた。[9]「基本的に、強く投げると大きな目が出て、そっと軽く投げると小さい目が出ると信じられている」とヘンズリンは述べている。プレイヤーはサイコロの数字と動きの速さとのあいだに比喩的な類似性をつくりあげ、いっぽうを操作することでもういっぽうに影響を与えようとしていた。別のプレイヤーは、勝ちつづけている人に自分のサイコロで触り、あるいはサイコロをこすりつける（rub）ような動作をして、ほかのプレイヤーから幸運を分けてもらおうとする。物理的な接触によってある人からほかの人に運が移動する（乗りうつる［rub off］）と直感的に思っているのだ。

　こうした行為は、ジェームズ・フレイザーの共感呪術の定義と合致する。[10] フレイザーによれば、関連している行為が起きるときは、おおむね二つの法則に基づいているという。類似と感染である。類似の法則とは「似たものが似たことを引き起こす」、つまり物理的に似ているものは似た機能もあることを示唆している、という考え方だ。だから世界には、サイの角は男性が勃起するのを助けると信じる人々や、ヴードゥー人形を突き刺すと敵対している人に悪いことが起きると信じる人がいるのだ。これはホメオパシーの裏にある基本的な思考でもある。つまり、「似たものが似たことを治す」という前提に基づいている。

　感染の法則とは、物事には変わらない本質があり、それが接触によって伝わるという概念である。心理学的研究から、この種の呪術的思考はごく一般的であることがわかっている。実験によって明らかになった例をあげる。人は、大量殺人犯が身につけていたセーターについては、たとえ洗って消毒したとしても着るのをいやがるが、殺人犯とおそろいのセーターであっても、犯人が触れたものでなければ喜んで着るという。[11] もちろん、研究の参加者は仮定のシナリオに反応している。とはいえ、こうした研究結果は実際の生活のデータでも裏づけられている。家の中で不自然な死（殺人、自殺、事故死）が起こると、不動産の価値が二五パーセントも下落し、隣接する区画まで全般に価値がいくらか下がるのだ。[12]

好ましい特質も伝わることがある。私は何年か前、オックスフォード大学に招かれて講演を行った。私が博士論文を書いていたときのアドバイザーが、少し前に人類学部の主任教授に任命されていたため、自然ななりゆきとして、教授を訪ねた。研究室は私が期待していたようなものではなかった。古い家具が置いてあり、一部改装する必要があると思われた。私は、赤いソファーに腰をおろした。かなり座り心地が悪く、壊れているようだった。世界最高峰の学術機関にいるのだから、当然、もっとよいソファーを入れるだけの余裕があるはずだろうに、と思った。私は驚きをうまく隠すことができなかったらしい。というのも、教授が、じつはそのソファーは壊れている、と言ったのだ。新しいソファーにしたくないのは、教授の説明によると、このソファーはかつて主任教授だった高名な人類学者、サー・エドワード・エヴァン・エヴァンズ＝プリチャードのものだったからだ。

私たちはみな、何らかの呪術的思考にかかわっているのだ。だから、ジョン・レノンのピアノが二〇〇万ドル以上で売れ、コンサートに行くファンの多くは、花形演奏家のカリスマ性が乗り移るのではないかと（意識しているにせよ無意識にせよ）期待して、彼らに触れようとする。このような思考を示す例でもっと驚くのが、ローマ教皇フランシスコが二〇一五年にアメリカ議会で演説をしたときのことだ。教皇が演説を終えると、ロバート・ブレイディ上院議員が演台に駆け寄り、水が入っていた教皇のグラスをつかみ取った。自分のオフィスにこっそり持ち込んで一口すすり、妻やスタッフとも分け合った。それから教皇の水の残りを自宅に持ち帰り、孫に振りかけた。この件についてマスコミに問われると、「これは聖水だと思っています。（略）というのも、教皇がこれで水をお飲みになり手で触れられた。（略）教皇がお飲みになったのですから、間違いなく祝福されているのです」と答えた。神学的観点から言えば、ブレイディの主張は正しくない。普通の水が聖水になるには、塩とお払いと祝福とに関する特殊な儀式が必要だ。そうではあっても、ブレイディが直感的に思ったのと同じことは、ごく普通に見られる。じつは新約聖書の一節と似ているのだ。新約聖書によれば、イエス・キリストに従った者たちは、いろいろな病を癒やしてくれるだろうと信じてキリストに触れようとしたという。マルコによる福音書第五章二九節に、イエスは自分の内から力が出て行ったのを感じたので、女性が自分の衣に触れたことに気づいた、と記されている。

ギャンブルと同様スポーツの試合でも、高い賞金がかかり不安が高まるときがある。これに対処するためどうするか、わかるだろうか。じつは、スポーツ選手は儀式が好きなのだ。調査によると、スポーツ選手はそうでない人以上に儀式を行い迷信を信じている場合が多い、と判明している。ただし、トロブリアンド諸島の呪術的慣習と同じく、スポーツに関する儀式も一様に行われるわけではない。人類学者のジョージ・グメルクは、数多くの迷信があることで知られている集団、野球選手について研究した。選手たちの儀式は、ピッチングや打撃など、試合で先が読めないプレーに関して行われる場合が圧倒的に多く、偶然に左右されることが少ない守備ではそれほど行われていなかった。[13] 同様の観察結果が、バスケットボール、サッカー、バレーボール、ホッケー、さらにはゴルフ、陸上競技、テニス、フェンシングなどほかのスポーツの選手にも見られた。加えて、スポーツ選手の儀式的行為は、手ごわい相手と戦ったりレベルの高い試合に参加したりするときに増えるようだ。[14]

トップクラスの選手なら自分の技能を信頼し迷信にはあまり頼らないだろう、と思うかもしれない。実際は逆なのだ。一流選手が大きな勝負に打って出るときは、並の選手以上に迷信的な行動をとる。[15] スポーツ選手には、試合の前や試合中に行う入念なルーティンをつくりあげる人が多い。史上最高のテニスプレイヤーの一人、ラファエル・ナダルを例にとってみよう。強迫性障害患者のそれを思い起こさせるような手のこんだ儀式が数々ある。試合の前にかならず、氷のような冷たい水のシャワーを浴びる。試合会場に着くと、ラケットを手に持ってコートに入る。けっしてラインを踏まないよう細心の注意を払い、ラインをまたぐときは常に右足から踏み出す。それからベンチにバッグを置き、トーナメントのＩＤカードを、表を上に向けて置く。椅子はサイドラインと完全に直角に置かなくてはならない。ウォームアップをするあいだ、いつも試合の役員を待機させる。ウォームアップのルーティンは観客のほうを向いて行い、繰り返しジャンプをしながら上着を脱ぐ。エナジー・ゼリーを取り出し、キャップをとって摂取する。やり方はいつも同じだ。一回折り曲げ四回絞り出す。ソックスを見て、両方のふくらはぎの完全に同じ位置にあるか確かめる。コイントスをするあいだはネットのほうを向き、コインが落ちるまでジャンプをする。コイントスが終わるとすぐにベースラインまで走って行き、ラインと直角の方向に片足で大きく一度地面をなぞるようにしてから、シューズを片足ずつラケットで軽くたたく。試合が始まると、カトリック信者の十字の切り方に似た手の動きを繰り返す。右手でテニスショーツの前と後ろを触り、それから左の肩、次に右の肩、続いて鼻、左の耳、もう一度鼻、右の耳、そして最後に右の腿《もも》に触れる。この一連の動きがサーブのたびに繰り返される。得点のたびにタオルのところへ行く。コートチェンジでは毎回タオルを二枚手にとる。相手のプレイヤーがコートを出るのを待って、右足からコートの外へ出て椅子に座る。タオルを一枚丁寧にたたみ、使わずに背中の後ろに置く。次いで二枚目のタオルをたたんで膝の上に置く。ボトルから水を一口飲み、もう一本のボトルからもう一口飲む。細心の注意を払って、二本のボトルを正確に元の位置に戻し、ラベルを同じ方向に向ける。試合が再開すると、一枚のタオルをボールボーイに渡し、反対側まで行って二枚目のタオルをもう一人のボールボーイに渡す。この一通りの流れが試合を通じて繰り返される。

テニスの女子トップ選手セリーナ・ウィリアムズは、試合の前はかならず手を徹底的に洗う。

トーナメントを通じて、いつも同じシャワーを使い同じソックスを履くことにこだわる。ソックスは試合に負けるまで洗わない。シューズの紐《ひも》は常に同じ方法で結び、いつもアイリーン・キャラの『フラッシュ・ダンス――ホワット・ア・フィーリング』を聞きながらコート入りする。ゴルフ界のレジェンド、タイガー・ウッズは、トーナメントで日曜日には決まって赤いシャツを着る。そして、史上最高のバスケットボール選手マイケル・ジョーダンは、NBAのキャリアを通じ、所属するシカゴ・ブルズのユニフォームの下に出身大学のノースカロライナ大学のショートパンツをはいていたという。

不思議なことに、こうした儀式にこだわるスポーツ選手の多くは、自分が迷信深いとは考えていない。[16] ナダルは自伝で次のように書いている。「迷信だと言う人もいるかもしれないが、そうではない。迷信なら、勝っても負けても同じことを繰り返すだろうか？　これは、試合中に自分を落ち着かせる方法なのだ。自分の意識が求める秩序に沿って周囲の環境を整理していく」[17]

多くの人と同じく、ナダルは否定的なニュアンスがある「迷信」という言葉を拒絶する。通常この言葉は、一般の人からは宗教的と言われるが宗教の権威者は眉をひそめるような信条や行為を指す。したがって、ある信条や行為が迷信的かどうかは、その人の文化的背景や考え方によるのだ。いずれにしても、ナダルの行為は、儀式化された行為と呼ばれるものになっている。つまり、一定の型にはまった行為で不可欠な（どうしても行わなければならない）ものと考えられているが、明確な因果関係がある結果をともなわない。

スポーツの試合は、大きなストレスを引き起こすが、戦争ほどストレスを起こす状況はまずないだろう。イスラエルは一九四八年の建国以来、恒常的に戦闘状態にある。このため儀式と不安に関するさまざまな研究が同国で行われてきた。心理学者のギオラ・ケイナンは、湾岸戦争（一九九〇年－一九九一年）中に、一七四人のイスラエル人の迷信的な考えや行為について調査した。イラクとの国境近くに住みミサイル攻撃にあう危険性が高い人と、ミサイルの射程圏外の地域に住む人とを比較した。[18] ストレスが高い地域に住む人たちは、敵の写真を破る、ミサイル攻撃の最中は防空壕《ぼうくうごう》に右足から入る、といった迷信的な行動をとることが三〇パーセント以上多いと判明した。一〇年後、二〇〇〇年から二〇〇五年の第二次インティファーダ（イスラエルに対するパレスチナの蜂起）の期間、イスラエルの人々はまたも、たえまない攻撃の恐怖のもとで暮らしていた。人類学者のリチャード・ソーシスは三六七人のイスラエル女性にインタビューし、戦争に関連するストレス要因（たとえば、戦争で亡くなった人がいる、経済的損失を被ったなど）にさらされている人ほど、詩篇を唱えることが多いとわかった。[19]

こうした観察結果から、不安やストレスがかかる生活で儀式がよく行われることが確認できる。ただし、これらの研究結果はすべて「相関関係」を示すにすぎない。つまり、二つのことが同時に起きる傾向がある、ということだ。どちらかが原因となってもういっぽうを引き起こしているのかどうかはわからない。次のような例を見てみよう。アイスクリームの売り上げは溺死の件数と相関関係があり、アイスクリームの消費量が多い日は溺死の件数が多い。これは、アイスクリームを食べることは、溺死を引き起こすという意味だろうか。当然ながら、あまり説得力がある説明だとは言えない。この二つの変数に対し別々に影響を及ぼす第三の要因が存在すると考えるほうが、はるかにもっともらしい。この場合は気温だ。暑い日ほど、アイスクリームを食べる可能性が高いが、同時に水泳をする可能性も高く、したがって溺れることが多くなる。では、儀式に関しては、このような例とは事情が異なる、とたしかに言い切れるのだろうか。たとえば、多くのスポーツでもっともストレスがかかり落ち着かない瞬間は、体が動いていないときだ。バスケットボールなら試合終了間際のタイムアウト、サッカーならペナルティキックの前に態勢を整える時間が、これに当てはまる。次に起こることを待っているこのような時間は、不安を高めることにもなり、同時に選手たちが儀式を行うだけの空き時間をつくりやすい、ということにもなるのではないだろうか。または、次のように考えてみるとよい。戦争の状況下では、不安を高め同時に儀式を促すような社会経済的要因、あるいは人的要因が存在するのかもしれない。たとえば、保守的な人ほど軍に従事する家族がいる場合が多く、このため戦争で近親者を失うリスクが高い、そして宗教的な儀式を行う可能性も高い、ということは考えられないだろうか。

こうした疑似相関の問題を避けるため、科学者は対照実験を行い、原因因子と考えられる要因を操作して、予測される結果が得られるかどうかを調べる。二〇〇二年に行われた実験でギオラ・ケイナンは、二つのグループの人たちに異なる質問をしてから行動を観察した。第一のグループには、不安にさせる質問をした。「肉親が肺がんにかかったことはありますか」「死亡者が出た交通事故に巻き込まれた経験はありますか」などだ。第二のグループには、「好きなテレビ番組は何ですか」といった、一般的な質問をした。それから回答者は、調査票に示されたストレスの程度を判断するスケールに記入した。ケイナンは、ストレスがかかる質問をされた第一のグループは、一般的な質問をされたグループに比べ、インタビュー中に木でできた物をたたくことが多かった。全体的に見ても、不安な感情が強い人ほど木をたたく傾向があった。[20]

たしかに、魔除けとして木をたたくのは非常に特殊な文化的慣習であり、さまざまな社会の人々が、ストレスを克服しようと、儀式化された行為をいくつも活用している。とはいうものの、実験で検証できる世界共通の儀式化の特徴があるのだろうか。この点を検証するため、私は数年前にチェコのブルノにある宗教実験研究研究所の同僚とともに、実験を計画した。

一見すると非常に異なっていてまったく関係がない領域で行われているように思われる儀式にも驚くほど共通した点があることに、人類学者はずいぶん前から気づいていた。具体的な結果と明確な関係がなく因果関係が不明確な行為であるというだけではない。小さな子どもが毎日とる決まった行動、ギャンブラーやスポーツ選手が行う迷信的行為、さまざまな神に捧げられる祈り、集団で行う宗教儀式や世俗の儀式、そして強迫性障害患者による病的で過度に儀式化された行為まで、どんな儀式にも共通する基本的な構造要件があるようだ。[21]

まず、儀式化されていると判断するときの特徴として「厳格性」がある。儀式行為は常に同じ方法で（「正しい」方法で）行わなければならない。忠実に行うことが不可欠である。筋書きからの逸脱は許されない。たいていの場面で、お茶を飲む行為はいくつもの方法で行うことが可能だ。茶葉が用意でき湯を沸かす手立てがあればよい。しかし、日本の茶道は様式どおり正確に行わなければならない。厳密に作法が定められ、客はいつ到着するか、どのように挨拶するか、どこに着席するかが決められている。茶室は正方形で、いっぽうの端に床の間がなくてはならず、炉が切ってあり、壁に掛け軸と生け花を飾る。招いた人は特別な装いをする。準備する用具は、細心の注意を払って扱う特別なものだ。多くの場合、手袋をした手でしか触れてはならず、使用する前とあとにかならず清められる。客も清浄でなくてはならない。履物を脱ぎ、静かにおじぎをし、お清めを行う。鐘を鳴らして行事の進行を知らせる。お茶は畳の上に出される。右手で取って左手の手のひらの上に載せ、時計回りに二度回し、茶碗《ちゃわん》に向かっておじぎをする。そのほか、布巾の渡し方から湯沸かしに蓋をする作法に至るまで、きわめて微細な事項にも数えきれないほどの決まりがある。このため、茶道の行事は四時間もかかることがある。

手順を忠実に守ることの社会的重要性は、二〇〇九年、アメリカのバラク・オバマ大統領の就任式で明らかになった。ジョン・ロバーツ最高裁判所長官が、大統領の宣誓を執りしきっているときに、ごく些細《ささい》なミスをした。アメリカ合衆国憲法で規定されている文言は「私は、合衆国大統領の職務を忠実に執行することを厳粛に誓います……（I do solemnly swear that I will faithfully execute the office of President of the United States...）」となっている。ロバーツは「私は、忠実に合衆国の大統領の職務を執行（I will execute the office of President *to* the United States *faithfully*）」と暗誦《あんしょう》した。オバマは間違いに気づき言葉を切って、長官にもう一度宣誓を読み上げる機会を与えた。ロバーツはこの文言でまたも言い間違え、オバマはけっきょく「私は、忠実に合衆国大統領の職務を執行（I will execute the office of President of the United States *faithfully*）」と宣誓した。三つの文はいずれも意味は同じであるが、儀式で問題になるのは趣旨ではなく文言なのだ。就任式のあと人々のあいだで議論が持ち上がり、大統領の正当性自体を問う者まで現れた。憲法学者のジャック・バーマンが「正式な宣誓を行うまでは、彼が大統領であるかどうか議論の余地がある」と発言し、ほかの法学者も同様の懸念を表明した。当初オバマはこうした懸念を受けつけなかったが、ついにホワイトハウスでロバーツの立ち合いのもと、宣誓をやり直した。この場を記録するため報道関係者が招かれ、ホワイトハウスによれば「多大な注意を払って」宣誓が行われた。

オバマの宣誓の間違いはすぐに発覚し大した問題にならずにすんだが、マシュー・フッド神父の場合は、もう少し複雑だった。フッドはミシガン州ユーティカのセントローレンス教区の神父を務めていた。二〇二〇年、父親が集めておいた家族のビデオを調べていて、自分が幼児のころからの古いビデオのなかに洗礼式の記録を見つけた。再生すると、洗礼式を行った助祭が、フッドがなじんでいる「我なんじにバプテスマを授く（I baptise you）」ではなく、「我々なんじにバプテスマを授く（*we* baptise you）」という文言を使っていることに気づいた。驚いたフッドは、デトロイトの大司教区へ出向いた。「神学者と法典学者と話をして、おそらく有効だろうと考えました」とフッドは伝えた。しかし、バチカンの見解は違っていた。決められた手順書から逸脱していることは、フッドが洗礼を授けられていなかったという意味になる。その結果、堅信礼も無効となり、助祭としての叙階式も無効、ひいては司祭としての叙階式も無効となった。

職を取り戻すために、フッドはあらためて洗礼を受けなければならず、続いて堅信礼を、そして助祭、司祭としての叙階式を全部やり直さなければならなくなった。そのすべてを一週間以内にやり遂げたが、話にはまだ続きがある。この間違いによって、フッドはそれまで本物の司祭ではなかったということになった。したがって、彼が司祭として執り行った秘跡も無効だとされたのだ。教会は、思いもよらない知らせを伝えるため、何千人もの信者に連絡をとった。フッド神父によって堅信礼を受けた人は、カトリック教会の正式な信者ではないと告げられた。彼が執り行った叙階式で任命された人たちは、正当な聖職者とは認められないのだと知った。彼の前で告解をした者は、自分の罪が赦されていないと悟った。聖体拝領に参加した人たちは、聖体を受けたつもりでいたのに、じつは受けていなかったと知らされた。フッドが執り行った結婚式については明確ではない。場合によっては、叙階されていないカトリック信者が式を執り行うことが認められているからだ。皮肉なことに、フッドから洗礼を授けられた人たちは、心配する理由がなかった。洗礼については、誰が授けたかは問題にならないからだ。正しい手順にのっとっているかぎりは。

儀式化されているとする第二の特徴は「反復」である。マントラは一〇八回繰り返す。キリスト教正教徒は十字を三回切る。木をたたく人はいつも二回以上たたく。一つの儀式のなかで行為を繰り返すのに加え、多くの場合、儀式自体が定期的に再現される。詩篇には、「夕べに、あしたに、真昼にわたしは祈ります」(五五篇一七節)、「一日に七たびあなたをほめたたえます」(一一九篇一六四節)といった記述が出てくる。同じように、イスラム教徒は一日に五回祈り、兵士は毎日旗を揚げては降ろし、学校では毎年卒業式を行う。

最後になるが、儀式化の第三の特徴が「冗長性」である。つまり、儀式的行為に直接の因果的効果があると言える場合でも、通常なら具体的な目的が達成できるはずの水準をさらに超えて行うことが多い。手を二〇秒洗えば、たしかに清潔になったと言えるだろうが、お清めの儀式は何時間も続く。私はフィールドワークで、一週間にわたり数えきれないほどの儀式的行為を行うヒンドゥー教の行事に出席したことがある。同様に、インド哲学の教授フリッツ・スタールは、インドで行われているヴェーダ［紀元前にインドで編纂された祭式の記録文献］の儀式アグニについて記録している。アグニは、一二日間行われ、合計八〇時間も集団で朗読や詠唱を行う。

儀式の頻度と期間を観察するのはわりと単純だ。しかし、厳格性や冗長性といったものをどのように測るのだろう。また、繰り返しとして数えられるのはどんなものだろう。これを考察するための伝統的な方法は、人々の行動を観察するか撮影するかして、新たな動作やひと続きになった動作が起こるたびに記録をとることだろう。ただし、それにはたいへんな労力とたえまない注意力が求められ、主観的な判断に頼らざるをえないことも多々あるため、間違いが起きる余地が大きい。幸いなことに、現在では技術の進歩によりこのプロセスを自動でできるようになった。私たちが行った研究では、人々の行為の儀式化の程度を計測するためモーションキャプチャ技術を活用した。[22] 仮説は、ストレスが高まるほど動作が反復され（軽くたたく、手を振る、引っかくなど）、厳格になり（予想される動作パターンに沿う）、冗長になる（必要以上に長く続く）、というものだった。

この仮説が正しいか判断するためには、初めに不安を引き起こす必要があった。つまり、ストレスがかかる状況をつくりだすのだ。この考えのもと、私たちは参加者を実験室に連れてきて、ある装飾品を見せ、それに関する質問をした。調査の参加者の半分には、三分間で答えを考えたあと実験者と話し合うと伝える。これは、とくにストレスがかかる課題ではない。いっぽう、もう半分の参加者に対してはまったく異なる実験を行った。隣の部屋で待機している美術評論の専門家たちの前でスピーチの形式で答えを発表するよう伝えた。スピーチの準備をするための時間は三分だけだった。私たちは、何かを発表するような場に出されるのを恐れる。準備ができておらず聴衆が専門家であるときはなおさらだ。人前で話す恐怖は大きいので、それを表す言葉がある。スピーチ恐怖症(glossophobia)だ。さらに、調査の参加者は心拍数モニターも装着していたので、この経験はじつにストレスが高いということを実証できた。

発表に先立ち、参加者に装飾品を布で拭くように伝えた。ただし、参加者が入室したときにはすでにきれいにしてあった。その間、私たちは参加者の行動を分析するためモーションセンサーを使っていた。ストレスが高い人ほど儀式化された行動をとることがわかった。手を同じパターンで何度も何度も動かし、手の動きがますます反復され予測できるようになった。そして実験中に不安を感じている人ほど、装飾品を拭くのに多くの時間をかけていた。ストレスのかかる状況では、きれいにしなければならない部分がなくなってもなお、しきりに拭くようになった。

ここまで見てきた事例から、儀式化は不安に対する自然な反応として起きるように思える。

そしてじつは、このことが当てはまる種は人間だけではないのだ。

ハーバード大学の有名な心理学者B・F・スキナーは一九四八年、「ハトの迷信行動」という異色のタイトルをつけた論文を発表し、少々特異な実験の結果を報告した。「オペラント条件づけ箱」（現在は「スキナー箱」という名前で一般に知られている）という器具を発明し、この箱を使い動物でさまざまな研究を行った。高度に制御された環境で一回に一つの要因を変更し、それにより動物の行動にどのような変化が引き起こされるかを観察した。スキナーは生物がどのように学習するかに興味を抱いていて、とりわけ、特定の行動に対する報酬と罰を通じて学習を行う「オペラント条件づけ」に関心があった。ある実験では、箱の底面に電流を流し、箱の側面のレバーを押せば電流が止まるようにしてあった。箱にネズミを入れると、痛みを感じて動き回りはじめる。そのうちレバーにぶつかり、電流が止まる。じきにネズミは学習し、箱に入れられるたび、底面に電流が流れていないときでもレバーを押すようになる。別の実験は、正の強化［報酬をもらえることで行動が増幅されること］を確認するために計画された。レバーを押すと餌というかたちで報酬が出てくる。動物はこのことに気づくと、報酬と結びつけるようになり、実験を数回繰り返すうち、箱に入れられるとすぐレバーに飛びつくようになった。

スキナーは続いて、不安を引き起こしたらどうなるかを見ることにした。空腹状態のハトをかごに入れ、ハトの行動とは無関係に餌が出てくるしくみをつくった。スキナーはその結果に驚いた。ギャンブラーやスポーツ選手と同じように、鳥も手のこんだ儀式を編み出したのだ。

スキナーは次のように述べている。

ある鳥は、かごの中を反時計回りに歩きまわるようになった。条件を強化していくあいだに、二、三回歩きまわるようになっていった。もう一羽は、かごの上部の角の一つに繰り返し頭を突っ込んだ。三羽目の鳥は、何度も頭を「持ち上げる」反応を示すようになった。まるで、見えない横木があって、その下に頭を入れて繰り返し横木を持ち上げようとしているかのようだった。さらに二羽の鳥が、頭と体を振り子のように動かすようになった。頭を前に伸ばし、右から左へとすばやく振ってからゆっくり戻した。体はおおむね首の動作にそって動かし、動きが大きくなると二、三歩踏み出した。別の鳥は、床をつついたり羽でこすったりするかのような動作をするようになったが、動作は途中で止まり床まで触れることはなかった。[23]

スキナーがハトを使って観察したのと同じような反応が、のちに子どもについて記録されている。いささか奇妙な実験に思われるかもしれないが、グレゴリー・ワグナーとエドワード・モリスは、口からビー玉を出す機械じかけのピエロがいる部屋に子どもを入れた。子どもはあとでビー玉をおもちゃと交換できることになっていた。スキナーが実験に使ったハトと同様、子どもはピエロに報酬を出してもらうため、さまざまな儀式的行動をとりはじめた。ピエロの顔に触れ、鼻を自分の鼻に押し当てたりピエロにキスしたりする子どもがいた。顔をしかめたりせがむようなしぐさをしたりする子どももいれば、「雨乞いの踊り」のように、体を揺らし回転やジャンプをする子どももいた。[24]

成人の場合でも、儀式化することによって、直感的に因果関係があるかのように思い込んでしまうようだ。ブラジルとアメリカで行われた研究では、反復や冗長性といった、儀式の構造的な特徴によってその儀式がより効果をあげると受け止められることが判明した。研究の参加者は、「シンパティアス（simpatias）」という言葉に効果があるかどうかを判断するよう求められた。これは、ブラジルの一部の地域で使われるお決まりの呪文であり、恋人さがしから歯痛の治療まであらゆる現実的な困りごとを解決するため唱えられる。呪文にはいくつかのパターンがあり、手順が何種類あるか、それぞれの手順を何回行うか、どの程度厳密に細かく行うか、といった特徴が異なっている。反復の回数が多くまた厳密に決まりどおり行われる儀式ほど、日々の悩みに対処するうえで効果が高いと考えられていることを、研究者たちは突き止めた。[25]

同じ研究チームが行った「シンパティアス」に関する別の研究では、不安が起きると儀式の効果に対する期待が高まることが判明した。二つのグループに、ばらばらになった文を組み立てるという認知課題を与えた。第一のグループには、「委員会は混乱している（the committee is chaotic）」「彼はいい加減にそのオレンジを選んだ（he chose the orange at random）」といった、まとまりのない印象を与える文が提示された。第二のグループは、否定的な意味をもつ別の語か中立的な語からなる文を組み立てた。「委員会は怠慢である(the committee is lazy)」「ドアは緑色だ(the door is green)」などだ。この課題に続き、すべての参加者に同じ「シンパティアス」の呪文リストを見せた。まとまりのない印象を与える文を提示された第一のグループのほうが、もう一つのグループよりも、呪文に効果があるだろうと判断していた。[26]

これらの研究結果から導かれる解釈の一つは、こうした儀式について人間が直感的に考えることは、超自然的作用という文化的概念に基づいているのではないかということだ。突きつめれば、呪文とは大体において、望む結果を得るために、ある種の精霊や神やカルマ的パワーがもつ能力を引き出そうとするものだ。このことは間違いなく、多くの文化で行われている儀式に当てはまる。とはいうものの、儀式化することによって、文化のなかで信じられていることとは関係なく、因果関係があると直感的に思うようになるのだろうか。この点を探るため、私たちの研究チームはコネチカット大学の私の実験室で調査を行った。[27]

大学バスケットボールの試合の記録を使い、フリースローをする選手のビデオを実験の参加者に見せた。ボールが手を離れるとビデオを止め、それぞれのフリースローが成功するかどうか予測してもらった。ビデオの前半の時間では、選手がボールを投げる前に儀式をしていた。ボールを回転させたりバウンドさせたりする、ボールにキスする、シューズの底を触るなどだ。こうした行為はバスケットボールの選手では普通に見られる。ビデオの後半では、ボールを投げる前に儀式を行っていなかった。実際には、どちらの状況でも、参加者はまったく同じようにボールが投げられるのを見ているのだが、私たちはカメラのアングルを操作して儀式的行為を見せたり隠したりしていたのだ。儀式をしてからボールを投げた場合、シュートが成功すると参加者が予想するケースは三〇パーセント以上多かった。この認知バイアスは、参加者の専門性の程度とは関係なく一定していた。スポーツの知識がない人でも、バスケットボールを日常的に見ているファンでも、バスケットボールをしている人でさえ、同じように認知バイアスの影響を受けていた。さらに、儀式の効果に対する期待は、試合の得点が不利になっているときほど高まっていた。失点が大きいほど、つまり選手が試合をコントロールできていないときほど、実験の参加者は儀式が功を奏すると期待していた。

これらの結果は、儀式化は私たちの周囲の世界を制御しようとして自然にとる方法だということを示唆している。私たちは、ストレスがかかる不安な状況に直面すると、無意識のうちに儀式化された行動をとり、その儀式化された行動は効果があると、直感的に期待するのだ。しかし、制御するというこの感覚が幻想だとすれば、儀式化の利点はいったい何だろう？　なぜこの認知のゆがみが、自然選択により排除されるのでなく、存在しつづけるのだろうか？

ストレスは、間違いなく機能の進化に役立つ、生存のためのメカニズムである。人間が不安になったときは、自律神経系が次々と化学物質（ストレスホルモン）を分泌し、危険に向き合う準備をするよう体に指令を出す。心拍が早くなって筋肉に送られる血液が増え、多くの酸素を供給するために呼吸が深くなる。筋肉が緊張することで、体を負傷から守り、戦ったり走ったりしやすくする。発汗は体を冷やすのに役立つ。注意力が増し、反射能力が高まり、警戒態勢が維持される。ストレスには意欲を刺激する働きがあり、試験勉強でも戦闘機の操縦でも、あるいは決勝ゴールを決めるときでも、目的に向かって集中し難題に立ち向かう助けになる。つまり、ストレスは目的に貢献するのだ。

ただし問題は、一定の閾値《いきち》を超えるとストレスが役に立たなくなるということだ。ヤーキーズ・ドットソンの法則は、二〇世紀初頭に初めて提唱した二人の心理学者の名前を冠したものであり、ストレスと認知機能にはある時点で逆に向かうU字型の関係があるとする。[28] ストレスはパフォーマンスを向上させるが、ある閾値を超えると害を及ぼすのだ。就職のための大事な面接の前にいくぶん不安になるのは、集中力とモチベーションを高め態勢を整えてよい結果を出す助けになるだろう。しかし、ストレスが極限に達すると、呼吸が困難になり胸に痛みを感じるようになり、首筋から冷たい汗が流れ落ちたりする。受動的になり反応が鈍くなる。めまいがして力がなくなり現実から離脱したように感じて、パニックに襲われる。時がたつとともに、こうした負荷が蓄積し健康に深刻な害を及ぼす。長期にわたってストレスがかかると免疫システムが弱り、高血圧と循環器疾患が起こる可能性がある。記憶障害や集中力の低下が起こり、引きこもりやうつ状態や睡眠障害につながる。このタイプのストレスは適応を促すものではない。それどころか、人間の正常な機能や健康や幸福に壊滅的な打撃を与えることにもなる。それにしても、普通に見られる生物学的反応がこれほど機能不全に陥りやすいのはなぜだろう。

進化の分析によれば、ストレスの作用が昔とは変わってきていることが示唆されている。[29] 人類の祖先は歴史の大半の期間、こんにち私たちの多くが暮らしている環境とは非常に異なる物理的、社会的環境で生活していた。そのような環境で生活するなかで、一連の選択の圧力（選択圧）がかかり、人類のゲノムと行動が形成され、現生人類が進化してきたのだ。現生人類とそれ以前の時代の人類とをどこで正確に区分するのかは、完全に明らかになったわけではない。しかし古人類学者のあいだでは、少なくとも五万年前には私たちの祖先は完全な人間になっていた、と見解が一致している。ただし、はるかに大きな変化がまだ熟成の途上だった。

狩猟採集から定住生活への移行が始まったのは、早くても一万二千年前だと考えられる。これは、進化の時間にあってはほんの一瞬だ。それ以降、微細な遺伝子的変化（たとえば青い目やラクトース耐性に影響するような遺伝子変化）は起きたものの、人類の身体的、精神的能力はほぼ変わっていない。しかし、その時代から時を超えて子どもを連れてきて現代の家族のなかで養子として育てたとしても、その子どもが成人してこの社会で生きていけるとは考えられない。ここ数千年のあいだに、人間の脳は変化していないが、そのほかのことがすっかり変わったのだ。生物学的進化の歩みは遅く、現代で起きている爆発的な文化的、技術的革新に追いついていない。その結果、人類の祖先が自分たちの世界を切り開いていくのを助けてきた生物学的適応の多くは、根本的に異なる現代の環境において、もはや役に立たなくなってきた。これは、進化の「ミスマッチ」として知られている。

もちろん、狩猟採集をしていた人類の祖先はストレスがない生活を送っていたわけではない。肉食動物や自然要因、さらにはたびたび食料不安にさらされていた。それでも、たえず起こる不安を静める方法も有していた。緊密につながった人々からなる、平等で小さな集団のなかで暮らしていて、人々は強力な社会支援ネットワークをつくっていた。それほど労働をしなくてもニーズを充足することができたため、余暇時間はたっぷりあった。また、生存様式が柔軟だったので、環境の変化に適応し日常的に身体活動に携わることができた。

先に見たとおり、農耕と定住生活への移行は、はるかに高いストレスがかかる生活様式をもたらした。社会的不平等と抑圧が起こり、労働の負担が大きくなった。それまでなかった疾病が発生し、襲撃を受けたり戦闘が起きたりするのではないかというたえまない不安にさらされた。現代の工業化社会では、社会の発展と近代医学の進歩により、農業生活にともなっていた不安がいくぶん軽減できている。しかし同時に、多くの新しいストレス要因が生まれた。生活リズムは歴史上のどの時点と比べても目まぐるしいほど速くなった。伝統的に不安の緩衝装置として重要な働きを担っていた家族が、現在では核家族でも拡大家族でも何千マイルも離れて生活している。新しいテクノロジーにより、悪いニュースが即座に伝えられ私たちの脳を乗っ取ってしまうので、新しいかたちの依存症が生まれている。このような状況は、人間が進化させてきたストレス反応がもはや現在の環境にはあまり役立たないことを示す例の一部だ。

　私たちの脳と生活様式とのこのようなミスマッチを考えると、効果的なストレスマネジメント手法によって、健康と生活の質全体に大きなインパクトが生まれるかもしれない。とすれば、儀式は精神的な技術として機能し、私たち人間が人間の生態的地位［環境のなかで個々の生物が活動できる領域］の外でも生活していくのに役立つのではないかという、興味深い可能性が思い浮かぶ。初めは欠陥だったものが特徴に変わったのだ。このことからも、人間の行動には柔軟性があることがわかる。この柔軟性があったからこそ、人間は生活様式を変革し環境を操作し地球を支配してきたのだ。

　とはいうものの、少し先走りしているかもしれない。ここまで、人はストレスがかかると儀式に頼るという意味で、儀式と不安のあいだに関連があることを示す根拠を見てきた。しかし、儀式はほんとうにストレスマネジメントの効果的な方策なのだろうか？　それとも、単に時間の無駄であり、悪くすると現実の問題から気をそらすだけの危険なものなのだろうか？

　フィールドでの観察では、儀式は実際に不安に対処する助けになるということが示唆されている。イスラエルで実施した別の研究では、二〇〇六年、イスラエルとレバノンが戦闘状態にあった期間に現地の女性にインタビューを行った。交戦地帯で暮らし戦争のストレスを経験している女性たちのあいだでは、詩篇を朗読することが全般的なストレスレベルの低下と関連していることがわかった。[30] 交戦地帯以外で暮らす女性には、同じような関連は見いだされなかった。この研究の参加者は自分自身で不安の程度を判断したが、不安の程度を心理学的に判定した研究でも、同様の効果が確認された。私の研究チームは、コネチカット大学の私の実験室で、年間で最大レベルのストレスがかかる中間試験の期間中に、学生のグループを観察した。観察による調査に加え、毛髪と唾液のサンプルを収集し、ストレスと関連したホルモンであるコルチゾールの値の測定に使った。唾液のコルチゾールは数分にわたって変化するので、特定の活動にかかるストレスを測定するのに使用できる。また、コルチゾールが分泌された痕跡は毛髪にも蓄積されるため、長期にわたる不安を追跡できる。こうした計測すべてにわたり、多くの儀式に参加した学生のほうが不安の程度が低かったことが判明した。

ただし、ここであげた研究結果も、相関関係があることを示しているだけだ。関連があることを示唆してはいるが、因果関係を確立することはできない。因果関係を確認するためには、実験的な研究に目を向けなくてはならない。幸いなことに、近年このテーマに関して数々の実験が行われていた。こうした研究の一つに、マシュー・アナスタージとアンドルー・ニューバーグによるものがある。カトリック教徒の大学生を無作為にグループ分けし、ロザリオの祈り（繰り返し唱える祈り）をするグループと宗教的な映画を見るグループのどちらかに割りあて、それぞれの課題の前後での不安の程度を計測した。ロザリオの祈りを唱えた人のほうが不安がより軽減された。[31] また、アリソン・ブルックスと共同研究者は、人為的につくった呪文のような儀式を行うよう参加者に伝えた。その結果、この儀式を行うことは、数学の試験を受けるとかカラオケコンテストに参加するといった、ストレスがかかる課題を行う人が不安に対処するのに役立つことがわかった。[32] 別の研究で、マイケル・ノートンとフランチェスカ・ジーノは、参加者にこれまでに経験した喪失――亡くなった人、人間関係の破綻、さらには経済的損失――について思い出してもらった。何人かの参加者に儀式を行うよう求めると、喪失によって生じた不安に対処しやすくなることが判明した。[33]

実験室から実際の環境へ場を移そうと、私は研究仲間とともに、インド洋の島国、モーリシャスでのフィールド実験を計画した。[34] 現地の伝統的な儀式が不安を軽減するのに役立つかどうかを調べるため、心拍変動と呼ばれる自律神経系の特性を測定した。健康な心臓は、メトロノームのように均一には拍動しない。心拍数が一分間に六〇の場合、正確に一秒ごとに拍動しているのではない。あえて言うなら、二つの心拍のあいだの微妙に違う間隔をすべて平均すると一秒になる、という意味だ。このような心拍間の時間の変動は心拍変動として知られている。心拍変動の値が高いときは神経系のバランスがよくとれていて、変わりゆく環境の変化に体がより適切に反応できる。しかしストレスがかかると、このバランスが崩れ、心拍が硬直的になる。すなわち心拍変動の値が低くなる。その結果、体は警戒が高まった状態が続き、不安として感じられるようになる。

私たちの調査は、ラ・ゴーレットという小さな漁村で行われた。このような村ではよくあることだが、人々の公的生活はほぼすべてが海岸近くで行われる。レストラン、商店、そのほかのあらゆる商業施設が海岸道路に沿って並び、公共サービスに関連する施設もすべて海岸沿いに集まっている。警察署のほか、礼拝のための施設が二か所あり、カトリック教会が海岸道路の南の入り口に、そして北側にはマラータ族のヒンドゥー寺院がある。毎朝カフェに腰をおろしていると、色鮮やかなサリーをまとったヒンドゥー教徒の現地女性が大勢、祈りを捧げるため寺院に歩いて行くのが見えた。祈りに際して、ヒンドゥー教の神々の彫像に供え物をし、香炉か線香を持って円を描くように動かす。このように反復して行う行為は、まさに私たちが興味をもつ類のものだが、重要なのは、実験によって指示されたのでなく文化的に定められた手順だということだ。

私たちは七五人の女性を集め、二つのグループに分けた。最初のグループには、寺院で我々のチームと会うように伝えた。二つ目のグループには、宗教とは関係ない建物のなかに寺院と同じような広さとしつらえでつくっておいた仮設の実験室に来てもらった。こちらが対照群になる。参加者は、心拍を記録する小さなモニターを装着してから、ストレスがかかるように計画された課題に取りかかった。参加者には、洪水かサイクロンが迫っているときにとる対策についてエッセイを書いてもらった。島ではこうした自然災害にたびたび見舞われていて、壊滅的な事態に至ることが多かったため、地元住民にとって災害は常に不安の種になっていた。加えて、いっそうのストレスを与えるため、エッセイは公共安全の専門家たちの評価を受けると伝えてあった。ストレス要因になる課題を行ったあと、寺院にいた人はお祈りの部屋に行き、いつもと同じように儀式を行うよう言われた。ほかの人がいない部屋に入り、線香に火をつけて神々への供え物をした。対照群の人たちはまったく同じ課題を行ったが、儀式はしなかった。代わりに、座ってくつろいでいるよう言われた。

予想どおり、儀式は有益な結果をもたらした。自然災害について考えることにより、どちらのグループも不安が高まった。しかし、儀式を行ったグループのほうが不安から回復するのが早かった。心拍変動が三〇パーセント上昇し、ストレスにうまく対処できていることが示唆された。これは、参加者自身が感じていることとも合致していた。不安の程度を主観的に評価してもらうと、儀式を行わなかったグループでは二倍高かった。これは些細な違いではない。臨床研究では、これと同じ程度の効果の違いが、健康な人と重いうつ病にかかっている人とのあいだに見られることが報告されている。[35] 儀式は、私たちにとって最良の不安治療薬として、ストレス軽減に効果があることが判明した。こうした結果が出ていることについて、どんな説明ができるだろう?

儀式は高度に構造化されている。厳格性（常に「正しい」方法で行われなければならない）、反復性（同じ行為が何度も繰り返される）、そして冗長性（長時間にわたり続く）を備えていなくてはならない。つまり、予測可能である。予測可能であることにより、日々の生活の混沌《こんとん》に秩序がつくりだされ、私たちは制御不可能な状況に対して制御できるという感覚をもてる。研究によると、人は確信がもてず制御できないと感じると、一定のパターンを見つけようとする傾向があるという。つまり規則性がないところに規則性を見いだそうとする。このようなパターンには、視覚的錯覚（雲間に顔が見えるなど）から、脈絡のない出来事に因果関係を見つけだして陰謀説をつくりあげるケースまである。[36] こうした状況のもとでは、儀式化された行動に走ることも多い。これは「代償性制御モデル」として知られている。ある領域で制御できないことを、別の領域で制御できるものを見つけることによって埋め合わせようとするのだ。[37] 制御しているという感覚が錯覚かどうかはあまり重要でない。重要なのは、儀式は効率がよい対処メカニズムになりうるということであり、だから人生において大きな利害関係が絡み結果が確実でない領域では、儀式が多く行われるのだ。

アリソン・ブルックスと共同研究者が行った実験では、儀式を行った参加者のほうが数学のテストで成績がよく、カラオケコンテストで正確に歌唱した。イスラエルでは、詩篇をひんぱんに暗唱する人のほうが、備えをする必要をあまり感じていなかった。だから、備えをするあまり通常の生活に支障をきたすようなこともなかっただろう。これに対して、それほど多くの儀式を行わなかった人たちは、不安に圧倒されそうになっていた。その結果、ロケット弾攻撃があったあと、公共の場所やバス、レストランや人込みを避けるようになった。これはたいへん賢明に思われるかもしれない。しかしじつは、紛争の真っただなかであっても、イスラエルでテロリストの攻撃によって死ぬ確率は、交通事故で死ぬ確率より低かったのだ。脅えながらの生活は利点より害のほうが大きく、儀式は、紛争に直面している女性たちが不安に対処し普通の生活を送るための助けになっていた。

同じような効果は、ほかのさまざまな領域にも及んでいる。たとえば、ドイツの心理学者のグループは、指をクロスするなどの儀式をしたりお守りを使ったりする人のほうが、スキルが必要な各種ゲームやパズルを上手にこなすことを見いだした。[38] ほかの研究では、スポーツ選手が儀式化された行為をすると、結果が向上することが判明した。たとえば、バスケットボールとゴルフのプレイヤーは、シュートしたりボールをたたいたりする前に儀式を行ったほうがよい結果が出る。[39] こうした儀式をやめさせると、パフォーマンスが落ちミスにつながる場合がある。[40] このように明らかな効果があるのは、スポーツ選手は儀式によって不安を落ち着かせることができ、コントロールできるという感覚を取り戻せるからだと考えられる。

近年、哲学者や心理学者、神経科学者らが人間の脳のモデルを見直している。長年にわたる古典的な考え方は、人間の認知装置はデータ処理装置のように機能するというものだった。周囲を取り巻く環境からインプットを受け適切な反応を起こす、というものだ。しかし、人間の脳はそれよりはるかに高度であることを示す証拠が次々に出てきている。脳は予想する装置なのだ。環境の状態について受動的に情報を吸収するのではなく、ある状況でもっとも遭遇しそうな刺激の種類を推論（予想）しようと活発に働く。そうした予想は、以前の経験や社会とのかかわり、周囲の環境や刷り込まれた知識から導かれる情報に基づいている。

視覚の盲点を例にとってみる。視神経は、目から脳へ情報を伝達する神経線維が束になったもので、網膜からそのままつながっている。だから、視神経が眼球に入っていく地点には光を検知する視細胞がない。それゆえに盲点と呼ばれている。視野のある部分が盲点に入ると、見えなくなる。盲点があることに気づいていなかったとすれば、それは脳が周囲の環境からの情報を使って欠落部を埋め、像の欠けた部分を補っているからだ。

人間の脳は、ほかのあらゆる領域でも同じような推論をする。サンフランシスコの郊外に住んでいて、目が覚めたらベッドが揺れるのを感じたと想像してみよう。地震かもしれないと不安になる。すぐさまとる対応は、一刻も早く建物の外に出ることだろう。では次に、ニューヨークに住んでいると考えてみる。地震はあまり起こらず、建物沿いに電車の高架が通っている。初めて振動で目が覚めたときは、あわててドアに向かって走るだろうが、下着姿で廊下に駆け出して狼狽《ろうばい》するだけだ。それでも、振動を感じたときに何が起きているかを理解するようになると、もうパニックにはならない。脳が過去の知識を更新し、振動があっても天井が頭の上に落ちてきたりはしないと、前より自信をもって予測できる。この状況はもうストレスではない。それどころか、何年かたつうちに、一定の間隔で電車が通るときの感覚になじみ、心地よくさえなってくる。

脳がたえずこのような予測を行うため、私たちには、周囲のあらゆるところに統計的規則性やパターンを見つけようとする傾向がある。このことはきわめて重要だ。なぜなら、あらゆる計算装置（人間の脳も例外ではない）は、過去の知識をもとにつくられている場合に、効率性が劇的に増すからだ。したがって、私たちはすべてを初めから学習しなくてもよい。ただし、この認知構造の結果として起こることの一つが、人間の予測能力が限られているとき、つまり不確実性が高いときは、不安を覚えるということだ。予測する脳は予測不可能なことを好まない。そこで儀式が登場する。

儀式に見られる反復した行動パターンは、私たちがストレスに対処しやすくするための認知装置だ。このような装置を文化のなかに埋め込むことによって、装置がもつ可能性をすべての人間社会で活用できるようになる。多くの場合、不安なときに行う宗教的な祈りは、繰り返し唱える。または、祈りながら決まった動作を繰り返す。ジャパはアジアの多くの宗教で見られる瞑想の技法だ。神の名やマントラを何百回、あるいは何千回も繰り返す。大きな声を出して唱えたり小声で唱えたりするほか、瞑想しながら頭の中で唱えるだけのときもある。初めは、ジャパマラという、つないで輪にしたビーズを使って、反復した回数を数えてもよい。要領がつかめてくると、ほかの活動をしながらマントラを唱えられるようになる。瞑想の達人は相当な修練を積んでいるので、常にマントラを意識している状態「アジャパジャパン」に到達する、と言われている。

神秘的な慣習の多くで同じような技法を用いている。ギリシャとキプロスでは、もともと瞑想する修道士が使っていた祈りのためのビーズが、広く一般に使われる「コンボロイ」というものに発展した(「ウォーリービーズ」としても知られる)。何通りかのコンボロイの扱い方が発展したが、いずれも、同じ手の動きを何度も繰り返すものだった。これは鎮静効果を生むと言われていて、そのためコンボロイはストレスがかかる状況でよく用いられた。こんにちでもギリシャでは、サッカーコーチが重要な試合のあいだにコンボロイをいじっているのが見られる。

マリノフスキーはトロブリアンド諸島の人々と過ごすあいだに、彼らはけっきょくヨーロッパ人とあまり変わらないということに気づかされた。彼らの世界に深く入り込むことで、自分自身の世界を新しい目で見るようになった。そちらの世界でも儀式があふれていた。トロブリアンド諸島の人々と同じく、イギリスの漁民も数多くの迷信を信じていたし、戦地に赴く人や病に苦しむ人も同じだった。そして世界じゅうの人々と同じく、人生で重要な節目を記念するために通過儀礼やそのほかの儀式を行っていた。外部者にとっては、こうした儀式も合理的でないと思えるかもしれない。しかし、私たちの認知は合理的になるようにと進化したのではない。私たちの祖先が当時の環境のなかで直面してきたような問題に効率的に対処できるようにと発達してきたのだ。儀式は人類のあらゆる文化で見られる。儀式が問題を解決し人間の基本的欲求を満たす助けになるからだ。私たちは昔から続く伝統や慣習を頼りにしているが、それは伝統や慣習が論理的だからではなく、役に立っているからだ。儀式化された行為が直接には環境を操作できない場合でも、儀式によって私たちに変化をもたらすことができる。そして、そのような変化が起こると、私たちの社会に実質的で重要な効果が生まれるのだ。

第4章 接着剤

儀式はあたりまえのように私たちのなかに入り込んでいる。子どものころの早い時期にやってきてその後の人生にずっととどまり、儀式が何よりも必要だというときには、確実に現れる。不安を和らげ、儀式がなければ混沌としていたであろう世界で秩序の感覚を得るための手助けをしてくれる。ところで、私たち人間は社会的な動物であり、儀式の大半は社会的な文脈で行われる。儀式のもつ力が余すところなく発揮されるのは、こうした文脈においてである。

人類学者のメーガン・ビーゼルはカラハリ砂漠でクン族の人々とともに三年間過ごした。遺伝子解析から、この狩猟採集民は母方が人類最古のDNAの系統に属していることが明らかになっていて、世界でもっとも古くから生存している民族である可能性が示唆されている。人類学的根拠によれば、彼らの文化の多くの側面も長いあいだ変わらないままであり、したがって、知られているかぎり最古の人類の慣習を代表していると、一般に考えられてきた。こうした慣習のなかでも中枢をなすのが、何千年にもわたる世代を通じて受け継がれてきた儀式のダンスであり、この地域全般で見つかる先史時代の岩壁画にすでに描かれていた。夜明けとともに地域の人々がたき火のまわりに集まってくる。女性は歌いながらリズミカルに手をたたき、そのまわりで男性が輪になって踊りはじめる。乾燥した蛾《が》の繭のなかに種か石を入れて長くつないだものを脚に巻きつけ、繭がカラカラなる音に合わせて踊る。音楽に合わせそろって小さくステップを踏み、片足を地面に二回か三回打ちつけてからもう片方の足を動かし、ときおり両足で軽くジャンプする。夜がふけるにつれ、ダンスは徐々に激しさを増し、やがて全員が参加するが、多くの人がトランス状態になっている。

ダンスは悪霊を追い払い、病を治し悪運を払うためのものだと言われている。ところが、集団の人々に病が何ら見られないときでも、一週間か二週間に一度、定期的にダンスが行われる。このためビーゼルは、この儀式のほんとうの有用性は社会的機能にあるとして、次のように論じている。「集団のメンバー全員がこのような取り組みに参加するという事実は、この行動に精神的、感情的な効能があることを物語っている。おそらくダンスは、クン族の生活のなかで一体感を生み出す中心的な力になっていて、私たちには完全に理解できない、非常に奥が深いかたちで人々を結びつけているのだろう」。[1] ビーゼルだけではない。長いあいだ人類学者は、集団で行う儀式は社会を一つにする「接着剤」であると述べてきた。ただし、接着剤が作用する道筋は明確でなかった。どのようにして集団儀式が集団の連帯を高めるのだろう？ この接着剤を機能させる成分にはどんなものが含まれ、それらがどのように組み合わさって人々を結びつける性質をもつようになるのだろう？

儀式という接着剤には一つの決まったつくりかたがあるわけではない。文化的儀式は多岐にわたる複雑な現象であり、機能も多様である。とはいえ、その多様性は無限ではなく、機能は必ずしも謎めいているわけではない。いくとおりかの心理的メカニズムによって、それぞれの伝統において配合できる基本成分が決まり、社会的結合の種類と程度が決まる。儀式という接着剤について、さまざまな配合による多様なつくりかたを理解するために、儀式を研究する科学者は一度に一つの成分を分析するという分割されたアプローチをとっている。[2]

儀式はそれ自体の性質として、因果関係が不明確だ。儀式にかかわる具体的行為と行為によって意図される最終目的とのあいだに明確な因果関係がない。これまで見てきたように、多くの儀式は目的不明でもある。つまり外の世界に向けた目的が完全に欠落していて、儀式そのものが目的になっている。しかし、儀式の最終目的がわかっているときであっても、その目的に基づいて儀式の内容を推論したり予測したりはできない。お清めの儀式で求められることには、水を注ぐ、塩をまく、土を塗りつける、香をたく、風にあてる、鐘を鳴らす、詠唱する、そのほか多種多様な象徴的行為がある。見ている人にとっては、これらの行為がどのようにして浄化をもたらすのかわからない。行為と意図と結果とのあいだに隔たりがあるため、外部者にとっては多くの場合、儀式は不可解で目的がなく、滑稽にさえ思える。それでも、因果関係の不明確さが欠陥のように思われるいっぽうで、じつは特別で意味がある経験を生み出せるということが、儀式が本質的にもつ力なのだ。

具体的な因果関係と結びついている通常の行為と異なり、儀式の行為は必ずしも具体的な成果とつながっていない。その結果、儀式がどのように作用しているのかというしくみは謎のままだ。重要なことだが、これは何かの手段としての行為に関して感じる疑問とは異なる種類のものだ。テレビのスイッチを入れるためにリモコンのボタンを押すとき、また電子レンジを使うとき、あるいは検索エンジンに何か入力するときは、一連の事象が始まるよう起動させている。しかし、私たちはそのしくみについてはおそらく、ごく限定的にしか理解していない。強く押すと、何か光と関係するものがカメラのレンズに入る、信号がケーブルか電波を伝わっていく、スクリーン上に画素が見える、電気がテレビ装置へ入っていく、といったことをぼんやりと言える程度だ。実際には、こうしたことに関する私たちの理解は非常に表面的な場合が多く、プロセスの各段階の大半が、謎のままだ。そうであっても、それぞれの段階は、機械的に日常行っている行為の結果と関連していて、努力すれば明らかになり理解できるのではないかと期待する。いっぽう儀式については、行為とその結果の関連性は基本的に知ることができない。家を建築する際、土台に雄鶏を埋めるとなぜ建物が安定し家の住人が繁栄するのか、説明を求めたりしない。そういうものなのだ。

このような特殊な性質によって、儀式の行為を認識する方法に大きな影響が出ていることがわかっている。[3] 一般に、人間の知覚系は人々の行為を無意識のうちにすばやく分析し解釈するので、私たちは行為の目的と意図について本能的に推論できる。[4] この能力は、人間の社会的機能の根本をなすものであるが、それは、ほかの人の意図を理解し行動を予測しやすくなるからであり、最小限の情報から予測できるときも多い。メアリが冷蔵庫を開け肉と野菜を取り出して切りはじめたのを見れば、彼女は空腹であるとか、料理をつくって食べようとしているなどと説明してもらう必要はない。メアリの行為からすべて推測できる。また、彼女の動作の一つひとつに注意を払う必要もない。動作の多くは、より大きな文脈のなかで予測できるからだ。つまり、次のステップが起こるためにはそれぞれのステップが必要であるという、目的に導かれた流れである。だから、一連の動作のすべてを観察していなかったとしても、人間の脳はそのすき間を容易に埋められる。たとえば、メアリは玉ねぎの皮をむいてから細かく刻んだ、また野菜を味つけしたのは洗ったあとだった、と予想する。その逆の順序ではない。さらに、やろうとしていることが完了するのであれば、一つひとつの細かい動作はあまり重要でない。玉ねぎを刻むのにナイフを一〇回たたいたか、それとも一二回か、あるいは、冷蔵庫を開けるのに左手を使ったか右手を使ったか、といったことは関係ないのだ。

それに対して儀式の行為は、前述のような解釈ができるわけではない。儀式のさまざまな段階には明確な因果関係がないため、人間の脳は同じような推論をすることができない。『ギリシャ語魔術パピルス文書』からの例を考えてみよう。これは、古代ギリシャ・ローマ時代にエジプトで書かれた古代文書を集めたもので、それぞれの文書に当時の呪文や儀式の目録が記されている。これらの文書の一つが、連続番号PGM IV. 3172–3208として知られるものであり、夢を呼び起こすための儀式の説明をしている。この目的を達成するため、次のことをしなければならない。

日の入り前に葦を三本摘む。日の入り後に、東を向いて最初の葦をかかげ次のとおり三回繰り返す。「マスケリ・マスケロ・プヌケンタバオ・オレオバザグラ・レキシクトン・イッポクトン・プリペガニクス」と唱え、アルファベットの母音を続け、次に「レペタン・アザラクタロ（私はあなたを選びます。あなたが私に夢を運んでくれますように）」と言う。二番目の葦を南に向けてかかげ、同じ呪文を繰り返す。ただし最後の語を「トロベイア」と変える。葦を持ってぐるりと回る。北を向き、次に西を向いて、二番目の呪文を三回繰り返す。そして三番目の葦をかかげ同じ呪文を唱え、最後に「イエ・イエ（私はこのためにあなたを選びます）」とつけ加える。それぞれの葦に次のとおり言葉を刻みつける。一番目の葦には「アザラクタロ」、二番目の葦には「トロベイア」、三番目の葦には「イエ・イエ」。それから赤く彩色していないランプを取り出し、オリーブ油をいっぱいに注ぐ。きれいな布切れを用意しすべての名前を書き記す。ランプに向かって三つの言葉を七回繰り返す。

ランプを東に向け香炉の脇に置く。香炉に乳香を切らずに入れて燃やす。さらに、デーツの繊維を使って葦を三脚のかたちになるように束ね、その上にランプを置く。あなたは頭にオリーブの枝でできた冠をかぶること。

このような一連の行為に臨むと、手段としての行為を行うときと同じような予測はできない。夢について言葉に出して唱える部分以外は、一連の行為には目的に関連するような糸口は何もない。岩でなく葦を使い、金の盃《さかずき》でなく赤い色以外のランプを用いる明確な理由はない。加えて、これらの行為の順序を決めた論理も認められない。これを行っている人が葦を持って体を回したら、その前に呪文を唱えていたはずだとか、次に北を向くだろうなどと推測できない。最後になるが、私たちには儀式が作用するしくみがわからないので、特定の行為を何らかの方法で代替したり変更したりできるのか予想がつかない。呪文は三回唱えなければならない――四回でも五回でもない。

たしかに、実験によって、儀式の行為は通常の行為と同じような経過をたどるわけではないと示唆されている。手段としてではない（儀式的な）行為を観察すると、各段階での行為は、前の行為から論理的に続いているというより、それぞれの特徴がある別個の行為として扱われている。認知の研究から、儀式化された行為が目の前で展開されると、実際には手段としての行為のときよりも多くの異なる行為が行われていると認識することがわかっている。[5] 料理の場面で野菜を刻むのは、一つのまとまった行為として認識されるが、ヒンドゥー教の祈りの場面で果物を切るのは、特別な行為が連続して行われているものとして認識されるだろう。たとえば、ナイフを前後に七回動かす、などだ。その結果、儀式はより注目を集め、いっそう細かく記述される。[6] つまり、普通の行為と比べ、儀式の行為は本能的に「特別」だと認識されるのだ。

このことは、ローハン・カピタニーとマーク・ニールセンが、さまざまな行為の意味をどのように判断するかについて検証した結果から明らかになった。[7] 二人の研究者は、四七四人の研究参加者に、ある男性がグラスに飲み物を注ぐビデオを見せた。一つのバージョンでは、男性の行為は一般的なものに見えた。グラスを取り上げ布できれいにして飲み物を注ぎ、グラスを確認してからテーブルの上に置く。もう一つのバージョンでは、行為が儀式化されていた。男性は基本的に同じことをほぼ同じ動作で行うが、因果関係が不明確な動作がいくつかあった。グラスを取り上げたあと、グラスにあたらないようにしながら布を振り、飲み物を注ぐ前にグラスを高く持ち上げ、テーブルに置く前にグラスに向かっておじぎをした。

二人の研究者が参加者に二つのグラスは物理的性質が同じかどうか尋ねると、圧倒的多数で、二つのグラスに違いはないという意見だった。にもかかわらず、どちらかの飲み物が特別なものかと尋ねられると、儀式を行ったほうの飲み物を指した。これはあまり驚くことではない。私たちは、人生のとくに重要な節目で儀式を行う。したがって、儀式が行われると、それは何か価値があることを意味するのだろうと推論するのは当然だ。実際にどちらの飲み物を飲みたいかを選んでもらうと、特別な飲み物を選んだ参加者が、もう一つの飲み物を選んだ人の三倍になった。行為によって物は変わらないと言ったとしても、重要な変化が起きていた。行為に対する認識が変わり、それによって今度は物に対する態度が変わったのだ。さらに、研究者がこの行為は儀式であるとはっきり説明すると、こうした影響がさらに強くなった。この動作はガボンやフィジー、エクアドルなど遠い国で行われている伝統的な儀式の一部だと言われると、特別な飲み物を選ぶ参加者は二倍になった。

カピタニーとニールセンの研究結果では、儀式とその心理的、社会的効果との重要な関連が浮き彫りにされた。発達に関する研究が示唆するところによれば、人間は、幼少期から手段としてのスキルと文化的慣習の両方を学習するのに長けているが、これは情報を取得する二つの異なる方法があるからだという。心理学者は、この二つの学習メカニズムを「手段的」な視点と「儀式的」な視点と呼んできた。[8] 手段的な視点では、特定の目的を達成するため物理的な因果関係に基づいて行為を認識し解釈しようとする。床を掃除するため箒《ほうき》を使う、食事のしたくをするため野菜を刻む、あるいは舟をつくるため共同で働く、などだ。いっぽう儀式的な視点では、文化的慣習を認識し取り入れる。部屋を清めるため香をたく、供え物にするため果物を刻む、あるいは集団で祈りをするため集まる、といったことがある。

儀式的な行為では因果関係が不明確なのが特徴であるが、このことは、儀式的行為は規範的なものであり、したがって社会的な意味があるということを示している。[9] 私たちは、同じような決まった行動をとる人たちにはそもそも同じ目的があるのだろうと直感的に推測する。漁船をつくるため人々が集団で働くのは、おそらく全員が同じように魚を釣りたいと望んでいるからだろう。彼らの行為は、ひとえに目的を達成するための手段だ。しかし、行為自体が目的の場合、たとえば、同じ人たちが儀式に使うまきを積み上げているとすれば、それはきっと同じ文化的規範や文化的価値観で結びついているからだろう。

儀式的な視点については、心理学的実験を用いて調査した事例の記録が蓄積されていて、幼児期に関する記録まである。ある研究では、一歳四か月の子どもに、二人の人が一緒にさまざまな儀式的行為をしているビデオを見せた。これらの行為は、テーブルの上で箱を前後に動かし「おぅ！」と言いながら頭や肘で箱に何度も触れるなど、因果関係が不明確な一連の動作からなっていた。ビデオの半分の時間では、二人は儀式を行ったあと仲良く顔を見合わせ微笑んでいた。残りの半分では敵対的で、顔をそむけ腕組みをして顔をしかめていた。研究者は、子どもの視線を追ってビデオに対する反応を判断した。これは、発達科学の研究では一般的な方法だ。幼児は予期しないことや驚くことがあると通常より長く見つめるからだ。その結果、同じ儀式を行った人どうしは社会的なつながりがあると予測していたので（異なる儀式を行った場合はそのようには予測しなかった）、ビデオの中で社会的なつながりが切れたように見えると、より長い時間見つめて驚きを表した。[10]

第2章で述べたとおり、子どもは模倣がじつにうまい。オーストラリア、アメリカ、そして南アフリカの狩猟採集民の社会で行われた発達科学の研究で、子どもは手段としての行為以上に儀式としての行為を積極的に、また正確にまねしようとすることが明らかになった。[11] これは、儀式としての行為が目的からかけ離れている場合、つまり明示的な目的がない場合にはとくに当てはまる。[12] さらに子どもは、ほかの人たちも規範に沿った行為を正確に行うことを期待し、行わない場合は力を込めて抗議する。[13] 私たちは何らかの理由で、認知の面でも文化の面でも、周囲で行われている儀式を取り入れようとしているようだ。[14] しかし、なぜだろう?

ヒンドゥー教徒が儀式に出席すると、ティラク(tilak)またはティラカ(tilaka)と呼ばれる印を受けることがある。捧げ物を燃やした灰か朱色の顔料などの粉を使って額につける印だ。詳しい人には、額のティラクの種類によって、その人がヒンドゥー教のどの宗派、さらにはどの寺院に属しているかがわかるだろう。同じように、キリスト教のいくつかの宗派では、四旬節に入り復活祭に関連した儀式が始まることを示すため、額に灰を十字のかたちに塗りつける。もっと長く残る印をつける儀式もある。パプアニューギニアのチャンブリ族には、少年から成人男性になるための伝統的な儀式があり、たとえば、竹でできた刀で皮膚を切りつけ、ワニのうろこに模した傷跡をつける。このように象徴的な共通の印をつけることで、儀式に参加した人は集団としてのアイデンティティを表明していることになるが、それだけではない。印をつけることが、アイデンティティを積極的に形成していくことにつながっていく。こうしたことが可能になるのは、人間に備わっている基本的な社会的傾向が、儀式によって引き出されているからだ。

社会心理学者のヘンリ・タジフェルは、人間がどれほど群れたがる存在であるかを知りつくしている。第二次世界大戦中、志願兵としてフランス軍に入りナチに捕えられた。フランス語が流暢《りゅうちょう》だったため、ポーランド系ユダヤ人の出自を隠すことができ、フランス人で通して生き延びることができた。だが、フランスに戻ってから、家族全員がホロコーストで殺害されたことを知る。もともと化学を専攻する学生だったが、この経験による影響から心理学に転向し、偏見に関する研究で名をなした。

タジフェルは、私たちが個人としてどのような存在かということの根幹は、所属しているさまざまな社会集団によって定義づけられると認識していた。集団に所属することは、個人としてのアイデンティティと自己のイメージを形づくるうえで根本的な役割を果たしている。ただし、タジフェルは集団のなかの個人に焦点をあてるのでなく、個人のなかの集団について研究するほうが興味深いと考えた。個人のなかの集団とは、とるに足らない集団であったとしても、自分はその集団の一部であるとする概念だ。一九七〇年代の初期、人間の内面に組み込まれた所属の欲求の限界を検証する研究プログラムに着手する。所属しているという意識を生み出すための最低限の条件を特定しようと考えた。このような理由から、タジフェルがとった方法論は最小条件集団パラダイムとして知られている。

ある集団の構成員には、意味をもつ類似点がある。バスケットボールチームの選手は同じような技術と体格と目的をもっているだろうし、日本の国民には、似たような文化と遺伝子的特徴が共通してあるだろう。ヴィーガン（完全菜食主義者）の集団は、食事の嗜好《しこう》だけでなく、そのほかの生活習慣も似ているようだ。しかし、同質でない構成員からなる集団はどうなるのだろう。紫のシャツを持っている人たちは集団になれるのだろうか。Eの字で始まる名前の人たちは？　四月二一日に生まれた人は？　人々の意識のなかで集団という概念が生まれるには何が必要になるのだろう？　じつは、必要なものはあまりない。

タジフェルと共同研究者は一連の実験の結果、集団であるという印をまったく任意に選んだとしても、その印があることで、部外者よりも集団の構成員と多くのものを共有しているという意識を十分に抱くことができる、と明らかにした。ある実験では、パウル・クレーとワシリー・カンディンスキーが制作した抽象画を数点ずつ子どもに見せ、どちらか好きな作品を選ぶよう伝えた。二人の画家の作風には共通点がかなりあるが、子どもは二人の作品になじんでいなかった。子どもたちは好きな絵を選んだあとで、クレー・グループとカンディンスキー・グループの二つのグループに分けられた。実際には、グループは子どもたちの画家の好みとは関係なく実験者が無作為に割りあてたものだった（いずれにしても、子どもはどちらの名前がどちらの画家なのかわかっていなかった)。そのあとで子どもたちは賞金をほかの参加者に配るように言われたところ、別のグループより自分たちのグループに多く配りたがった。ほかにも、意味がない特性に基づいてグループ分けをしてみたが、同じような結果が得られた。スクリーン上で見つけた点の数が多かったグループと少なかったグループ、同じ色のシャツを着たグループ、さらにはコイントスで特定のグループに割りあてたグループであっても同じだった。これらの実験はすべて同じ結論を導いている。集団に属していると感じるための最小限の必要条件は、その集団があるということ、つまり集団の存在そのものなのだ。[15]

集団としてのアイデンティティを形成するための条件が、なぜ人間にとってここまで最小限であるのか、その理由を探るのは簡単だ。人間は過度に社会化された動物として、生存と幸福のよりどころとなる多数の社会ネットワークのなかに組み込まれている。一部のネットワークでは特性が厳密に定められ、その構成員を容易に認識できる。私たちが親族だと認識できるのは、親族のなかで成長し、親族関係を示す特別な用語を使っていて、あの人は親族関係にあると家族が請け合うからだ。同じように、ともに時間を過ごし共通の関心をもつから友人だと判断する。しかし、社会ネットワークには、非常に広範であるため、そこに所属する人たちすべてを知ることが不可能なものもある。国家、エスニックグループ、また同じ宗教を信じる人たちや同じ政治信条をもっている人たちのネットワークだ。そういうネットワークであっても、自分と同じネットワークの構成員だと特定できることがこのうえなく重要になるのだ。

地理学者のジャレド・ダイアモンドは著書『昨日までの世界――文明の源流と人類の未来』（日本経済新聞出版社、二〇一三年）で、なぜ集団の構成員を認識することが死活問題にまでなるときもあるのかを述べている。ダイアモンドがフィールドワークを行ったニューギニア島では、現地のバンド〔狩猟採集民に多く見られる社会集団〕や村の多くが、共通の祖先――実際の祖先であれ伝説上の祖先であれ――を通じて結びつき、大きな部族を形づくる集団になっていく。敵対する部族はたえず戦闘を繰り広げていたため、つながりがある部族だと確認できないかぎり、よそ者に遭遇することは命とりになるかもしれなかった。よくあることだが、森の中で見知らぬ者どうしが出くわすと、何時間も親戚の名前をあげ、自分とどんなつながりがあるかを説明した。共通の祖先を見つけることで流血を避けようとするためだった。

　部族間の抗争がない場合でも、同じ集団に属する者は、仲間の構成員どうしで取引し交際し協力するのを好んだ。相手と直接会ったことがない場合や特定の個人について情報をもち合わせていない場合に自分の親族かどうかを特定する最良の方法は、相手の容貌とふるまいに注意を払うことだった。これは、表現型マッチングと呼ばれる方法だ。人間は、複雑な社会的決まりをもつほかの動物と同じく、親族だと認識するときに、自分が属する集団と自分自身とに似ているかどうかに基づいて推測するという方法を進化させてきた。これはたいへん有用な発見の過程だ。遺伝子型と表現型の特徴は相関傾向があるからだ。遺伝子構成（遺伝子型）が似ている人たちは、容貌やふるまいなどの目に見える特徴（表現型）も似ている傾向がある。したがって、自分に似た人は、見た目がかなり異なる人に比べ、親族である可能性が高いと想定するのが妥当だ。

このように、私たちは誰とどのように交流するかを決める際に、認識の手がかりになるものをひんぱんに活用することが、研究を通じてわかっている。たとえば親、とくに父親は、自分に似た子どもをかわいがる傾向がある。知らない人たちといるときも、親族でなくても顔の特徴が自分に似ていれば、その人を好ましいと思い積極的に手を貸そうとする。[16] このような表現型マッチングは、象徴的な意味での類似性にまで広がっている。私たちはモーリシャスで行った実験で、名前も知らない人でも同じ集団（内集団）に属していることを示す象徴的な印をつけていると、その人に対する信頼が高まるということを発見した。たとえば、キリスト教徒が十字架を身につけているキリスト教徒を見たときや、ヒンドゥー教徒がティラクを目立つようにつけているヒンドゥー教徒を見たときは、信頼できると評価し「経済ゲーム」でより多くのお金を渡した。[17] これに対し、自分が属する社会の構成員が別の集団（外集団）の印をつけている場合、たとえばヒンドゥー教徒が十字架を身につけている場合などは、その人をそれほど信頼しなかった。

同類かどうかを見分けるのに表現型マッチングを用いる動物は人間以外にもいるが、人間の文化の比類なき豊かさによって、表現型マッチングという方法はほかの動物では考えられない広がりを見せている。どんな人間社会にも、それぞれ異なる表現の様式がある。言語や方言、ドレスコードや化粧、芸術、そしてもちろん儀式だ。こうした表現は文化によって独特なものであり、集団に属していることを非常に効果的に示す。例をあげると、どの集団も一緒に食事をとるが、私たちの集団は食事をともにする前に、あるチャントを唱えなければならない、といったことだ。また、誰もが清潔を保つことに熱心だが、私たちの集団は、青い塗料の印を使って清潔であるという認証をしているのが特徴だ、などもある。このような認識の手がかりには数限りない種類があるが、儀式は他に類を見ないほど強力な目印になる。儀式は単に抽象的な目印というだけでなく、行為として実行される具現化された目印であるからだ。このように、儀式によって人々の「ふるまい」に関する類型がわかり、ある領域で似たようなふるまいをする人たちは、ほかにも重要な類似点を共有する場合が多いことを伝えている。[18]

どんな軍隊でも、兵士は訓練、それもただ行進するだけの訓練に膨大な時間をかけるが、それはなぜか考えたことがあるだろうか。古代であれば、行進の訓練は軍の部隊が戦場で用いる戦術の実践に役立ったかもしれない。しかし、現代の戦争では、武器の主力は長距離発射体なので、開けた場所で大部隊が隊列を組んで行進するのは自殺的任務だと思われる。しかも、空軍など、地上戦に関与しない軍の部門でも、日常的に行進の訓練を行っている。ではなぜ、世界の最先端を行く軍隊までもがこんな時代遅れの訓練体制をとり続けているのだろう？　歴史家のウィリアム・H・マクニールが一九九五年に出版した著書『Keeping Together in Time（やがて結束する）』（未邦訳）で、この謎に対する答えを提示している。調和がとれた規則正しい行為に取り組むことによって、兵士どうしのあいだに絆をつくろうとする感情を呼び起こすのだという。

マクニールは、このテーマに関して部外者ではなかった。第二次世界大戦中にアメリカ陸軍に入隊し、砲兵隊の任務に三年間従事したあと退役している。テキサスで基礎訓練を受けていたあいだ、実践的訓練がないことにたびたびフラストレーションを感じていた。彼が属していた大隊では物資が不足し、高射砲が一台あるだけで、しかも壊れていた。行進以外にすることはなく、将校は兵士に何時間も行進させた。行進自体が目的になっていて、必要性ではなく伝統によって命令されていたのだ。「これ以上に無駄な演習は想像しがたい」とマクニールは書いている。しかしまもなく、一見すると無駄だと思われる演習であるにもかかわらず、兵士たちは、そろって行進するのを嫌がっていないことに気づいた。彼自身も嫌いではなかった。それどころか、整然とした儀式は高揚感を生み、人間として成長したような感覚を呼び起こし、この感覚が参加者全員で共有される、と述べている。「明らかに、何か本能的なものが働いている。あとになって、人類の歴史において言語よりはるかに古くからある、決定的に重要な何かだという結論に至った。この何かが引き起こす感覚は、あらゆる集団にとって、そしてどんな集団にとっても、社会的結合に向けた限りなく発展的な基盤になるものであり、やがて集団に結束が生まれる。強靭《きょうじん》な筋肉を一緒に動かし、かけ声をあげ歌を歌い、あるいはリズミカルに大きな声を出す」。マクニールは、湧きあがるようなこの感覚を「筋肉的な絆の形成」と呼んだ。個人が集まっただけの集団が、まとまりのある集団になったと感じられるようになる、という反応だ。一緒に動けば、絆が生まれる。近代的軍隊やそのほかの公的機関が編成されるよりはるか以前に、私たちの祖先は訓練や音楽やダンス、そして儀式を、社会的連帯の土台として用いていた。儀式などの社会的テクノロジーを活用することは、当時の人々と同じように、私たちにとっても適切なのだ。

近年、さまざまな分野の研究者が、マクニールの主張を支持する根拠を見いだしている。いくつかの研究から、そろって行う動作は人間どうしの親密な関係を促進し結束を高めることが明らかになった。スタンフォード大学教授のスコット・ウィルターマスとチップ・ヒースが行った実験では、参加者にキャンパス内を集団で歩いてもらった。半分のグループは足並みをそろえて歩き、半分のグループは自由に歩いた。そろって歩いたグループのほうが、メンバーとの結びつきがあると感じ、メンバーを信頼し協力的に行動した、と述べていたことがわかった。[19]ほかの研究では、チャントを唱えたりダンスをしたり、または同じリズムで指をたたくといった単純な課題であっても、そろって行う行動をとると、同じような結果が得られることが示された。[20]

私が共同研究者とともにチェコの研究室で行った実験では、前述したような結果の要因と考えられるメカニズムを探った。一二四人の参加者を無作為に三つのグループに分け、ドラムのリズムに合わせて、あらかじめ決められたとおりに手を動かしてもらった。[21] 最初のグループは、参加者が一人で手を動かす。ほかの二つのグループでは、ライブストリーミングビデオを使って、別の部屋にいるパートナーと組んで行う――正確に言うと、参加者にはそのように説明した。実際は、「一緒に行動するパートナー」は指示された動作を言われたとおりに行うよう訓練された俳優であり、ビデオはライブでなくあらかじめ録画されたものだった。ここで、二つのグループのペアに決定的な違いを取り入れた。一つのグループ（「シンクロ度が高い」条件と呼んだ）のビデオでは、俳優は一つもミスを犯さず一定のスピードで動き、参加者が行うよう言われていた動作を忠実に行っていた。もう一つのグループ（「シンクロ度が低い条件」）のビデオでは、動作がずれていて、俳優の動きは何度もドラムに遅れ、ドラムと合わず、間違えることもあった。リズム感が悪くステップを忘れることもある人と一緒にサルサを踊ろうとしているところを想像するとよい。正確を期すため、モーションセンサーを使って、シンクロ度が高い状態のペアのほうがシンクロ度が低い状態のペアよりもほんとうに動きがそろっているかを確認した。実際、そのとおりになっていた。

それぞれのセッションが終わるたびに、痛覚計を使った。これは、痛みを感じるまで機械で圧力をかけ人間の痛みの閾値を記録する装置である。シンクロ度が高いグループのほうが痛みによく耐えると判明し、体内でエンドルフィンの分泌が増えていたことを示唆していた。この神経ホルモンは内因性オピオイド系の一部であり、気分を引き上げ不快感と不安を抑制し自己肯定感を高め痛みを和らげることから、意欲を調整するうえで大事な役割をする。重要なことだが、エンドルフィンは、周囲に他人がいるときに安全や信頼、そして良好な人間関係という感覚を生み出すので、社会的結びつきとも関係している。このため、エンドルフィンの分泌は、とくに親密な対人相互作用があるときに増加する。たとえば身体的接触、セックス、笑い、ゴシップなどで、霊長類の親類で言うと毛づくろいだ。[22]

このような神経学上の違いは、社会的な効果と明らかに関連がある。シンクロ度が高いグループのほうが、相互作用を行うパートナーとの結びつきを強く感じ、パートナーと多くのことを共有していると考えていた。相互作用がうまくいき互いに協力的だと感じ、その後の課題でも積極的にパートナーと一緒に取り組もうと思ったと報告している。このような確信は行動にも反映されていた。私たちは、「信頼ゲーム（経済ゲーム）」として知られる方法を使った。このゲームでは、参加者はパートナーからお返しをもらえるだろうと考えれば、相手にお金を渡す。そのとき、パートナーを信頼しているかどうかの判断を迫られることになる。この課題では、まさに現実的な意味で、参加者の言ったことが行動で裏づけられるかどうかを見ることになった。実際、言ったとおりのことが行動に表れていた。シンクロ度が高いグループでは相手に対する信頼が高く、経済ゲームでほかの二つのグループよりも三〇パーセント多くお金をパートナーに渡した。同調性《シンクロニー》は、生物学的、心理学的側面、そして何より重要なことは行動面で、大きな影響を与えるのだ。

人間は社会的特性によって、ほかの人の行為、とくに、自分と親しい人の行為に同調していくように生まれついている。[23] 互いの行為をまねしている人たちがいると、私たちはたいてい、その人たちは何らかの社会的結びつきを共有しているのだろうと考える。[24] 友人たちはそろって微笑み合い、敵対する人どうしは相手が微笑むと顔をしかめる。同じスポーツチームのメンバーは同じ方向に動き、対戦相手はそれとは反対のほうへ動こうとする。人間の脳は好意や協調のパターンを巧みに認識し、そこから推測したことを自分自身の行動へと展開していく。私たちはほかの人と同じように行動すると、自分はその人に似ていると認識し、その人のことがもっと好きになる。だから、手段としての儀式では、ダンスや音楽、詠唱や同調した動作がよく見られるのだ。

❦

いうまでもなく、儀式はどんな社会でも、子どもが社会性を身につけるためによく用いられる方法になっているが、こんにちでは、社会性の醸成がどのようなしくみで起こるのかについて、実験を通じた興味深い考察が行われている。テキサス大学の心理学者、ニコル・ウェン、パトリシア・ハーマン、クリスティン・ルガレは、七一人の子どもを無作為にグループ分けし、グループのメンバーであるということを教え込むため、グループごとにそれぞれ特徴ある印をつけてもらった。[25] 各グループは二週間のあいだに六回集まり、ビーズでネックレスをこしらえた。半分のグループでは、この作業を儀式の形式で行った。ビーズを額にあてる、手をたたく、特定の順番で色を使うなど、あらかじめ用意された回りくどいステップを踏む手順をとった。もう半分のグループは対照群として設定されたものであり、ビーズと糸を渡され、ネックレスをつくるようにとだけ言われた。儀式グループも対照群グループも、これは特別な遊びの方法であり、「このグループのやり方なんだ！」と伝えられていた。しかし、グループに対する子どもの帰属意識を調べると、儀式的な方法でネックレスをつくったグループの子どものほうが、儀式的な行為をしないでネックレスをつくったグループの子どもと比較して、内集団意識をより強く抱いていた。とくに、儀式を行ったグループの子どもは、グループの印をはずしたがらず、ほかの課題でもそのグループのメンバーをパートナーとして選ぶ傾向が強かった。同様の枠組みを用いてさらに実験を行ったところ、儀式を行うグループに参加した子どものほうが、グループ外の人を警戒しその人たちの行動を観察するようになったと明らかになった。[26]

ここでは、重大なポイントが指摘されている。集団で行う儀式では、帰属意識を醸成する方法として、物の本に古くからのっている秘訣《ひけつ》のようなものを取り入れている。集団のシンボルになる印を使う、そろって行動するなどだ。こうした状況は、社会生活のさまざまな領域のいたるところで見られる。スポーツ選手、消防士、看護師、生徒らは、集団としての目的を達成するために同じ服装をして協調した行動をとる。こうして、集団としてのアイデンティティとまとまりが醸成される。したがって、儀式は、その効用を活用できるから独特なのではない。儀式は因果関係が不明確であるが、象徴的で規範的な性質があるため、集団を形成するという効果がある。その効果は、集団の形成だけにとどまるものではなく、集団に対する帰属意識を高めることにもつながっていく。この意識は、手段としての行為だけでは実現できない。儀式こそが、究極の最小条件集団パラダイムなのだ。

とはいえ、最小条件の集団はそれだけのものだ。つまり最小限の条件のままだ。同じ印をつけることは、集団の構成員と類似点があり集団と結びついているという意識を植えつけるかもしれないが、この結びつきをさらに強化しなければ、集団の構成員のあいだでより広範な協力をしようという意欲は湧いてこない。

そしてここでも、儀式が力を発揮する。

❦

デニス・ダットンはアメリカの哲学者で、芸術に対する大胆な意見で知られている。人間は誰でも生まれながらにして芸術を鑑賞する力があると論じ、エリート主義的でもったいぶった表現形式を批判した。学術雑誌『哲学と文学』の編集長だったときに、「悪質論文コンテスト」を創設し、うぬぼれた学者が深遠であるかのように見せかけた、悪趣味で支離滅裂な論文を表彰した。ダットンは一九八四年にニュージーランドに移り住み、カンタベリー大学で教鞭《きょうべん》をとった。そして大洋州の芸術、とりわけ近隣のニューギニア島の部族の彫刻に引きつけられた。そうした工芸品に関するヨーロッパの芸術研究者による論述と分析を読み、研究者による評価は、実際に作品をつくった人たち自身による評価に匹敵するようなものだろうかと考えるようになった。そこでニューギニアを訪れ、彫刻の伝統がまだ残っている、セピック川沿いにある小さな集落、ヤンチェンマンガ村で民族誌学研究を行った。

ダットンはヤンチェンマンガで、夜の大半を、男性たちが集う家で交流することに費やした。その家は共用の広い小屋で、そこにいくつかの部族社会の男性が集まって、重要な問題について話し合いさまざまな行事を行っていた。ある夜、集まった人たちが総じて気持ちが沈み何かに気をとられていることに気づき、どうしたのかと尋ねた。村の人たちは、近隣の地域にはときおり旅行者が訪れ、村人のわずかな収入の足しになるありがたいものを提供してくれるのだと説明した。しかし、ヤンチェンマンガには誰も来なかった。それで、そろって意気消沈していたのだ。どうすれば、訪問者を引きつけられるのか？　村の男性たちはしばらく話し合ったあとダットンのほうを向き、この件につき何か知恵を授けてくれないかと申し出た。

ダットンはほかに思いつくものがなかったので、最初に頭に浮かんだことを話した。ニュージーランドで、自己啓発のインストラクターによるある催しを見たことを思い出したのだった。「よくわからないが、それでは……火渡りをやってみるのはどうだろう？」と冗談めかして言ってみた。「どういう意味だ？」と地元の人たちは興味津々で聞いてきた。ダットンは力を込めた。「大きなかがり火をたいてその上をはだしで歩くんだ。きっと旅行者の注目を集めるよ！」。この提案を村人たちは笑いとばすものと期待していた。そうすれば、この夜の重苦しい雰囲気も軽くなるだろう。驚いたことに、村人たちはむしろ興味をそそられたようだった。それればかりか、誰もがすばらしいアイデアだと思ったようだ。「教えてもらえるか？」と、目を大きく見開いて頼んでいる。ダットンは、いまさらながら話を広げすぎたと気づいた。「それは……たぶん。どうかな」と言いながら、話題がそれるよう願った。しかし、もう遅かった。「わかった、では明日！」。村人たちは決めてしまった。

翌日早く、村じゅうの人が集まってきてダットンを取り囲み、指示を待っていた。ダットンは懐疑論者として、よく次のように言ってきた。ニュージーランドの精神治療師たちの主張とは異なり、火渡りは物理的に説明できるものだ、と。石炭は熱を伝えにくいので、金属などの場合と比べると、石炭に接触したあと熱が皮膚に伝わるのに少し時間がかかる。だから、やけどをしないで燃える炭の上を歩けるという。ただし、実際に火の上を歩くのは理論とは別物だ。さらに、火渡りを何度も見て、深刻なけががをする人がたびたび出ていることを知っていた。ダットンは、村人たちがまきの山を準備し石炭を広げるのを手伝い、みずから火渡りのやり方を教えたが、恐くなってきた。こんなことが役に立つのだろうか。誰かがけがをしたらどうするのだろう？　自分自身がけがをしたらどうなるのか？

最悪の事態を恐れていたものの、すべてが順調に運び、大きなけがをする者はいなかった。火渡りは大成功だったと受け止められた。火渡りの儀式のニュースは、周辺の地域にすぐさま伝わった。次に行われたときには、近くの村の住民も見物にやって来た。村人は近隣住民が参加するのを許さず、急いで水をかけて火を消した。外部者に自分たちの行事をまねさせないためだ。いまやこれは、「彼らの」儀式だった。

帰国のときがくると、ダットンはヤンチェンマンガの人々に尋ねた。「それで、将来人類学者がこの村に来て、火渡りの儀式の起源を聞いたらどうする？　どう言うんだ？」「ああ、簡単だ」と村人は答えた。「ずっとこんなふうにやってきた、と言うよ。私たちの父も、そのまた父もやっていた。つまりは、私たちの祖先が白い神様からやり方を教わったんだ」

ヤンチェンマンガの人々が明確に認識していたのは、文化的儀式とは「伝統」があるからこそ重みがあるということだ。これは少しめずらしい。すべてのものにおいて、必ずしも古いほうがよいと考えられているわけではないからだ。私の携帯電話は二〇年前のものだと言っても、だからすぐれた携帯だとは思わないだろう。ものによっては、古くて変化がないということは、旧式で時代遅れだという意味になる。しかし、電子機器とは異なり、文化的テクノロジーは、時間とともに価値が高まる。はるか昔から続いている儀式は、数えきれないほどの世代の人々によって執り行われ、人々によい結果をもたらしてきた。このような慣習は、上質なワインと同じく、時間を経てこそ質が高まる。だから、儀式を行う人たちは、自分たちの儀式は変わっていない、変わりようがない、としきりに強調するのだ。実際は儀式に変更や調整を加えていたとしてもだ。私が研究した社会の人々はいずれも、何世代にもわたって伝統が変わることなく受け継がれてきた、と語った。その儀式で変わってきたと言われている側面をいくつか具体的にあげても、まれに起こる、とるに足らない例外だとしてあっさり片づけてしまう。「たしかに、以前はいけにえに水牛を使っていましたが、いまでは羊をいけにえにします。でもそれは、このあたりには水牛がもういないから、というだけのことです」と、ギリシャのある女性が私に語った。このような継続性が重要なのだ。これまでと同じように儀式を行うことによって、人は自分たちより大きなものの一部になったと感じ、さらには自分たちの社会全体よりもっと大きな何かの一部になったように感じる。儀式を行うことで、時空を超えた仲間がいる社会へとつながっていく。

集団への帰属という時空を超越した側面は、言葉によっても伝えられるが、共同で行う儀式に参加することによって、より深く感じられる。この点に、アブラハム・マズローは気づいた。マズローはアメリカの心理学者であり、もっともよく知られている業績は、人間の「欲求の階層」と自身が名づけた動機づけの理論である。欲求の階層をピラミッド型で図示している。いちばん底面にあるのは、もっとも基本的な欲求であり、食べ物、水、空気、睡眠、セックスなど、人間の生存に必要なぎりぎり最低限のものだ。より高い階層にある欲求は、物質的な安定と安全、愛と家族および社会とのつながり、他者への尊敬、そして自己肯定感だ。これらがすべて満たされると、満足する。しかし、ほんとうに充足した人生を送るためには、つまりマズローの言う自己実現に到達するには、さらに高い欲求も満たさなければならない。ピラミッドの高い階層には、崇高なものに対する探求が含まれる。美術、音楽、スポーツ、育児、創造性といった、深い意味があると一般に考えられているものだ。マズローはピラミッドの最上階に、超越に対する人間の欲求を置いた。自己超越の欲求を実現するうえでの儀式の役割をどのようにして把握するに至ったかを、マズローはある講義で述べている。

マズローは大学の教授だったとき、行事のための集まりに参加するのを避けていた。時間のむだでしかないと考えていたのだ。しかし、学部長になると、毎年行われる卒業式に出席しなくてはならない。ガウンと帽子の礼服を身に着け、同僚と学生に囲まれ、そして儀礼と象徴に固められて、新しい目で儀式を見るようになった。参加することで自分が連綿と続く流れの一部になっているのだ、と理解しはじめた。マズローの講義に出席した社会学者のロバート・ベラーは、マズローが言ったことを次のように述べている。「はるかかなたの向こう、この行列のいちばん先頭にソクラテスがいる。そこからかなりあと、だがまだずっと向こうに（略）スピノザがいる。そして、スピノザから少し離れたあたりがフロイトで、フロイトの師と彼自身がいる。そのあとにどこまでも続いているのがフロイトの弟子で、次にそのまた弟子。次の世代、また次の世代へと、まだ生まれていない者までが続いている」[27]

ベラーはのちに、マズローとの経験によって大学の「真の」本質を理解したと回想する。大学は、時空を超えた神聖なる学問の共同体だった。

真の大学とは、消費社会に知の卸売りをする支店でもなければ、階級闘争のための手段でもない。もっとも実際の大学は、そのどちらの要素をも若干帯びているが。それでも大学は、根本的で象徴的な、ある基準をもたなくてはならない。社会の機能に関する実用的な考察を超越するような、そして実用的な考察とは衝突するような基準である。そうでなければ、大学はその存在意義を失ったことになる。[28]

伝統は全般に重要だと考えられているいっぽうで、儀式には特殊な位置づけがある。カリフォルニア大学バークレー校のダニエル・スタインを中心としたチームによる一連の研究では、伝統に変更が加えられたとき、人はどのように反応するかを検証した。[29] その結果、伝統に対する変更は集団の神聖な価値観に対する侮辱と捉えられ、道徳に反するという憤りを引き起こすことが明らかになった。たとえば、フラタニティと呼ばれる男子学生の社交クラブの会員は、クラブの信条を声に出して言ったり創設者の名前を暗唱したりするが、こうした集団の儀式をおろそかにするのは間違っていると言い、儀式をさぼる新入会員に対し怒りと失望をあらわにした。これに対して、登録期日や自習時間を守らないなど儀式的要素が弱い伝統に違反した場合は、いらだちを覚えなかった。行事を儀式的要素の強い順に、たとえば反復性、冗長性、厳格性の程度などによって並べてもらうと、その順序は、参加者のモラルに対する評価に対応していることがわかった。行事の儀式的要素が強いほど、参加しなかったときに反感を買うのだった。

別の研究では、アメリカの住民に対し、祝日が変更になる可能性についてどう思うかを尋ねた。参加者は、政府が「ある祝日の行事を一週間前倒しにする」と決定したと想像するよう言われた。これは前代未聞というわけではない。一九三九年、フランクリン・デラノ・ルーズベルト大統領が、毎年一一月の第四木曜日に行われる感謝祭(Thanksgiving)を一週間早めるという大統領布告を発出した。クリスマス商戦の期間が長くなり、消費者が多くのお金を使うだろうと目論んだのだった。これは騒動を巻き起こした。アメリカ人の大半がこの変更に強く反対し、多くの州が施行を拒否した。この変更はフランクスギビング(Franksgiving)として知られることになる。この出来事を考えれば、祝日が変更されると想像すると、研究の参加者が同じような非難の気持ちを示しても、不思議はなかった。しかし、すべての祝日に対して同じ反応を示したわけではない。宗教と関係がある祝日であっても宗教とは関係ない祝日であっても、儀式が関係する祝日（クリスマス、感謝祭、新年など）は、儀式的要素が少ない祝日（コロンブス記念日やレイバー・デー、ジョージ・ワシントンの誕生日）に比べ、二倍の憤りを引き起こした。このような変更は不便で迷惑なだけでなく、道徳に反していてぞっとする、と参加者は考えた。のちに行われた研究と評価によって、たとえば宗教的な食事の材料を一つ変えるだけの小さな変更であっても非難を呼び、集団の儀式の伝統を守らなかったとして、その人たちに罰を与えたい気持ちにまでなる、ということがわかった。

儀式は、集団に属していることを示す象徴的な印を用いて、長く続いているということを思い起こさせ、考え方や行動に調和を生み出し、意味のある経験をつくりだす。こうして儀式は、一人ひとりが集団の中に組み込まれていくという連帯感を生み出す。しかし、その連帯感が特定の行為や出来事と結びついているだけであれば、効果はじきに消え去ってしまうかもしれない。儀式に含まれる成分自体は、社会的接着剤となって長く続く強い絆を固めるには十分ではないのだ。絆を固めるには、儀式に何らかのしくみをつけ加えて補強することが必要だ。

二〇一一年、心理学者のクエンティン・アトキンソンと人類学者のハーヴィ・ホワイトハウスは、世界各地に存在するじつに多様な儀式の慣習について、その根底にある類型を検証するため、人類学の記録を片っぱしから調べた。イェール大学に設立された世界最大の民族誌学のアーカイブ、人間関係領域記録（Human Relations Area Files：HRAF）を活用し、七四の文化圏における六四五の儀式に関して体系的なデータをとりまとめた。データは、アフリカのアザンデ族の占いの儀式から北アメリカ大陸のブラックフット族の残酷な通過儀礼まで、広範な慣習を網羅していた。[30] しかしながら詳細に検討してみると、儀式の多様性は無限ではない、と判明した。世界各地の儀式は、その効用を高めるため、主として二つの基本的な方向性に基づいていた。

一つは、ひんぱんに行われる儀式である。毎月、毎週、ときには一日に何度も行われる場合がある。こうした儀式は一般に、ことさら目を引くものでも胸躍るものでもない。これに対し、それほどの頻度では行われないが（一年に一度、世代が変わるときに一度、ときには一生に一度だけなど）、強い感情を呼び起こす仰々しい儀式がある。[31] どうやら、まったく正反対の方向へと向かわせる二つの文化的要素があるようだ。一つは反復を軸としたもの、もう一つは感情をかき立てることを重視したものだ。新しい儀式が毎日生まれているが、その大半はすぐに忘れ去られてしまう。いっぽう、長く続いて伝統となっていく儀式は、この二つのうちのどちらかに該当する場合が多い。[32]

この区分は、ホワイトハウスが集団儀式の二つの基本的様式としてあげたものと合致している。「教義的」な儀式と「写象的」な儀式だ［写象的儀式については後述］。どちらの儀式も、根本から異なる経験をつくりだし、また社会的連帯へとつながる筋道を明確に示す。

永続的な連帯を確実につくりだす一つの方法は、社会的接着剤をひんぱんに使用することだ。亀裂が入っても閉じ合わせることができ、新しく層を重ねるたびに接合が強固になっていく。キリスト教徒の日曜日のミサやイスラム教徒の金曜日の祈り、ユダヤ教徒の安息日など、主要な宗教では、定期的に集団で礼拝を行うことが定められている。定期的に行われる儀式は、世俗の世界でも同じように広まっている。アメリカでは、大半の生徒が一日の始まりに「忠誠の誓い」を暗唱し、スポーツイベントは国歌斉唱で始まる。軍の兵士は、儀礼として一日の始まりに旗を掲揚し、その日の終わりに下ろす。さらに、多くの企業で、金曜カクテルパーティーなどの週末の行事を開いている。これらは、ホワイトハウスの教義的様式に属する儀式だ。このように定期的に行うことが、アイデンティティを共有し同じような考え方をすることが重視される集団にとって、とりわけ重要になる。集団のシンボル（十字架、旗、企業のロゴやグッズ）を定期的に示すことによって、類似性や連帯を繰り返し思い起こさせ、集団としての社会的アイデンティティが生まれる。集団の習慣となっている行事を定期的に繰り返して実施し集団としての考えを伝えることで、メンバーは集団の規範を内面化し、集団の核になっている考えを忠実に記憶に残し受け継いでいくことができる。

さらに、繰り返し行われる儀式によって、その人が集団にふさわしいメンバーかどうかを特定し、正統から逸脱している人を見つけだすことが容易になる。儀式的行為の特徴は厳格であることだ。最大限の正確さをもって行わなければならない。したがって、込み入った儀式の進め方は、反復して行うことで理解できるようになる。ひんぱんに行うことによって、経験を積んだ参加者にとっては儀式の動作が第二の天性となり、ほとんど無意識のうちに行えるようになる。いっぽう、外部者にとっては理解できないままなので、すぐに外部者だとわかる。ほかの人が先導するのにただ従うだけでは十分でない。なじみのない文化の礼拝に初めて出席したときは、どうふるまえばよいのか戸惑ったことだろう。まわりにいる人はみな何の造作もなく一連の動作を行っている。どこに座り、どのタイミングでひざまずき立ち上がり、礼をして祈りを唱えるか、どのようにほかの信者と交流するか、儀式のそれぞれの部分がいつ始まりいつ終わるのか、全員がわかっている。こんな状況に遭遇すれば、落ち着かない気持ちになるだろう。この場になじんでいないことが、そこにいる誰の目にも明らかだからだ。そして、ある意味、そこが重要な点なのだ。

儀式という接着剤をさらに強力にするもう一つの方法は、触媒《カタリスト》を導入することだ。触媒とは、ほかの成分と相互作用して効能を増幅し、より強力な結束を生むための要素で、いわば強力接着剤のようなものだ。だから、ある種の儀式は、頻度ではなく荘厳さや激しさによって、実践する人たちのあいだに高揚感を生み出し、重大なことを行っているという意識をもたせる。[33]

例として、イギリス議会開会式を取り上げてみる。これはイギリス議会で毎年度の会期の初めに行う儀式だ。厳密に執り行われる儀式であり、女王が金塗りの馬車に乗り近衛騎兵隊に護衛されバッキンガム宮殿を出発してから、ウェストミンスターにある国会議事堂の貴族院に到着するまでが含まれる。女王の馬車とは別に、女王の王冠を運ぶために別の馬が引く専用の馬車が仕立てられる。王冠はクッションの上に置かれ、古くから伝わる剣と帽子とともに世襲の官吏の手に委ねられる。プリンス・オブ・ウェールズが別の隊列を組んだ馬車で到着し、女王の二本の金の職杖《メイス》も到着する。数百人の官吏がこの日の任務として、華やかな衣装に身を包み、並んで行進し、式典にのっとって礼をする。彼らが白い儀仗《ぎじょう》や黒い儀仗、銀の剣や金の職杖のまわりで整然と挨拶をすると、女王が礼装で現れる。儀典服に赤いビロードのケープをまとっている。ケープは五メートル半の長さがあり、四人の子どもが引き裾を持って歩く。使われている宝石は五〇億ドルを超す価値があると言われている。女王が金の王座に着席すると、式典用の服を身に着けた貴族院議員と、これ見よがしにかつらをかぶった高等法院判事が女王に挨拶する。大法官がひざまずいて、特別な絹の袋に入った女王の演説原稿を女王に差し出す。演説が終わってからようやく、下院議員が公務を始められるようになる。

　壮観なのは国家的儀式だけではない。私たちの生活でも重要な出来事を記念するために麗々しく行事を行っている。成人式や結婚式といった人生の節目でも、また感謝祭やクリスマス、ユダヤ教のハヌカなどの家族の集まりでも、儀式には華やいだ雰囲気があふれている。感覚を刺激することが基本的な要素になっているのだ。こうした儀式は、芝居がかった演出が施され華々しく行われるため、私たちのあらゆる感覚に訴え、日常的でありふれたものを特別なものへと変貌させる。儀式では、光と色彩、音楽と歌と踊り、食べ物や香のにおい、そして多くの場合、お決まりの鐘の音や口笛をともなう。感覚を刺激するこのような要素によって、物事や場面の捉え方や感じ方に関連する心理的プロセスが活性化される。華やかさに満ちた儀式に参加すると、脳の中で小さな声が語りかけてくるようだ。「よく注意してこの瞬間を心に刻みなさい。いま起こっているのは、意義深い大切なことだから」。重要な場面であるほど、儀式は仰々しくなる。まるで、この場面は意義深いものなのだという感覚を植えつけるために、操作されているかのようだ。だから、民主的な選挙で選出された指導者よりも、国民による直接選挙を経ていない指導者のほうが、派手な公的行事をやりたがる。大規模な集会や軍事パレードは、専制的な政権のもとで、よりひんぱんに開催される。ヨーロッパの一部の国のように、王や女王が権力をもたない場合でも、実際に権力をもつ首相や大統領の就任式よりも王族の即位式のほうがはるかに荘重に執り行われる。

大がかりな儀式は、あらゆる感覚を覚醒させ特別な瞬間をつくりだす。荘厳な儀式はときに畏怖の念さえ呼び起こすものだ。そして、ある種の儀式は、ことさら大げさに行われる。

ミサに出席するとどんなことをするのかとカトリック信者に尋ねれば、「通常の」ミサで行われることを説明するだろう。これまで出席したことがある特別なミサについてではない。おそらく、典礼の手順をこと細かく説明する。これはひんぱんに反復されるからこそできることだ。いわゆる意味記憶となるのだ。ただし、「継続は力なり」だが、覚醒は格別なり、である。写象的儀式に参加したことは、人生の記録のなかで自分自身の核になっていく忘れがたい経験となる。これは個人的な意義をもつ記憶であり、エピソード記憶として知られている。

意味記憶とエピソード記憶の区別を理解するため、背の高い草がはえている平原を歩いていると想像してみよう。一歩踏み出すたび、足元で草が押し倒され、通った跡がはっきりと残っていく。歩き終えて戻ろうとするときには、自分の足跡をたどれば帰り道がわかる。しかし、歩き去ってまもなく、草はゆっくりと立ち上がりもとに戻っていく。何日かするうちに、通った跡はほとんどたどれなくなる。それでも、毎日まったく同じルートを同じ足並みで何度も歩いていれば、通った跡をもっと長いあいだ残せるようになる。十分な時間があれば、繰り返し同じように行動することで平原にわかりやすい道をつけられる。この道は何度も繰り返し歩いた結果であり、何か特別な意味がある歩き方をした結果ではない。意味記憶は、これと同じようにして形成される。何かを経験するたび、脳のニューロン（神経細胞）に、ある種のパターンがつくりだされる。こうしてできるパターンの大半はすぐに消えてしまうが、同じ経験を繰り返すたびにパターンが消えにくくなる。ニューロンが刺激《ファイアー》され記憶をつなぎとめる《ワイアー》のだ。

さて、今度は同じ平原を行くのに、歩くのではなくブルドーザーを運転していると考えてみる。ブルドーザーが地面を掘って踏み固め、通り道にある草を根こそぎにしながら、平原に深い轍《わだち》を刻んでいく。何十年もたってまた草がはえてきたとしても、たどっていける道が残る。これは、特異な経験が人間の脳に及ぼす効果に似ている。ある一つの出来事が引き起こすニューロンのパターンが非常に強力であるため、何年たったあとでも細かい部分まで起動されるのだ。過激な儀式は、よくある図としてではなく、強烈なイメージ（image）として記憶に残る。だから、写象的（imagistic）という用語が使われる［二〇世紀初頭に起こった詩の運動に、イメージを明確に提示することを重視した「写象主義（imagism）」がある］。

　エピソード記憶は、例外的で感情をかき立てられ、ときにはトラウマになるような出来事と関連している。死にそうになった、子どもが生まれた、自分の家が焼け落ちるのを見た、といった経験だ。これらは、変革を起こすような経験である。自分自身の物語のなかの自己というものを形づくり、自分がどういう人間であるかを強く意識づけるからだ。

　ギリシャとスペインの火渡りの伝統やヒンドゥー教徒の体を突き刺す儀式、さらにはアメリカの男子大学生の交流クラブで行われる厳しいしごき、世界じゅうの軍隊や民兵組織で行われている過酷な入隊式など、過激な儀式は変革を起こす経験となり、集団に属する人たちを結びつけ、まとまりのあるチームにする。ホワイトハウスの言う写象的儀式の特徴をもつのは、主としてこうした儀式だ。その人にとって意義深い経験が集団のほかの人たちと共有されるので、その記憶は個人のものであると同時に集団と共有されたものになる。その結果、自分自身と自分が属する集団との境界が入り混じって不鮮明になる。同じ試練を乗り切った者だけが理解できる特別な経験をつくりだすことで、写象的儀式は、儀式を経て強い絆で結ばれた人たちによる内輪の集団を構築する。この状況をホワイトハウスは「同族のかたち」と述べている。家族はともに人生の辛苦を経験する。そして、つらい経験を共有することは、家族がより親密になっていくうえで重要な役割を果たす。衝撃を受けるような儀式をやり遂げることは、心理的に同族であるという感覚を引き起こし、家族の場合と同じような効果を生むだろう。このことは、仲間を指すときによく使う「ブラザー」や「シスター」という表現にも反映されているようだ。

写象的儀式は、実践する人たちにとって唯一無二の経験となり、集団にとっては広範にわたる影響をもたらす。いっぽうで、その強烈な性質ゆえに、科学的研究の対象としても特殊な課題を投げかけている。人類学者はずっと以前から、儀式には集団をまとめる力があると推論してきたが、その力を科学的に検証することはできずにいた。その結果、古い時代から存在してきたこの有効な社会的テクノロジーと、その力を活用する可能性について、長いあいだあまり把握されないままだった。しかし、この状況は急速に変わってきている。人間科学全般にわたる学際的な研究により、儀式について新しい手法で研究し、儀式の本質に関する興味深い考察ができるようになったのだ。

第5章 沸騰

私は八歳ぐらいのとき、父に連れられて初めてフットボールの試合を見に行った。アメリカン・フットボールではない。スポーツの王、サッカーだ。世界的に見て、人気の点でも、経済、社会に与えるインパクトの点でも、サッカーと並ぶほどのスポーツはない。

私たちは、いい席をとるため、試合開始の二時間前にスタジアムに着いた。その年は、私たちの町でいちばん人気があったチームが優勝しそうな勢いだったので、スタジアムは満員になるだろうとわかっていた。当時は指定席がなかった。というより、そもそも座席というものがなかった。コンクリートで覆っただけの観客席が階段状にしつらえられ、スタジアムに来ると早いもの勝ちで席をとった。ほんの数ドラクマ［ドラクマはギリシャの通貨単位］を売り子に払えば、ポリスチレンを四角に切っただけのクッションをくれた。驚いたことに、クッションは試合が始まる前だけに使うもののようだった。ホームチームがピッチに入ると、観客はすぐ立ち上がり、いっせいにクッションを宙に放り投げ、それきり二度と腰を下ろさなかった。父は試合中ほぼずっと、私を抱き上げ試合が見えるようにしてくれた。でも、それはあまり問題ではなかった。何より興味を引かれたのは、観客席で起こっていたことだった。

おそろいの黒と白のユニフォームを着た四万人のファンたちが、驚異的な祭典を繰り広げていた。審判員が試合開始のホイッスルを鳴らすやいなや、スタジアムに電気のような衝撃が走った。いくつもの燃える炎が見えた。炎がどこから来ているのかはわからなかったが、興奮したファンが発炎筒を振り回していたのだろう。観客は跳びはねながら声をそろえて応援歌を歌っていた。スタジアムには赤い色の煙が深く立ち込め、溶岩が噴出して壮観な眺めになっている火山のようだった。開始後わずか数秒で試合は中断し、煙がおさまるまで何分か待たなければならなかった。それからの九〇分間、ファンは途切れることなく応援歌を歌いつづけた。全員が歌詞を知っていた。ただ歌を歌っていただけではない。歌に没頭していた。見えない指揮者に率いられているかのように、異様とも言えるほど動きをそろえて飛び跳ね、あらんかぎりの声で叫んでいた。あたかも観客全体が一つの存在になり、その存在に命が宿っているかのようだった。その日以来、私はずっとサッカーファンだ。

同じような光景が、週末がくるたびに世界じゅうの何千というスタジアムで繰り広げられている。スタジアムは多くの点で、人類のもっとも初期の儀式に似ている。人類学の文献には同様の見解が数多く見られる。気持ちを激しくかき立てる儀式には、人々の集団を興奮させ変貌させる何かがあるのだ。そしてその集団は、構成員の一人ひとりを足し合わせただけではなく、それよりさらに大きなものへと変化を遂げる。第2章で紹介した社会学者のエミール・デュルケムは、集団で行う儀式は感情の状態が一致するように働きかけることで、唯一無二の経験を生み出すことができると論じ、この現象を「集合的沸騰」と呼んだ。一九一二年に出版した『宗教生活の原初形態』（岩波書店、一九四一年ほか）で、強い高揚感をかき立てる集団儀式に参加した人が体験する特別な興奮と一体感について述べている。

集まるという行為自体が並外れて強力な刺激として作用する。一人ひとりが集まって一緒になると、密接であるためにある種の電流が発生し、人々の興奮は通常ありえないほど一気に高まる。表出したあらゆる感情が共鳴する。外界からの刺激を広く受け入れようとする意識が阻害されることなく、ある感情と別の感情が共鳴する。このため、共鳴するたびに初期の衝動が増幅される。ちょうど雪崩が、進むにつれしだいに大きくなっていくのと似ている。

これは、私たちの多くが経験していることかもしれない。コンサート会場で何千人もの人たちと一緒に踊っていて鳥肌が立った経験があるとすれば、それが集合的沸騰だったのだ。また、声をそろえてスローガンを唱えるデモの大集団に刺激を受け、涙まで流して畏敬の念を覚えたとすれば、デュルケムが考えていた感情と同じ状態だ。私はといえば、母国に帰ると、機会があればかならずあのスタジアムに行っている。そして、行くたびに、応援歌に加わって首の後ろがぞくっとするような感覚を味わう。
私は民族誌学研究をするなかで、研究対象の社会が、重要な集団行事を行っているあいだに活気づいていくのを見てきた。それでも、行事の参加者の多くは、自分たちの経験を説明するのは不思議なぐらい難しいと言う。「言葉ではうまく表せない」と言った若い男性がいた。この点については、私も断言できる。私の町のサッカーチームのスタジアムに来たことがないなら、その雰囲気をとても伝えられないだろう。この感情は説明できないので、心情的にはわかったとしても、科学的に研究するのは、とてつもなく困難になっている。というのも、自分の内面の感情を集団のほかの人たちとも共有しているという状態をどのようにして調べるのか、という問題があるのだ。感情の同調や一体感といったものをどのように測ればよいのだろう？

人間は太古より、集団をつくることを欲してきた。先史時代の狩猟採集民から現代の都市居住者まで、あらゆる社会の人々が、さまざまな機会に大勢で集まって集団で何かを表現したい、そうすることによっていつもの存在を超え一つになりたいという思いに駆られてきた。一万二千年前に私たちの祖先が何週間も歩いてギョベクリ・テペを訪れたのも、同じような根源的な衝動に駆られたからだ。当時は都市がなかったことを考えると、この巡礼が、先史時代の人間の集まりとしては最大のものだったかもしれない。そして、文明の黎明期以降、もっとも大きな集まりは、決まって儀式にかかわるものだった。

一九五三年、推定三〇〇万人が女王エリザベス二世の戴冠式を見にロンドンに集まった。一九九五年には、約五〇〇万人のカトリック信者がフィリピンのマニラにあるリサール公園に集まり、世界青年の日にローマ教皇ヨハネ・パウロ二世が執り行うミサに出席した「世界青年の日は一九八五年以降、二、三年ごとに教皇臨席のもと開催されているカトリック教会の行事」。また、テヘランでは一九八九年、一千万を超える人が、イラン・イスラム共和国の建国の父、アヤトラ・ホメイニの葬儀に参列した。しかし、このような集まりも世界最大規模の宗教の巡礼に比べると小さく見えてしまう。イラクでは、三千万人以上のシーア派イスラム教徒がカルバラーにあるイマーム・フセイン廟《びょう》に集まり、殉教を悼む。インドでは一二年に一度、四つの聖なる川のほとりで行われる祝祭クンブ・メーラを目ざし、ヒンドゥー教徒の巡礼者たちが大集団をつくる。二〇一九年、ウッタル・プラデーシュ州のイラーハーバードで行われた祭りには、推定で一億五千万人の信者が参加し、歴史上最大の人数が集まった集会となった。このような行事に参加する経験について調べようとしても、実験室で再現できるようなものはほとんどない。

しかも、これは単に規模だけの問題ではない。集団儀式を研究室で再現するのがとくに難しいもう一つの理由は、多くの場合、独特な背景と結びついていることだ。集団儀式は、あらかじめ設定された時間のなかで展開し、特別な場所で行われる。道端の神殿、エルサレムの嘆きの壁、インドのガンジス川などだ。さらに、儀式を主宰する側であれ儀式に参加する側であれ、特定の人がその場にいること、そして特定の物理的な物があることが求められる。

最後に、集団儀式は多くの場合、強烈な感情を引き起こすものであり、また、痛みとストレスとさらには危険さえも引き起こす行為をともなう。たとえば、みずからの体を傷つける行為や極限まで消耗する行為、しごきなどだ。太平洋の島国バヌアツのペンテコスト島で行われている、男性が高い塔から飛び降りる儀式を考えてみよう。この儀式は、バンジージャンプの原型になったとよく言われていて、最高で一〇〇フィート（約三〇メートル）の高さの木組みの塔からまっさかさまに地上へと飛び降りる。地面にたたきつけられ命を落とすことがないよう守ってくれるのは、足首に巻きつけた二本の木の蔓だけだ。蔓の長さは、落ちたときに首の骨を折らずに地面をかする、ぎりぎりの長さになるよう、一人ひとりに合わせて正確に測る。地上へ落下するのは、ヤムイモの豊作を祈る豊穣の儀式だ。しかし、男性しか参加を許されないため、男性のための成人の儀式でもあると考えられていて、男性はまだ七歳のときからこの儀式に参加する。こうした儀式は、実験室でやってみることができない。

たしかに、儀式の個人的な側面は実験で再現することが可能であり、実験が有用である場合が多い。個人的な側面にはたとえば、繰り返し行う行為や同時に行う動作、象徴的な意味をもつ印、生理的な興奮状態などがあり、これらによってどのような効果がもたらされるかを研究者たちは検証してきた。こうした側面はいずれも、儀式の経験と何らかの独特のかかわりがあり、統制された環境下で検証できる効果をもたらす。しかし、小麦粉や水、イーストの属性を調べて多くのことを学べたとしても、パンがどのようにして焼き上がるのかを理解したいなら、オーブンの中で材料がどのように相互作用するのかに注意を向けなければならない。

では、こうした制約があるなかで、どのように集団儀式について研究すればよいのだろうか？　おそらく、既存の箱の枠を出て考えなければならないだろう。実験室でもフィールドでも数多くの研究手法が考えられるが、両方の手法を組み合わせることで、もっとも説得力のある考察ができる場合が多い。考え方は単純だ。参加者を日常の環境から連れ出して無機質な実験室へ入れるのではなく、実験室をフィールドに移して人々がいる環境に持ち込むのはどうだろう。

この混合手法を私が初めて試みたのは、スペインのサン・ペドロ・マンリケ村だった。地元の人々は、ただサン・ペドロと呼ぶほうが多い。スペイン北東部のカスティーリャ・イ・レオン自治州にある小さな農村だ。古くから人間が居住していた地で、古代にはケルト・イベリア族が生活していた。長い年月を経るあいだにこの地域では何度も支配者が交代したものの、幸いにもサン・ペドロは歴史を通じて外部の征服者の支配下に入ることはなかった。人里離れた山間部に位置し、荒れて固い土地では羊の飼育ぐらいしかできなかったからだ。しかし、まさに羊のおかげで、そして羊毛の取引によって、中世の時代に繁栄を享受し、家畜所有者の有力団体メスタ（移動牧羊組合）の一角を占めるようになった。最盛期には、四つの教区を擁し、四千人以上が住んでいた。廃墟《はいきょ》となった中世の城壁と城、そしていくつかの教会がかつての栄華をしのばせるが、その後、村には大きな変化があった。

現在、ソリア県はヨーロッパでもっとも人口が少ない地域だ。同県の中でも、人口六〇〇人のサン・ペドロは自治体としてもっとも小規模な部類に入る。石畳の狭い通りの両側には、赤い瓦屋根がある石造りの家が立ち並ぶが、昼間はほとんど誰もいない。住人の多くは近隣の町か地元のハム工場で働いているのだ。平日の夜は、町の中央広場のまわりにあるわずかなバーやレストランが、ときおり訪れる客を奪い合う。この競争は、週末になるともう少し激しくなる。近隣の町の学校に行っている地元の若者たちが帰ってくるからだ。そのほか、市のスポーツセンターがあるが、あとはこのあたりに目ぼしいものはない。しかし年に一度、サン・ペドロはこの地域じゅうの注目を集める。

毎年六月、サン・ファアン（聖ヨハネ）の祭りが丸一週間にわたって開催される。モンディダスと呼ばれる若い女性が三人、くじびきで選ばれ、祭りの中心的人物を務める。選ばれた女性たちとその家族は行列を先導し、詩を朗読し、食事や宴会に来た人たちをもてなす。祭りでは、コンサートやダンス、講演、礼拝などが行われ、中央広場で競馬も開催される。しかし、ある行事によって、この祭りがヨーロッパでも一、二を争う壮観な儀式として注目を集めるものになっている。夏至の日、この小さな村に何千人もの訪問者が押し寄せ、地元の人たちが、男性も女性もはだしで火の上を歩くのを見物するのだ。

この祭りの起源はいつの間にかわからなくなっている。火渡りは古代のケルト・イベリア族の儀式の名残だと考える人もいれば、モンディダスはローマ神話の農業と豊穣の女神ケレスの巫女《みこ》を象徴しているという人もいる。また、モンディダスは、この地方の歴史で起こった悲劇の時代の終焉《しゅうえん》を記憶にとどめるための存在だと考える人もいる。言い伝えによると、そのころ、イスラム教徒の首長が治める国がコルドバに首都をおいていたが、スペイン北部のキリスト教徒は首長の支配を免れるための代償として、イスラム教徒のムーア人たちに、毎年一〇〇人の処女を献上しなければならなかった。サン・ペドロは毎年三人の女性を差し出していたが、伝説になっている八四四年のクラビホの戦いで、アストゥリアス王ラミロ一世がムーア人を打ち破り、以後、痛ましい犠牲者を出すことはなくなった。これは言い伝えによるものであり、真実かどうか、たしかなことは誰にもわからない。それでも地元の人たちはこの話が好きだ。

私は大学院生のときに、初めてサン・ペドロを訪れた。博士論文を書くためギリシャとブルガリアの火渡りについて研究していたので、スペインにも同じような慣習があると知って調べなくてはいけないと考えたのだった。火渡りについては、ほんの数人のスペインの民族研究家が、あまり知られていない地元の雑誌に書いていたが、サン・ペドロと火渡りの儀式に関する情報は、当時はほとんど得られなかった。そういう事情だったため、どんな結果が得られるか定かではなかった。火渡りはいまでも重要な行事なのだろうか？　それともブルガリアの火渡りの儀式と同じように、消えつつある伝統になってしまい、わずかな年配者だけが行っているのか？　そもそも火渡りについて知っている人がいるのだろうか？

火渡りが重要であることは、すぐわかった。サン・ペドロの村旗と紋章に描かれているのは、火渡りをする人と三つの「カスターニョ」だ。カスターニョは装飾が施されたバスケットで、モンディダスが行列で運んでいく。地元の企業には、スペイン語で火渡りを意味する「パソ・デル・フエゴ」、たき火を意味する「ラ・オゲーラ」といった社名の会社があった。商店やバーでは、火渡りの儀式を描いたポスターやカレンダーが目立つように飾ってあり、民家の居間には、家族が参加したときの写真が額に入れて飾ってあった。年に一度の火渡りのためだけに、人口六〇〇人程度の村に、三千人の観客を収容できる石造りの野外円形劇場が建設されている。地元の人はこの建造物を「エル・レシント」と呼ぶ。単に「会場」を意味する言葉だ。この会場が何のためのものかはまったく説明する必要がない。中央は地面のままで、階段状になった石造りの観客席とは金属のフェンスで隔てられている。地面には、黒く焼け焦げた跡が残っていた。

私が火渡りの話題をもちだすとすぐ、サン・ペドロの人は、これまでにあった火渡りについて熱心に話してくれた。儀式自体は毎年変わらないが、それぞれの人にとっては、ある年の儀式が特別な意味をもっているのだった。初めて参加したとき、やけどをしたとき、誰か大切な人を背負って石炭の上を歩いたときなどだ。この村の村長は、二〇年在職し引退を間近に控えていたが、その年の火渡りに参加するのが自分のキャリアで最高の出来事になるだろうと語った。「準備を監督するのはこれで最後だからというだけではない。今年は娘を背負って火渡りをするからだ」という。誰もがこの伝統には計りしれない重要性があると強調した。参加することで「ほんもののサン・ペドロ人」になったと感じるし、火渡りの儀式のないサン・ペドロなんてけっしてサン・ペドロではない、と幾度も私に言った。火渡りの伝統を守っているという誇らしい思いについて語り、来年も、そしてその次の年もまたこの儀式に参加するのがとても待ちどおしいと話した。この儀式が人生でどれくらい大切かと尋ねると、ある男性が言った。「一から一〇のスケールでいうと二〇になる」。人生で何よりも大切な出来事だ、とまで言う人も何人かいた。

火渡りの祭りの準備は何か月も前から始まった。徐々に期待が高まり、歓喜と興奮が頂点に達する。祭りが終わっても、数週間は祭りの話でもちきりになり、祭りに関するこまごましたことの一つひとつが話題に上り議論の的になるだろう。やがて、懐かしくほろ苦い気持ちに変わっていく。それからの数か月間は、儀式の思い出を味わい、あの瞬間をもう一度体験したいと願うのだ。火渡りについて語っていると、多くの人がため息をつき、夢見るような目になって、もの悲しい微笑みを浮かべる。

サン・ペドロの人たちに、くすぶっている炭火の上を歩くのはどんな感じかと尋ねると、エネルギーが体に充満して興奮を感じ、ときには恍惚感さえも味わい、観客と一体感を覚える、と話した。「言葉では説明できない感覚だ。何千という人たちがその場にいるのに、一つになっていると感じる」と言う。そして、なぜこの儀式を行うのかについては、ならわしだからという以外には正確に説明できる人はいないようだった。それでも儀式から生まれる結果についてはたびたび語った。「村の仲間になったと感じる。自分はここの一員だという感覚。この集団と一つになっていると思う」と、ある女性が私に言った。

これはデュルケムが「集合的沸騰」と呼んだ現象と非常に似ている。高揚感をかき立てる儀式のなかで参加者が共有する、電流が走るような感覚だ。結果として、人々の感情がつながり、強い社会的絆が生まれる。ただし、このような考え方について、人類学者は一世紀ものあいだ、語り執筆し教えてきたが、実証できた者はいなかった。そもそも火渡りの儀式のさなかに、感情のつながりや一体感などというものをどのように測ればよいのだろう?

私は博士号を取得したあと、デンマークのオーフス大学に採用され、マインドラブ（MINDLab）という認知科学の研究機関で研究を行うことになった。まず、私が行ってきた民族誌学研究について、もう一人の研究者ウフェ・ショットと検討した。ウフェは宗教心理学で博士号を取得したばかりの若手研究者で、脳画像化技術を用いて祈りに関する研究をしていた。集団儀式が感情のつながりを生み出すなら、人間の生理機能のなかでそのつながりを検知できるはずだという考えを、積極的に受け入れようとしていた。のちに私たちは同じ研究機関で、イヴァナ・コンヴァリンカという大学院生と知り合った。イヴァナは生物工学が専門で、二人の人間のあいだでの動作の調和を測定する研究を実験室で行っていて、自分が考案した手法を実際の環境で検証することに関心があった。私たちはチームを組み、研究計画を練った。計画では、主観的な感情経験をつくりだすうえで重要な役割をもつ自律神経系の活性化に焦点をあてようとした。

第3章で見たとおり、自律神経系は、体の中で感情面を調整するサーモスタットとしての働きを担っていて、感情の喚起を調節する作用があるホルモンを分泌する。交感神経系により喚起レベルが引き上げられ、体に興奮が伝えられて行動を起こす。いっぽう、副交感神経系には鎮静作用があり、体を休めるのを助ける。交感神経系と副交感神経系の両方が働くことによって、心拍、血流、呼吸、発汗等、体の不随意機能の変化を制御している。感情の喚起が体にどのように現れるのかについて関心があるなら、こうした変化に着目して研究を始めるのがよいだろう。

以前は、火渡りのような行事の最中に自律神経系の活動を計測しようとすると、行事を長時間中断せざるをえなかった。幸いなことに、近年ウェアラブルセンサーが開発されたおかげで、実際の場面で生理的反応を記録できるようになり、かさばる装置やケーブルをあちこち引きずりながら人々を追いかける必要がなくなった。現在では、心拍モニターは軽量で目立たず、衣服の下に装着してもほかの人からは見えない。いまなら、このテクノロジーは手頃な価格で容易に入手できる。実際に私はキーボードを打つとき手首に着けているし、あなた自身も似たような装置を手首に着けて読書しているのではないだろうか。しかし当時は、ハイエンド市場の商品で、おもにプロスポーツチームか軍隊で使用されていて、私たちが払える水準を明らかに超えていた。さらに、業務用オーブンより熱くなる環境で心拍モニターを使おうとしていたため、別の機関から借りるという選択肢もなかった。

私たちは、宗教認知文化研究ユニットというグループのリーダーのアーミン・ギアツとマインドラブの理事の一人のアンドレアス・ロープストーフに助けを求めた。私たちの計画について、サン・ペドロへ行き、はだしで火の上を歩く人たちに心拍モニターを取りつけたい、と説明した。アンドレアスは注意深く耳を傾け、長い間をおいて言った。「こんなとんでもない研究は聞いたことがない」。そして、一瞬のちにつけ加えた。「やろうじゃないか」

ついにそのときがやって来て、サン・ペドロは盛り上がっていた。建物のペンキが塗り替えられ、バルコニーに旗が飾られ、花が植えられた。近くの森で大きな木が三本切り倒され、様式にのっとり一本ずつ行列を仕立てて村へ運ばれた。木はリボンと風船とランタンで飾り、巨大な植木鉢に立てて、モンディダスの家の目印として使われた。その家の扉は一日じゅう開け放たれ、通りがかった人は招き入れられ、ごちそうをふるまわれた。モンディダスの女性とその家族は誇りにあふれた様子で、ひっきりなしに出入りする大勢の人に応対した。この地域の二大特産品、イベリコ豚のハムと赤ワインは、どうやら尽きることがないようだった。その日、私は食事をすませていたが、これは間違いだった。家の人たちは出したものすべてを試してみるよう強くすすめ、私が試食するのをじっと見つめていた。ハムの白い脂身をよけていたら、たしなめられた。そこが、いちばんおいしいところで体にもよいのだ、と教えられた。私はすすめにしたがった。

村の石畳の通りに人が押し寄せていた。いまは都会で暮らしているサン・ペドロの出身者たちは、祭りに参加するため休暇をとっていた。国じゅうから、そして海外からも訪問客が来ていた。人口の少ないこの地域の半径数キロのエリアにある宿泊施設はすべて、ずっと前に予約でいっぱいになり、多くの人が日帰りで訪れていた。近くの町のソリアからのバスは、ふだんは週に六本だけだったが、このときばかりは数時間ごとに運行されていた。村の外のはるか遠くまで、車が駐車してあった。祭りの行事の大半は、村の二か所の広場と、広場をつなぐ狭い曲がりくねった通りに集中していた。バーやレストランには客があふれ、席にあぶれた客には、屋台が用意されていた。ブースや陳列台が設営され、帽子やサングラス、宗教的なイコンやみやげ品を売っていた。

夜の行事の幕開けはモンディダスが先導する行列で、自治体が運営する楽隊と役場の職員が随行した。行列は、サン・ペドロ（聖ペテロ）と聖母マリアのイコンを、地域の中核の教会からウミリャデロと呼ばれる小さいチャペルまで運ぶ。その間に男性たちがまきの山の準備を始めていた。二トンを超えるオークの木を使い、小さな部屋ぐらいの大きさの山に積み上げた。点火すると、一五メートル以上の高さがある火柱を吹き上げた。火の見張り役は経験を頼りに、炎が上がるタイミングを正確に見計らっていた。何時間かのちにまきが燃え尽き、午前零時を告げる鐘とともに、地面を覆う炭になるよう調整するのだ。

私たちにとってこの熱狂的な行事のさなかに研究を行うというのは、控えめに言っても、生やさしいことではなかった。あらゆることにストレスを感じ、悪い予感はことごとくあたった。しかし、これこそが実際の環境のなかで実験することの本質なのだ。ありがたいことに、最終的にはすべてがあるべきところに納まった。火渡りをする人と見物する人に心拍モニターを装着してもらい、用意したモニターをすべて使うことができた。それどころか、申し出てくれた人全員に装着してもらうには、モニターが足りなくなっていた。

村では、役場のまわりに人々が集まりはじめていた。楽隊が音楽を演奏していた。人々はみな着飾っていた。火渡りをする人は、首に赤いハンカチを巻いている。その時刻が近づくにつれ、期待感が顔に表れてくるのがわかった。彼らは一年のあいだ、ずっとこの夜を待っていたのだ。最高潮に達するまであとわずか数時間だった。

時間が来ると、私は地元の友人の一人に片方の手をつかまれ、もう一方の手を別の友人に握られた。これで私は、動きはじめた人間の鎖の一部になった。鎖の中に留まることが肝心だとわかっていた。そうすれば観客席までまっすぐに行けるだろう。私は先に会場に行っていた同僚に電話して、儀式を撮影できるいい席をかならず見つけておくよう伝えていた。会場はすでに混雑しているだろうと思っていたのだ。地元の人もわかっていて、確実に早く到着できるようにしていた。しかし、ほかの地域から訪れた人の多くは会場に入ることができなかった。

人間の鎖は急ぎ足で丘を登り、そのあとを大勢の人が続いた。数分後、私たちはレシントのゲートを通過した。楽隊の演奏に合わせ何千人もの観客に迎えられて会場の中心へと歩いていくのは、なかなか感動的だった。火渡りをする人たちにとっては、胸に迫るものがあっただろう。火渡りの参加者は、すべての目が自分たちに注がれているのを意識していた。火渡りをする細長い区画では炭が真っ赤に燃え、会場全体に熱を放っている。それを見ているだけで、オーブンに顔を突っ込んでいるような気がした。私たちが持参したパイロメーター（非常に高い温度を計測するための器具）では、炭が崩れる前の表面温度は摂氏六七七度になっていた。これまで世界各地でいくつもの火渡りの儀式を見てきたが、ここまで強烈な火の上を歩くことはなかった。観客がますます活気づいていくいっぽう、火渡りをする人たちはますます深刻な面持ちになっていった。無理もない。アルミニウムが溶けるほど熱い炭の上をはだしで歩こうとしているのだから。

炭がこれほど熱いと、何かからくりがあるのだろうと考える人も多いだろう。じつは、火渡りに特殊なしかけは何もない。軟膏《なんこう》や薬を使うわけでもなく、秘訣もない。過去には、この土地の住民は畑ではだしで作業するので足が異常に固くなっているのだと主張する者がいた。この怪しげな主張が当時は正しかったとしても、こんにちでは明らかに当てはまらない。サン・ペドロの住民がはだしで歩かないのは、都市生活者と同じだ。また、足が汗か水で湿っていて保護されているのだと推測する者もいた。しかし、レシントの地面は砂が敷き詰められていて、そこを火で焼かれるので完全に乾燥している。そのうえ、この状況で足を湿らすのは、実際はよいアイデアではない。炭が足の裏にくっついて深刻な損傷を起こす。やけどをしないで火の上を歩くのが可能なのは、炭の熱伝導率が低く、さらに炭と接触する時間が短いからだ。

とはいえ、「可能」というのは、全員が無傷でやり遂げることを保証するという意味ではない。炭の表面にほんのわずかな突起や亀裂があるだけでも足に水ぶくれができる。火の中に小さな石や金属片、そのほか異質なものがまじっていた場合もたいへん危険だ。あまりゆっくり歩くと足が焼けてしまう。いっぽう、早く歩きすぎても、炭を深く踏みつけることになり、さらにひどい結果になる。だから、パニックになって走ろうとすると、多くの場合、やけどを負うはめになるのだ。集中力が鍵になる。ほんの少しでも踏み出し方を間違えたり迷いがあったりすると、重大なけがにつながる。村じゅうの人々の目にさらされる屈辱はいうまでもない。

音楽が止まると、火渡りをする人たちは靴を脱ぎ、最後にもう一度集まって、歩く順番を話し合った。参加者はそれぞれ背中にもう一人乗せて、燃える炭の上を歩く。たいていは、その人にとってとても大切な人だ。三人のモンディダスが最初にかつがれる。かっきり午前零時、トランペットがけたたましい音で、時間になったのを告げた。静寂が広まった。

火渡りの参加者のなかでもっとも年長で経験豊富なアレハンドロが、最初に歩く栄誉を受ける。アレハンドロは立ち上がり、モンディダスの一人に歩み寄った。孫娘だった。アレハンドロは七五歳で、孫娘は彼よりゆうに頭一つ大きい。孫が背中に上ると、アレハンドロは一瞬、まっすぐ立っているのに苦労している様子を見せた。あたかも、ジェンガゲームで上のほうが重いタワーのバランスをとろうとしているようだった［ジェンガは積み重なったブロックのタワーから一つを抜き取り上へ重ねていくゲーム］。誰もが息をのんだ。助けが必要ではないかと、男性が何人かそばに寄ってきたが、アレハンドロはきっぱりとした動作ではねつけた。

トランペットがもう一度鳴った。そのときが来たのだ。会場は静まりかえった。アレハンドロは背中の孫娘のほうを向き、しっかりつかまっているように言った。深く息をして何秒か火を見つめ、集中力を高めた。それから顔を上げ、勇気をふりしぼり最初の一歩を踏み出した。ゆるぎない信念をもって燃えさかる炭の上を渡っていった。顔をしっかりと上げ、たけだけしく挑みかかるような表情をして、さながら戦いのただ中にいる戦士のようだった。炭でできた道の端まで渡りきり、見物客から大きなどよめきが沸き上がった。孫娘が背中から下りると、二人で抱き合う間もなく、家族が誇らしげに駆け寄り、みなで抱き合った。

その夜、二、三〇組が次々と炭の上を渡った。激しく燃える火を消そうとするかのように力強く足を踏みしめながら歩くと、一歩進むたびに後ろで火の粉が小さくまとまって飛び、炎が上がった。こんなふうに歩くことで火を支配しようとし、恐れなどないことを示そうとしているのだと、よく言われる。そのことを見物客に見せつけ、同時に重要なことだが、自分自身にも示そうとしているのだろう。私は、ずっと離れた場所から同じ火を見つめ、その迫力を体感して、どれほど恐いものかと考えざるをえなかった。来るべきものに備えようと、火渡りをする人の多くが、十字を切ったり、お守りを持ったりする。あるいは瞑想やお祈りをして頭から雑念を追い払おうとする。火渡りで歩くのはわずか数秒だが、永遠の時間に感じられる。スローモーションで動いているようで、一歩一歩を、また一つひとつの動きを認識できるような何かの流れのなかにいるようだと、火渡りをする人たちは言う。その瞬間は、この世にほかのものは何も存在しないし、ほかのことは何一つ頭に浮かばない。自分と火があるだけだ。そして、終わったら祝福が待っている。

火渡りが成功するたびに、当初の恐れと不安が安堵《あんど》と歓喜と誇りになってはじけ、友人や家族が駆け寄ってきて、火渡りをした人と背負われた人とを抱きしめた。火渡りは、経験豊富な男性から始め、背中に大人を乗せて歩く。妻や親や子どもや孫、そのほか大切にしている人たちを背負う。それから女性と経験の少ない人が続く。子どもをおぶって歩く人もいれば、一人で歩く人もいた。村の司祭も火の上を渡った。観衆は喜んで見ていた。フェルナンドという若い男性は、ガールフレンドを背負って歩くつもりでいたが、その日の数日前に別れてしまい、その夜、彼女は来なかった。フェルナンドは一人で歩くのだろうと思われていたが、順番が来ると、父親のほうを向いて手を差し出した。父親は誇りと喜びで顔を輝かせた。フェルナンドは険しい表情をしたまま火をものともせずに歩いたので、父親は満足そうに微笑んだ。[1] 息子の背に乗っていたわずかな時間が終わると、父親は背中から下り、親子で固く抱き合った。

最後の人が炭の上を渡りおえると、観衆が炭のまわりに押し寄せ、全員が混じり合った。楽隊がふたたび演奏を始め、丘を下りはじめた。すでに午前二時になっていたが、誰もが興奮していて家に帰ろうとしなかった。このあと続くパーティーは、いかにもスペイン人ならではというものだった。人々は通りに出て、夜明けまで一緒に歌い踊った。この日のためにガレージにしまっておいた樽から、ビールとワインが気前よくふるまわれた。この興奮のなかで、私たちの研究の参加者のほとんどが、心拍モニターを着けていることを忘れているようだった。

初期段階の解析結果を見るとすぐ、じつに驚くべき結果が出ていることがわかった。[2] まずデータから、火渡りのあいだ、人々の心拍パターンが不思議なぐらい同調していたことが明らかになった。これは驚異的だった。彼らはそれぞれまったく異なることをしていたのだから。全員が同じ曲に合わせ同じ動きで踊っていたのであれば、このような同調性が体に現れることは予想できる。しかし、ある特定の時間に歩いていたのはたった一人であり、ほかの人たちはそれぞれ、その場に立って自分の順番が来るのを待っているか、観客席に座っているか、火渡りを終えてあたりを動き回っているかしていた。それでも、儀式のあいだは、その日のどんな瞬間よりも同調性がはるかに顕著だった。みなで行進しているときや列になってダンスをしているときよりも明確に表れていた。

このような生理的同調性は、脳内の「ミラーニューロン系」と呼ばれる領域でよく起こるものだ。誰かがハンマーを使っているのを見ていると、自分がハンマーを使っているときに働くのと同じ脳領域が活性化される。この現象が人間の心拍にも表れているのだと考えられるだろうか。生体測定のデータだけを見ていたなら、そう思えたかもしれない。だが、社会的文脈を検討すると、重大な点が明らかになった。この感情の同調性は、誰にでも均一に起こるというわけではなかったのだ。同調は火渡りをした人たちのあいだで顕著で、見物をしていた地元の人にまでも広がっていた。対照的に、地元の人とほかの地域から来た人たちとのあいだでは、このような同調性は見られなかった。めずらしいものを見たくてほかの場所から村を訪れた大勢の人たちにとって、火渡りはただのショーにすぎなかった。いっぽう地元の人にとって、火渡りはこのうえなく重要な行事だったのだ。

こうした社会的要素は、研究参加者の社会ネットワーク（家族と友人関係の一覧）および彼らが認識している関係性の濃密さに関してマッピングを作成すると、いっそう明確になった。二人の人間の社会的距離が近いほど、儀式のあいだの高揚のパターンに高い同調性が見られることがわかった。心拍の同調性がどれくらい高いかを見るだけで、二人のあいだの社会的関係が予測できるほどだった。[3] 二人が友人や親族の場合は、高揚のパターンに顕著な同調性が見られ、統計的解析を行う前でもグラフで明らかに示されていた。私たちが研究対象として抽出した双子は、一人が火渡りをしていてもう一人が座っているときでも、ほとんど同じ心拍を示していた。地元の見物客と火渡りの参加者もかなり近い心拍だった。これに対し、関係がない見物客、つまり外部者の場合は、このような類似した傾向は何も見られなかった。これは、単に人間の脳が自動的に共感的反応を示しているのではない。根本から社会的な現象だった。

儀式によって感情が高揚することの社会的側面は、神経科学の研究でも記録されてきた。経済学者で神経科学者のポール・ザックは、クレアモント大学院大学で人間の結びつきに関する神経化学を専門に研究している。おかげで「ドクター・ラブ」というニックネームを頂戴した。南カリフォルニアにある自身の実験室で共同研究者とともに行った研究では、人が信頼と信用を示しているときは（たとえば、見返りがあることを期待して誰かにお金を渡すなど）、脳から分泌されるオキシトシンの量が増えていることを明らかにした。オキシトシンは、社会的な結びつきに重要な役割を果たす神経ホルモンであり、出産や授乳の際に大量に分泌され、母親が落ち着いて子どもに愛情を注げる状態をつくりだすことにより、母親が子どもと絆を深めるのを助ける。性交渉中にも分泌され、快楽を促進すると同時に、カップルの共感と愛情を深め、絆の形成を促す。

ザックの研究チームが研究対象者に鼻腔《びくう》用スプレーでオキシトシンを投与すると、投与前に比較して対象者は、ほかの人に対する信頼が高まり、気前がよくなった。オキシトシンを投与されたカップルは、アイコンタクトをかわすことが多くなり、相手に対する同意をひんぱんに示し、互いの存在を心強いと感じるようになった。こうした効果を実験室で立証すると、ザックは実際の場面でどの程度当てはまるかを探りたくなった。その機会は、結婚式の招待状というかたちでやってきた。

リンダ・ゲッデスはイギリスのサイエンス・ライターで、妊娠と育児に関する著作でよく知られている。恋愛関係にあるパートナーどうしの絆や両親と子どもとの絆に対するオキシトシンの影響に関する記事を発表してきた。その過程で、「抱擁分子」と自身が名づけた物質が、結婚式などの感情を揺さぶるような文化的慣習のなかで果たす役割について考えるようになった。当時、そうしたことに関する研究結果はなかったため、みずから志願してモルモットになろうと決めた。とすれば、自分の結婚式が最良の機会ではないか。

ゲッデスは、自身がこれまで何年も紹介してきた研究論文の著者であるザックに連絡をとり、結婚式の出席者から血液サンプルを採取することに関心はないかと問い合わせた。もちろん、ザックは血液の採取に興味があった。彼の一連の研究は「吸血鬼の経済学」とたびたび言われていたのだ。スーツと遠心分離機、ドライアイス用の重い装備、大量の注射器と採血チューブ、それに絆創膏を詰め（ポール・ザックならスーツケースの中身はたいていこんなものだ）、イギリスのデヴォンに向けて飛び立った。結婚式に出席していた友人と親族とから横断的に、血液サンプルを二回にわたって採取した。一回目は式が始まる前、二回目は結婚の誓いの言葉をかわした直後だった。これで、感情に強く訴える儀式がオキシトシン値に与える影響を計測できる。

血液検査の結果が返ってくると、ザックの予想どおりだったことが裏づけられた。結婚式でオキシトシン値は急上昇するが、上昇のしかたは人によって異なっていた。スペインの火渡りに関する私たちの研究と同じく、オキシトシン値は社会的な関係に基づいて予測できた。花嫁がもっとも上昇が激しく、次に新郎新婦の両親、花婿、それから親しい友人と親族が続き、上昇がもっともゆるやかだったのは、それほど親密ではない友人だった。ザックによれば、「オキシトシンの増加は、式に対する思い入れの強さに正比例していた」という。[4] このような結果が出たことは、結婚式がはるか昔から行われてきた儀式である理由を示しているのではないだろうか。夫婦とそれぞれの義理の家族、新しくできた親戚とを結びつけ、象徴的な意味だけでなくまさに分子のレベルで親族の絆をつくる。デュルケムが集合的沸騰について理論を打ち立てたときにすでに指摘しているが、集合的沸騰の機能は「単に感情をかき立てるだけでなく、感情を共有する人たちをさらに親密で力強い関係へと導く」ことにあるのだ。[5]

私がデータを見せると、サン・ペドロの人たちは興味をかき立てられた様子でもあり、驚いてもいた。火渡りの儀式の翌日、私は火渡りに参加した人たちに、儀式のそれぞれの時間帯にどの程度感情が高揚していたかを予測するよう頼んでおいた。例外なく全員が、火の上を歩いているときがその日でいちばん落ち着いていたと断言した。しかも何人かは、データにそれが表れているはずだから、金を賭けてもよいと申し出た。私はすでにデータに目を通していたので、賭けに乗るのはフェアでなかった。火渡りの最中は全員が極度に高揚していたのがわかっていたからだ。踊ったり、行列になって丘を駆け足で登ったりした活動と比較しても、高揚していた。心拍数が一分間に二〇〇を超えていることも多かった。多くの人にとって、これほどの高揚は医学的に推奨できるレベルではない。火渡りは、心臓発作を起こしかねないほどのストレスになるのだ。

ここで興味深い疑問が湧いてくる。心拍数が毎分二〇〇を超えているのに、このうえなく落ち着いていると感じる（より正確には「記憶している」）個人的体験とは、いったいどういうものなのだろう？　真実は、私たちにはわからない。それでも、生理学（体の内部の作用）と現象学（自身が実際に経験したこと）との明確な乖離は、一つの手法だけに頼ると全体像を見失うということを示している。複数の手法を組み合わせて用いなければ、このような疑問を認識することさえできない。さまざまな手法がすべて同じ結論を指し示していれば、研究結果にもっと確信がもてるだろう。同じ結論に達しない場合は、さらに興味深い疑問を新たに投げかければよい。このようにして科学的知識が進歩していくのだ。

いっぽう、同調性のデータは、サン・ペドロの人々にとって完全に筋が通ったものだった。数か月後にデータの第一段階の解析結果が出ると、私は単純な線を引いたグラフにして人々に見せた。グラフ上でその人たちの心拍は、自分の大切な人が火渡りの儀式のあいだに記録した心拍とよくそろっていた。人々は、グラフを見ながら、納得するようにうなずいていた。多くの人が、このグラフが意味するところを表現するのに「共鳴（resonancia）」という言葉を使った。これは興味深いことだった。この言葉は、私たちが生体測定データの解析をするにあたって助言を求めた物理学者のチームが使っていた用語と同じだったからだ。火渡りに参加した一人は、グラフを指しながら言った。「あの儀式で体験する感情を表現するのは難しいと言っただろう。これこそがその気持ちなんだ。胸の鼓動が一つになるんだ」

私の人類学研究の多くは、火渡りの儀式に焦点をあてている。さまざまな背景の火渡りの儀式を調査し、ギリシャのアナステナリアの火渡りの儀式で博士論文を執筆した。[6] このテーマで何年も講義をしているが、いつも聴講者が初めに聞いてくる質問の一つが「あなた自身、火渡りをしたことがあるのですか」というものだ。この質問をきっかけに、研究対象だった特定の状況のなかでは自分で火渡りをするという選択肢があまりなかった、ということについて、その理由を長々と説明することになる。ただし、選択肢がなかったのは、二〇〇九年にモーリシャス島でフィールドワークを始めるまでのことだった。

モーリシャスに到着すると、私とパートナー（現在の妻）は、ポワント・オー・ピマンという海岸沿いの村にアパートを借りた。近くの海岸には、コンクリートブロックと波型のブリキシートでできたヒンドゥー教の寺院が建っていて、その上に夕日が沈むのがアパートの窓から見えた。寺院は、正式名称をマハー・カリ・マタ・マンディールといい、母なる女神カリに捧げられた神聖な場所「カリマイ」だった［マハーは「偉大な」、マタは「母」、マンディールは「寺院」の意］。中心にあるのは勇ましい神の像だ。四本の手で三叉《さんさ》の槍《やり》、血染めの刀、切り落とされた首、そして頭蓋骨でつくった鉢を持ち、切り落とされた首から流れる血を鉢で受け止めている。モーリシャスに着いた最初の数か月間、私は一日の大半の時間をこの寺院の周辺で過ごした。午前中は、向かいにある小さな食堂で紅茶をすすりながら、熱心な信者が祈りを捧げお供えをするため寺院に入っていくのを観察していた。一日を通じ、寺院はインタビューする人をつかまえるのに絶好の場所だった。このあたりでは、重要な意義がある活動が行われている唯一の場だったからだ。夕方になると、寺院のさまざまな行事に出席し、それらの行事についてより具体的な質問をする機会ができた。

　母なる女神を祀《まつ》るほかの寺院と同じく、マハー・カリ・マタ・マンディールでも、「ティミティ」と呼ばれる火渡りの儀式を毎年開催していた。この儀式はインド最南端の州、タミルナドゥで二千年以上にわたって続いてきた。こんにちでは、世界各地のヒンドゥー教徒社会の多くで行われている。言い伝えによると、ドラウパディーという若い女性の物語と関係があるという。ドラウパディーはカリの化身だと一般に考えられている。いけにえを燃やす火から生まれた王族の娘で、比類なき美貌と魅力に恵まれた、強くたくましい女性だった。ところが、運は彼女に味方しなかった。恐るべき行き違いのすえ、パーンドゥ王の息子、パーンダヴァ兄弟の五人全員と結婚するはめになった。やがてパーンダヴァ兄弟のいとこにあたるカウラヴァ兄弟が王位を要求し、ドラウパディーは王位継承戦争に巻き込まれ、次々と苦難に遭遇する。五人の息子を殺され、さらに、パーンダヴァ兄弟がサイコロのゲームで負けてドラウパディーを譲ることになったため、ドラウパディーは連れ去られていき、数々の屈辱を受け純潔を奪われそうになる。そして、夫たちがカウラヴァ兄弟を打ち倒すのを助けたあと、ドラウパディーは「火の審判」を受ける。純潔と忠誠を証明するため、炎の中を歩いていき、無傷で現れた。こうして、ドラウパディーの物語を後世に伝えるため、ティミティの儀式が生まれた。ティミティに参加する人は、ドラウパディーと同じように数々の苦難を体験し、最後に火の審判を受ける。ドラウパディーが、燃える炭を花に変えて炎から守ってくれると言われている。

儀式の日が近づくと、私はほとんどの時間を費やして、儀式の準備を観察し寺院の担当者や信者と話をした。ある朝、そばの木立で女性にインタビューしていると、寺院の前で何人かの男性が熱心に話し合いをしているのに気づいた。ときおり私のほうを見ている。やがて、寺院で祭式の監督官をしているプラカーシュが立ち上がり、近くへ来るよう手招きした。私は近づいていった。

「ディミトリス」と、あらたまって言った。「考えていたんだが、きみが私たちの村に来てから、どれくらいたつかな?」

「二か月になります」

「そして、私たちと一緒に過ごし、食事をともにして、お祈りに出ている」

「はい」と言ったものの、この会話がどこへ向かうのかよくわからなかった。

「きみは、もう私たちの仲間だ」プラカーシュはきっぱりと言った。

これを聞いて名誉だとは思ったが、ただお世辞を言うために私を呼んだのでないことは確かだ。

「まあ、この土地の人みたいなふりをしようとは思いませんけど。ここでの生活やしきたりについて、みなさんから教えてもらいたいんです」

プラカーシュは本題に切り込んだ。「そういうことなら」と言った。「火渡りもやらなきゃね」

スペインでは、火渡りはサン・ペドロの村人の子孫であることを示すものであり、地元の人と血縁があると申し立てられる人だけが誇りをもって行う儀式だった。したがって、よそ者が参加することは許されなかった。ギリシャでも、アナステナリアの祭りでの火渡りの儀式は世代から世代へと受け継がれていく。そのため伝統的に、儀式の起源がある地域、つまり現在のブルガリアに祖先をもつ人だけが行ってきた。[7] 数十年前から、それ以外の出自の者も参加を認められてきたが、細かい検討を重ねつつゆっくりと変わっていったのであり、その過程では、長老たちによる念入りな審査が行われていた。祭りに参加するアナステナリになるには、啓示を受けたという個人的な経験がなければならない。たいてい啓示は夢か幻視のかたちで現れ、啓示そこで精神の変容が起こり、聖人と個人的な関係を結ぶ。私自身は、こういったことを経験していなかった。しかも、アナステナリになるのは、一生続く責務だった。だから、もし私が火渡りをしてそのあと毎年かならず戻ってくることができなかったら、村の人たちは失望し裏切られたと感じるだろう。ひとことで言えば、私はプラカーシュから火渡りの誘いを受けるとは、思ってもいなかったのだ。

私は一瞬プラカーシュを見つめ、この場の感触をつかもうとした。彼はそれまで気軽な口調で話していたが、いまはうなずいていて、本気で言っているのだと伝えていた。誰もが私に目を向けていた。

私は丁重に招待を断った。たいへんな名誉ではあるが、「これはあなたたちの伝統だ」と説明した。私はモーリシャス人でもヒンドゥー教徒でもない。外国から来た人類学者で、ここで研究をしているだけだ。だから、私にとっては、この村で初めて目にする儀式を観察し記録することが重要だった。

「オーケー」プラカーシュは楽しそうに言った。「神が望むなら、きみはそうするのがいい」

「信じてほしい、プラカーシュ。神様は、私が火の上を歩くことをお望みではない」と私は答えた。

ティミティの日は、早朝からあわただしかった。夜明けとともに、火渡りをする人とその家族は、祈りとお清めの儀式を行うため、近くのトリオレの町に集まってきた。伝統的な装いをしていて、女性は長いサリー、男性はドーティと呼ばれる民族衣装で、だいたいが明るい黄色だ。多くの人が、花と女神に供える食べ物を載せた銀の皿を持っている。数時間後、集まった人たちは行列をつくって村の中央通りを四キロほど練り歩き、海岸沿いに建つ寺院に到着した。私はかたわらを歩きながら、観察を行い写真に収め、気づいたことをボイスレコーダーで記録した。行列は何時間も続き、その間、信者たちは焼けるようなアスファルトの道をはだしで歩き、十字路に来るたびに、いったん歩みを止めダンスを踊った。多くの人が恍惚となっているようで、苦悶《くもん》の叫び声をあげながら、太鼓と笛の音に合わせ体を揺らしながらくるくると回った。寺院に着いたとき、私は熱帯の陽ざしのせいで、すでに消耗し脱水状態になっているのを感じていた。寺院の前にあらかじめ掘ってあった浅い窪《くぼ》みには燃える炭がいっぱいに置かれ火床になっていて、その周囲にはロープが張られ、立ち入りができなくなっていた。火渡りをする人と観客を分けるためで、劇場で舞台と観客席が分かれているのと似ている。火床の前にみなが集まってくる。私にもその緊張が伝わってくるようだった。

私は、一人ずつ火の上を歩くのを注意深く見守った。初めに火の上を歩いたのは寺院の聖職者で、次にプラカーシュとそのほかの寺院の職員が続いた。そのあとで、ほかの人たちが歩いた。火渡りを至近距離から観察し撮影するため、私はロープで囲った内側に入ることが許されていた。一歩踏み出すたび炭から火花が飛ぶのに感動し、カメラに収めようと試みた。途中で主催者の一人が、もっといい写真が撮れるから火のそばに寄るようにと勧めてくれた。たしかによい場所だった。私は膝をついて撮影を始めた。男性も女性も、子どもまでが参加し、歩くたびに観客から「オム・シャクティ」と唱える声があがった。聖なる母への祈りだった。

やがて、九歳か一〇歳ぐらいと思われる少女が列に並んでいるのに気づいた。とても緊張していて、ずっと両親のほうばかりを見ている。両親は娘を勇気づけようとしていた。その子は、火に立ち向かう順番が来ると、凍りついたように立ちすくんでしまった。恐怖に襲われたようだった。しかし、この期に及んで引き返すという選択肢はない。女神に対する冒涜《ぼうとく》になるからだ。一人の男が少女の腕をつかみ引っぱっていこうとした。少女は抵抗して泣き出し、その男を蹴りながら叫び声をあげた。プラカーシュが助けにきた。手を振って男に離れるよう合図し、少女の耳元で何かささやいた。それから少女を腕に抱え上げ、そのまま自分が火の上を歩いた。少女が泣き止むまでにしばらくかかったが、両親は安堵したようだった。周囲の人たちはこの件をあまり気にしていないように見受けられた。ほどなくして、さらに何人もの子どもが出てきた。なかには幼児までいたが、抱きかかえられて火の上を渡った。私は人々の表情に引きつけられた。怯《おび》えた様子や決然とした顔つき、苦痛から歓喜までさまざまだった。こうした感情をカメラで捉えようとした。全神経を集中してレンズに向かいすっかり夢中になっていたので、まわりでちょっとした陰謀が進行していたことにまったく気づかなかった。

しばらくして、誰かに肩をたたかれたのを感じた。レンズから目を離して顔を上げた。プラカーシュが立ち上がるよう合図していた。私は言われたとおり立ち上がり、彼を見て指示を待った。「あっちを向くんだ」と言われた。そのとおりにするととつぜん、火床の前に立っていて、村じゅうの人たちに見つめられていることに気づいた。プラカーシュはにっこり笑って言った。「これで、火がどんなものかわかるだろう」。こうなると、何も言えず何もできない。断れば、私を受け入れてくれた人たちを侮辱することになり、村人全員の前で面目を失う。そして儀式を妨害することにもなるだろう。これから火渡りをする人たちが、すでに私の後ろで列をつくり順番を待っていたのだ。私に残されていたのは「カメラを持っててください」と言う時間だけだった。

思いがけない驚きだったが、利点もあった。同じような儀式の場にいた人の心拍を調べたので、心拍数は歩き出す前に最高に達する傾向があるとわかっていた。しかし、私の場合は予期せず火渡りをすることになったので、緊張しながら待つという時間がなかった。心拍モニターがあればどう反応しただろうか。おそらく、スペインの火渡りの参加者のように、自分では意識しないまま、興奮が極限まで達していたのだろう。だから、数秒間が数分のように感じられるのかもしれない。時間がゆっくりと這うように流れていく。私は集中力を高めた。最初の一歩で、熱の激しさがすっかりわかった。別の火渡りで炭の温度を測ったことがあり、摂氏四〇〇度から八〇〇度になると知っていた。それでも、これほど熱い表面を実際に歩くとどう感じるのかは想像できなかった。

歩いてみると、ある一歩でとくに苦痛を感じ、とっさに、水ぶくれになるだろうと思ったが、何とか痛いそぶりを見せずにすんだ。というか、あとでまわりの人にそう言われた。その前に、ほかの人の足元で炎が上がるのを見ていたので、同じことが自分の足元で起きたのではないかと思い、下を見ないようにした。見物客のほうを向いたままでいたが、とくに誰かを見ていたというわけではなかった。サン・ペドロの人たちが言っていたとおり、異常に覚醒した状態でありながら、同時に何もかもがただぼんやりとしていた。すべてが終わると、見物していた人たちが歓声をあげ、私は興奮が湧き上がってくるのを感じた。誇らしい気持ちにもなった。まるで、自分自身の意思で火渡りをすることを選んだかのように。

行事が終わると、大勢の人が私のところにやってきて質問した。どんな体験だったか。どんな気持ちがしたか。どうしてやろうと思ったのか。私が自分のインタビューでいつもする質問と同じだった。私は正直に答えた。「じつは火渡りをする予定はなかった。やってみるよう説得したのは村の人たちのほうだ」と説明した。しかし、体験してみると感動し、うっとりするほどだった。アドレナリンが体じゅうを駆けめぐるのがわかり、強い幸福感から来るエネルギーが今日一日、そしてそのあとも続くような気がした。このときの経験をあとで思い起こし、一瞬のあいだの行動がこれほど強烈で長く続く感情を生んだことに驚いた。

私の経験は、地元の人々の経験とはもちろん異なっていたが、火渡りに参加して、同じような儀式で生じる強い感情がどんなものか、多少なりとも捉えることができた。火渡りをする人は儀式のなかで、恐怖と誇りと興奮と歓喜をジェットコースターのように次々と経験する。このことは、私が話を聞く人たちがたびたび口にする、唯一無二の経験をつくりだす鍵になっている。私は外部者として参加したにすぎないが、表面的ではあっても、結びつきを生む効果を少し味わえた。それは私にとって、調査のために来た社会で受け入れられたことを意味した。地元の人にとっては、たとえ火渡りであっても私は村の人と同じことをするのだ、と示されたことになる。この日から、私はそれまで以上に村の人たちと親しくなった。事実、あれから何年もたったが、まだあの村の多くの人たちと連絡をとっている。モーリシャスに行くと、別の地域で調査を行う場合でも、かならず彼らを訪ねていく。私のような外部者であってもこれほどの影響力があったのだから、その社会にずっと属している人たちにとっては、どれほどの効力があることだろう。

火渡りを経験したことで、私はサン・ペドロで行った別の調査を思い出した。火渡りをした人がそのときのことをどのように記憶しているかを検証したものだ。[8]その調査では、誰もが儀式について鮮明に覚えているが、細部の記憶になるとあいまいである、ということが明らかになっていた。中心となる出来事、つまり自分自身の火渡りについては覚えていて、そのときにどう感じたかも記憶していた。その瞬間の興奮や熱狂や恐怖については話してくれた。ある若い男性は「とても強烈な感情だ。恐いけど神々しい気持ちになる」と言った。別の男性は「すごく興奮して宙に浮いているみたいだった」と言った。ところが、そうした感情以外のことはほとんど思い出せないのだ。儀式中の細かいこと、たとえば隣に誰が座っていたか、誰と話をしたか、火渡りのあとでどこへ行ったか、などを質問しても、何も思い出せなかった。私と話したことを覚えている人もいなかった。「たしか……あなたは夕べあそこにいなかったんじゃないか?」多くの人がそう言った。実際は、私はずっとこの人たちと向き合っていた。明るい黄色のシャツを着て、一人ひとりに近づいていって質問をしたのだった。

このように認識が狭い範囲に限られている状態は、心理学者のミハイ・チクセントミハイが「フロー」と呼んだ現象に似ている。ある行為に完全に没頭し、周辺の細かいことはすべてフィルターで除去されるという心理状態を指す。だから私たちは無条件で特定の経験に没頭できるようになる。[9] こうした「最適な」経験は、よく「自己目的的な」と呼ばれ、外部からの動機づけや正当化を必要としない。行為そのものが目的化する。こうした経験に共通しているのは、時間の感覚がなくなることで、完全に目の前の瞬間に集中しているあまり、ほかのことはどうでもいいという気持ちになり、同時に力が湧いてきていとも簡単にできるような感覚になる。ちょうど水の流れに運ばれているような感覚であり、そのため「フロー」という用語が当てはまるのだ。没頭するという超越的な感覚は、人間が行う活動のなかでもとくに有意義な活動の中核をなすものである。

チクセントミハイは、フローは「沸騰」と関連している可能性を示唆している。しかし、沸騰にはフロー以上のものがある。フローは集団的な場面でも経験できるが、おもに個人として経験する現象だ。戦闘機のパイロットやスポーツ選手、チェスのプレイヤー、音楽家などのアーティストらの多くが、フローとは、行為にすっかり没頭して自分自身と行為との区別がつかなくなる状態だと言う。工芸や趣味、性的経験、運動などをしているときにも、同じような状態を経験する人は多い。私たちの人生でまたとない有意義な瞬間というのは、フローが起きる活動をしているときだ。そして、そうした感覚を呼び起こすような儀式的経験には、一人で行うものがじつにさまざまある。祈りや瞑想、それにマントラを唱えるような反復して行う行為、マンダラをつくることなどがある。これらの経験とほかの超越的な経験とに共通しているのは、自分自身が解体されてしまうほど、自己という感覚を抑制することだ。自己は行為のなかに失われ、このうえない幸福感を経験する。さらに、多くの事例から明らかに示されているとおり、フローの状態は必ずしも感情の高揚をともなわない。

対照的に一部の集団儀式は、より高い高揚をともなった異なる経験をつくりだす。集団儀式は、感情面、生理面での強い高揚を引き起こし、さらに重要なこととして、その高揚が参加者のあいだで共有されるのだ。その結果、感情が共有され、各個人の経験がほかの人の経験によって影響を受け増幅されるという力学が生まれる。ちょうど、何千もの水流が流れ込んで川を形成し、それまでのどんな水流よりも速く力強い流れをつくるのと似ている。この相互作用的なフローが存在すると、自己の感覚が拡張され、その人は、集団と一つになるという超越的な経験をすることになる。

デュルケムは、集合的沸騰は、同時に起きる高揚という性質が発現したものであり、個々の部分を足し合わせたよりはるかに大きなものになると考えた。そして、デュルケムの考えでは、各部分を定義するのが全体であり、その逆ではなかった。孤独な神秘主義者は、自己のなかに神を見つけようとするが、集団儀式では、参加者は集団のなかに自己を見いだし、集団と一体化したなかで超越を経験する。参加者は集団の構成員と行為や感情を共有しながら強い結びつきを感じ、やがては「私」と「私たち」の境界がわからなくなる。私の情報提供者が「何千人もの人がいたけど、一つのように感じた」と言ったのと同じだ。これこそがまさに熱狂的な興奮であり、集団としての目的意識と意味が生まれ、一人ひとりが同じ経験を追体験しようと思うようになる。[10]

デュルケムは、原初的な人間社会における集合的沸騰の根源的な重要性を強調する。感情をかき立てる儀式を行うため定期的に集まることで、その社会の構成員は集団としての明確なアイデンティティを形成する。このことをデュルケムは「集合意識」と呼んだ。一つになって行動し感じることで、集団の構成員は一体となって考えるようになる。この経験は強烈であるため、神聖なものだと感じる。だからデュルケムは、宗教自体が、こうした集団儀式が引き起こす独特の感情から生まれたと考えた。

二〇一六年一月、アリーヤ・アームストロングとベンジャミン・アームストロングがニュージーランドで開いた結婚披露宴のビデオがYouTubeで拡散され、数時間のあいだに二千万回のアクセスがあった。三分ほどのビデオクリップでは、大勢の出席者が、ハカというマオリ族の伝統儀式で行う舞踊を踊っていた。ハカは、全身を使う集団舞踊で、胸や腿をたたいたり足で地面を踏み鳴らしたりする力強い動きをそろって見せ、さらに威嚇するようなポーズをとったり一定のリズムを刻みながら大声で叫んだりすることもある。ハカがうまく踊れると、「イヒ」が放出されると言われている。イヒは、髪が逆立つような高揚した感覚で、踊っている人も見ている人も同じように経験する。

結婚披露宴でのハカは、カップルが受け継いでいるポリネシアの伝統を称えようと、花婿の付添人代表が企画したものだった。ビデオでは、新郎の兄が花婿付添人と花嫁付添人を先導して踊りを披露し、新郎新婦が感激して泣いているのがわかる。まもなく、新郎新婦と招待客の多くが踊りに加わった。踊りが終わったとき、参加した人たちは汗をかき息を切らせ、体を激しく動かしたため疲労していたが、深く感動し互いに愛情をこめて抱き合い、この儀式で絆を高める効果があったことを表していた。

このビデオを見たあとで、ハカは一般に戦勝祈願の踊りとして演じられ、踊る人に闘争心を植えつけ、戦いを前に敵を威嚇するためのものだと聞くと、驚くかもしれない。いまでもニュージーランドの軍には、戦時ではなくてもハカを踊る部隊がある。もっと有名なのはおそらく、ラグビーのニュージーランド代表チーム、オールブラックスだろう。試合が始まる前にかならず、相手チームに力を見せつけ挑発するようにハカを踊る。私は、ニュージーランドを訪れたとき、あるイベントに出席した。そのとき、マオリ族のグループがそろって踊り、私も含めた観客のほうを向いて、威嚇するような顔つきで胸をたたき足を踏み鳴らし叫び声をとどろかせた。ただし、このときは戦勝を祈る踊りではなかった。ハカは、敵に闘争心を伝えるためだけでなく、友を歓待する気持ちを表現するために踊ることもあるのだ。さまざまな機会で、賓客に敬意を表するため、大切な出来事を記念するため、あるいは訪問者を歓迎するために踊る。

マオリ族の伝統に見られるこの二面性は、特殊なものではない。「ホサ」は、イラク南部のシーア派イスラム教徒の部族が行う戦勝祈願の踊りだ。いっせいに行う動きとかけ声が入る踊りで、高揚感を生み、これから敵に向かおうとする戦士を鼓舞する効用があると言われている。しかし、同じ儀式が、結婚式や重要な祝日などの晴れの行事でも行われる。サダム・フセインがこれらの部族が住む地域を訪問したとき、部族の人たちはフセインを称えてホサを踊った。同じ儀式であるのに、人々を感動させる場合があれば、相手に対する敵対心をあおる場合もあるのはどうしてだろう?

集団儀式は、人々を興奮させ高揚感を引き起こし、個々人をまとまりのある集団へと結びつける強力な社会的テクノロジーである。集団儀式を通じて人々が鼓舞された結果、神話や宗教が生まれたり、意義があることを追求したりするようになることさえある。しかし、ほかのあらゆるテクノロジーと同じく、使いようによっては、よくも悪くもなりうる。集団儀式による沸騰のすばらしい側面ばかりを語り、分断や差別や憎悪を助長する可能性について認識しないというのは、怠慢だろう。感情を揺さぶる儀式はしばしば、イデオロギーに染まり、狂信的言動を生み外部者に対する敵意を植えつける。ナチのパレードや国粋主義者の行進、妄執的な信者の集会、サッカーのフーリガンなどに見られる沸騰の性質を思い起こせば十分だろう。この熱狂に、人はたびたび暗黒の小路へと誘い込まれる。

私は十代の終わりに、友人とサッカーの試合を見にアテネに旅をした。早く着いたのでそのあたりを探検してみようということになった。二、三時間歩き回っているうち、私はいきなり、後ろから頭を殴られた。何が起こったかもわからないうちに、気がつくと地面に倒れていて、連中が襲いかかってきた。あちこちから殴られ蹴られ、しかも一人はこん棒を使っていた。ただ脅そうとしたのではない。とことん痛めつけようとしていた。私は頭をかばいながら、ナイフを突き出されるのではないかと恐れた。この状況だと刺されてもおかしくない。誰もひと言もしゃべらなかった。何も言う必要はなかったのだ。すぐに、襲われたわけがわかった。私のスカーフの色が気に食わなかったようだ。彼らはライバルチームのファンだった。その夜の対戦相手でもなかったが、それでも血を求めて通りをうろつき回っていたのである。

救いの手は思わぬかたちで差しのべられた。まったくの偶然で、別のファンの一団が近づいてきた——今度は我々と同じチームのサポーターの恰好《かっこう》をしていた。私の友人が走っていき、助けを求めた。数で負けてしまった襲撃グループは逃げていった。最後に覚えているのは、私の仲間から石やビール瓶を投げつけられた連中が通りを追われていく姿だった。

こうした場面は世界各地でおなじみだ。スポーツファンのなかには、応援するチームに入れあげるあまり、チームのためだと思って、自分の命を危険にさらしたり他人の命を脅かしたりする者がいる。ライバルチームのファンとの衝突は、スタジアムの中でも外でもたびたび起こる。ファンの集団が遠くまで、ときには外国までも遠征して、相手チームのファンと街で争いを起こすこともあるのはよく知られている。対戦相手のファンを素手で殴り、発炎筒や石やこん棒、はては銃器まで使って襲う。二〇一九年、セルビアのサッカーチーム、パルチザンのファンクラブの会長が、ベオグラードの中心街で射殺された。あたかも現代の部族闘争のようだった。彼は、パルチザンとフランスのトゥールーズとの試合を見にきたフランスチームのファンを残忍なやり口で殺害したため服役し、少し前に出所したばかりだった。射殺されたのは復《ふく》讐《しゅう》だったようだ。
スポーツのファンの世界は、多くの点で、宗教や国家主義やそのほかのイデオロギーの表現と似ていなくもない。このような文脈では、多くの人が親や仲間の嗜好にならう。あるいはその地域で人気があるチームをひたすら応援する。しかし、たまたま好みだったからとか、単に伝統にしたがったまで、といった理由で始まったことでも、激しい思い込みをともなった深いかかわりへと変わっていく場合がある。スタジアムや宗教施設や政治集会で行われる、沸騰現象を起こす儀式は、こうした変容を起こす触媒として働く。
事実、私たちがアメリカで行った調査によると、スタジアムで観戦しているスポーツファンのあいだでは、テレビで試合を見ている人たちより心拍が同調し、感情が同じような反応を示していることが、明らかになった。スタジアムで観戦している人たちは、より意義深く変革的な経験ができ、ファンとしての自分のアイデンティティが形づくられ、熱心なファンになったことを仲間に伝えられた、と報告している。実際に参加することでこのような団結の効果が生まれたのは、その人個人が覚醒したからではなく、試合そのものの効用によるものでもない。それよりも、集団のなかで感情の高ぶりが身体的に共有された度合いに関連しているのだ。[11]
もちろん、サッカーに熱狂的な人気がある理由は、ほかにもいろいろあるだろう。それでも、一部のファンがライバルチームのファンに対して、生かしておくことができない敵だと考えるほど極端な思い込みをするようになるのは、観客席で繰り広げられる集団儀式があってこそだ。ソファでゴロゴロしているフーリガンなど、けっして存在しない。儀式の力は、制御できなくなったとき、すさまじいものになる。

とはいうものの、行動学上の根拠を検証しないうちは、結論を導くのは時期尚早だろう。私は過激な儀式の社会的効果、つまり、儀式に参加する人たちの絆を高める作用について知りたくて、こうした儀式の研究を始めた。人類学的考察でも心理学的調査でも、また生物学的測定や神経科学のデータでも、過激な儀式によって参加者のあいだに共通して意識の高揚が見られ一体感が生まれる、という点は一致している。さらに、私自身が儀式に参加して、感情面でのインパクトを垣間見ることができた。しかし、こうした効果が実際に社会の連帯を高めるのかどうかについては、私の個人的な直感以外に、具体的な根拠はまだなかった。過激な儀式には、ほんとうに人々の行動を変える力があるのだろうか？　そして、どうすればそれがわかるのだろう？

第6章

強力接着剤

ブラジルのアマゾン熱帯雨林の奥地で、サテレ・マウェ族の少年たちが落ち着かない様子で成人になるための儀式を待っている。長老たちがヤシの葉と鳥の羽でできた手袋を準備する。少年たちが立ち向かおうとしている試練は、手袋を数分間つけていることだ。だが、言うほどたやすくはない。この数時間前、一〇〇匹のサシハリアリが森で採集され、竹筒に入れられて村まで運ばれていた。この巨大なアリには、はさみのような特大のアゴがあり、簡単に人間の皮膚に嚙《か》みつくことができる。しかし、サシハリアリのほんとうに恐い部分は、アゴの反対側だ。毒針から、麻痺《まひ》作用がある神経毒が出るのだ。どんな昆虫に刺されたときよりも痛い、と言われている。昆虫学者のジャスティン・O・シュミットは、みずからをあらゆる昆虫の攻撃にさらし、「シュミット刺突疼痛指数」を編み出した。サシハリアリに刺されるのは「かかとに三インチ〔約七・六センチ〕の釘を打ち込まれたまま、燃えさかる炭の上を歩いている」ようだと述べている。[1] 一度刺されただけでも銃で撃たれたようだと言う者もいる（これがアリの名前〔bullet ant〕の由来になった）。

恐るべき昆虫を扱うため、呪術医が、カシューの木の葉を細かく砕いて煎じた液の中にアリを浸し、一時的に麻痺させる。そのあと、アリが逃げないように、針を内側に向けて手袋の中に縫い込む。アリが麻痺状態から覚醒したら、呪術医が煙を吹きかけ興奮させる。儀式を受けるイニシエートたちが手袋に手を入れると、興奮したアリが嚙みつき、そして刺す。

たちまちすさまじい痛みに襲われる。毒で患部は腫れあがり麻痺する。少年たちは汗をかき、こらえきれずに体を震わせる。呪術医が次のイニシエートに手袋を回すまで、何百回も刺される。少年たちの気をそらそうと、長老たちがダンスに誘うが、時間とともに悪化するいっぽうだ。通過儀礼を受けた少年たちは熱を出し幻覚に襲われる。患部は水ぶくれになり、焼けつくような痛みが波のように押し寄せてくる。ベネズエラでは、このアリは「オルミガ・ベインティクワトロ（hormiga veinticuatro［24時間アリ］）」と呼ばれているが、刺されると苦痛が二四時間続くことを暗示している。あまりにも耐えがたく、痛みから逃れるため手を切り落としてくれと請《こ》う少年もいるという。しかし、これは試練のほんの始まりにすぎない。戦士になるには、この儀式を一回だけでなく、二〇回も受けなくてはならない。

サシハリアリの通過儀礼は極端な例だと思われるかもしれない。しかし、サテレ・マウェ族だけではない。民族誌学研究では、強い緊張や痛みをともなった苦難の儀式が数多く記録されており、「恐怖の儀式」と呼ばれてきた。[2] 人類学者というものは、だいたいにおいて意見が一致するということがない。だからなおのこと、過激な慣習が社会秩序を保つ一助になっているという見解に対し、めったに異論が唱えられないのは驚くべきことだ。もっとも、この点について意見が一致しているいっぽうで、この見解を立証するための研究は最近まであまり行われてこなかった。関心がなかったからではない。これまで見てきたとおり、集団儀式、とくに過激な集団儀式を調査するのは容易ではない。だから驚くことではないが、初期のころは、過激な儀式の効果を科学的に計測する試みは実験室の中でのみ行われていた。

一九五九年、社会心理学者のエリオット・アロンソンとジャドソン・ミルズは、スタンフォード大学の女子学生を六三人集め、性の心理学に関する読書会に加わるよう呼びかけた。[3] この読書会のメンバーになるには、まず「羞恥心テスト」を受けなくてはならない。参加者には、テストの目的は、読書会で話し合うセンシティブな話題に落ち着いて対応できるかを確認するためだと伝えられた。じつのところ、このテストはある種の通過儀礼としての役割をもっていた。テストの課題は、学生のグループの前で朗読をするというものだった。女子学生を無作為にグループ分けし、何人かが「軽度の羞恥心」というテストに割りあてられた。性に関する単語のリストを読み上げるのだが、このグループのリストにあったのは、「処女」「売春婦」「ペッティング」といった言葉で、多くの人にとって、きまり悪くなるものではない。別の学生は「強度の羞恥心」に割りあてられた。「ファック」や「ペニス」といった下卑た言葉、また性行為をあからさまに描写するポルノ的なストーリーがリストに含まれていた。課題が終わると、調査の参加者は読書会での討論を録音したものを聞いた。討論は、恐ろしく退屈になるようあらかじめ計画されていた。さえない出席者たちが、鳥の二次交配の特性についてつまらない議論を長々としていた。討論は無味乾燥な言葉であふれ、出席者たちは長い間をとりながら同じ話を繰り返し、間違ったことやつじつまが合わないことを言った。アロンソンとミルズの言葉を借りれば「想像できるかぎりもっとも価値がなくつまらない討論」だった。

討論のあと、実験の参加者は、この読書会と出席者について採点するよう求められた。採点は、この討論はどの程度興味深かったか、討論の出席者はどの程度聡明で魅力的だったか、といった点について行われた。その結果、軽度のテストを行ったグループによる採点では、テストを受けずに討論を聞いた対照群との違いが見られなかった。しかし強度のテストを行ったグループは、討論に対しても出席者に対しても、より好意的な見方をしていた。どのグループもまったく同じ活動に参加したが、その前に厳しい通過儀礼を受けた人たちは、そうでない人たちに比べ、討論をはるかに興味深いと感じ、討論をしていた仲間に対しより好感をもっていた。

一九五〇年代後半のアメリカ社会では、女の子は慎み深くあるようにと育てられ、性に関する話題はタブーだったので、学生たちにとって人前でこの課題を実行するのはたいへん恥ずかしかったに違いない。事実、ある学生は読み上げる単語のリストを見たとたん、立ち上がって部屋を出ていき、実験の参加を取りやめた。それでも口頭で行うだけの課題は、実際にときおり行われる、体に重い負荷をかけ感情を極度に高揚させ、痛みや肉体の損傷や心理的トラウマをともなう儀式には比ぶべくもない。

数年後、カリフォルニア大学リバーサイド校の二人の心理学者が、さらに要求水準をつり上げようと考えた。[4] ハロルド・ジェラードとグローヴァー・マシューソンは、もっと動揺する状況を仕立てて同じような実験を行った。羞恥心をかき立てる言葉の代わりに、電気ショックを使って、気の毒な実験参加者に苦痛を与えた。一九六六年のことであり、大学では、研究参加者への倫理的な対応に関する規定がまだ確立されていなかったので、このような実験手法はめずらしくなかった。実験の結果は、アロンソンとミルズが行った実験と一致していた。グループに加わる前に電気ショックを受けた参加者は、自分のグループとメンバーに対してより好意的な感情を表現した。加えて、強いショックを受けた人による評価は、弱いショックを受けた人よりもさらに高かった。

これらの古典的な実験によって、苦痛をともなう儀式の研究に意義のある見解が示された。しかしながら、研究者は実験で操作してつくった状況を「通過儀礼」と呼んでいるものの、実際の儀式との類似性は低い。また、アロンソンとミルズの実験では、課題を完了することが読書会のメンバーになることと関連していたが、日々の生活で遭遇するような意義のある社会的相互作用とはかけ離れている。さらに重要なことをあげれば、自分が属するグループに対する好意的な態度がどれくらい実際の行動につながっていくか、という点こそが肝要なのだ。ここで紹介したような研究は、研究者に適切な方向性を示すという意味で有用だったが、実生活での儀式に基づいた根拠はまだ乏しかった。

科学研究は、いくつもの比較を行うことで成り立つ。介入を行う前と後で起こったことを比較する。ある対応を受けたグループと別の対応を受けたグループ、または何らかの対応を受けなかったグループとを比較する。さらには、異なる時期に、また異なる集団で起きたことを比較する、などだ。実験室の人工的な環境であれば、こうした異なる環境をつくり操作することができる。実験の参加者がどんな状況にさらされるか（また、さらされないか）、何をすることが認められるか（また、認められないか）を、実験者がコントロールできるからだ。

実験室から現実の社会に出ると、こうしたコントロールはほぼできなくなる。各人を無作為にいくつかのグループに割りあてたり、彼らが経験する状況を操作したりすることは、もはやできない。つまり、異なる方法で研究の計画を練らなくてはならない。自分で状況をつくりだすのでなく、自然に起きている事例を探す必要がある。私の研究目的に照らせば、同じ文化集団に属するメンバーが、厳しさの度合いが普通から極端まで大幅に異なる儀式を行っている状況を見つけなくてはならなかった。

　私は、フィールド調査を行う場所の候補をあげたリストをつくり、情報を集めはじめた。いずれの場所も、それぞれ特有の困難な条件と有利な条件があったので、私の計画にもっとも適した場所を選ぶのは容易ではなかった。人類学研究は、人間社会があるところならどこでもできる。大きな社会でも小さな社会でも、またアマゾンの熱帯雨林でも国際宇宙ステーションでもかまわない。宇宙まで飛んでいくことは選択肢になかったが、この地球上でたくさんの可能性があった。私は計画に不可欠ないくつかの要件をもとに、選択肢の絞り込みを始めた。フィールドでの実験を可能にする条件が自然に生まれている場所だ。大半の地域が除外されたのち、ついに、基準をすべて満たしていると思われる一つの場所に行きあたった。マダガスカルの東海岸から八〇〇キロ以上沖にある、熱帯の小さな島だった。

　インド洋の真ん中に浮かぶモーリシャスは、アメリカでもっとも狭い州、ロードアイランドの半分より少し広い程度の面積しかなく、世界地図で見落とされがちだ。ドードー鳥の生息地として知る人もいる。大型の飛べない鳥で、人類が島で活動しはじめると絶滅した。この島について聞いたこともない、という人も多い。それでも、地図上のこの小さなしみは驚異的な場所だ。

　モーリシャスは、現在の独立国家のなかでは、かなり遅い時期になってから人が住みはじめた国だ。歴史は浅く、初期にはオランダ、次いでフランス、のちにイギリスが植民地として統治し、一九六八年に独立した。独立前の統治者は初期のころ、マダガスカル、モザンビークなどアフリカのさまざまな地域から多数の奴隷を連れてきて、サトウキビのプランテーションで働かせた。奴隷制度が廃止されると、さらに多くの労働者がインド、中国、そのほかのアジア地域から移民してきて年季奉公を行った。こうしたエスニックグループの子孫が、たいへん多様性に富む国家を構成していて、住民は複数の言語を話し、宗教上のしきたりがいろいろある。多様性ゆえに、モーリシャスは儀式の研究を行う理想的な場所となっている。数マイルの範囲にあらゆる主要な宗教の礼拝所があり、広範な儀式が行われている。

なかでも興味をそそられるのが、一九世紀にタミル人のヒンドゥー教徒がモーリシャスに持ち込んだ儀式だ。タミル人はもともとインド南部とスリランカ北部に住んでいたエスニックグループで、何千年も前まで歴史をたどれる記録が残っている。もともと住んでいた地域に加え、さらに数百万人のタミル人が世界じゅうに移住して各地でコミュニティを形成している。これらのコミュニティでは、現在も使われれている言語としては最古の部類に入るタミル語が話され、古くからあるさまざまな慣習を維持している。火渡りやポール上りをしたり、体を突き刺したりするなど、じつに衝撃的な儀式もある。

こうした儀式のなかでももっとも壮観なのは、おそらくタイプーサムの祭りで行われるタイプーサム・カヴァディだろう。ヒンドゥー教の神で、シヴァとパールヴァティーの息子、ムルガンを称えるための、苦痛に満ちた長い巡礼だ。ちなみに、パールヴァティーは母なる女神であり、その変身した姿の一つがカリである。タイプーサム・カヴァディはタミル暦のタイの月［一月から二月にあたる］の満月の日に行われ、祭りの盛り上がりは最高潮に達する。タミル社会でもっとも重要な行事だ。

祭りの起源は、歴史のなかに埋もれてしまったが、ムルガンが母から偉大な槍を授けられたことを称えるものだと言われている。悪魔のスラパドマンは、シヴァから特別な力をもらおうとして、悪知恵を働かせた。千年ものあいだシヴァを称える歌を歌い、シヴァの息子以外は自分を倒せないという祝福をシヴァから授けられた。シヴァには子どもがいなかったので、いまやスラパドマンは事実上、不死身となった。こうして恐れるものがなくなったスラパドマンは、邪悪な計画を実行に移す。兄弟の助けを借りて天と地を掌握し、神々をかどわかして奴隷にした。神たちはシヴァに救いを求め、シヴァがパールヴァティーと見合いをして結ばれるよう取りはからった。この結婚により生まれたムルガンは、神軍を率いて悪魔に立ち向かう。戦いは苛烈で六日間続いたが、最後はムルガンが勝利を収めた。母から授かった槍で最後の一撃を与えたのだった。スラパドマンは悔い改め、どうか命だけは助けてほしい、そうすればあなたにお仕えする、とムルガンに懇願した。ムルガンは願いをかなえてやり、スラパドマンをクジャクに変え、以後ずっと乗り物として使うことになった。ムルガンの勝利を称え、タイプーサム・カヴァディの参加者は、槍を象徴する針でみずからの体を突き刺し、クジャクの羽で飾られた供物を運ぶ。

タイプーサムの祭りは、南アフリカやオーストラリア、それにヨーロッパと北米、さらにはインド洋や太平洋やカリブ海の島々にいる何百万人ものタミル人ヒンドゥー教徒たちが祝う。世界最古の祭りの一つでもあり、非常に広範囲にわたり世界各地で行われている過激な儀式でもある。祭りは数日間行われ、いくつもの活動が繰り広げられる。なかでも異様なのが、カヴァディ・アッタムで、熱心な信者が自分の体に先がとがった鉤針《かぎばり》などを突き刺し、そこに重い神輿《カヴァディ》をつないで肩にかつぎ、ムルガンを祀った寺院まで長い行列をつくって歩く。この儀式に先立ち、参加する多くの人は、ムルガンに誓いを立てる。信者は、参加する見返りとしてムルガンに何か願い事をしてもよい。病気の治癒、仕事の充実、子どもの学業の向上などだ。過去に起こったことについて誓いを立てる人もいる。これまでに受けた恩恵に対する神へのお返しとして参加を誓うのだ。しかし、多くの参加者は、社会的な理由からこの行事に取り組んでいる。

なぜカヴァディの儀式を行うのか、と私が問うと、参加する理由として、慣習だから、集団の一員だから、といった答えが共通して返ってきた。「私たちはタミル人で、タミル人はこうするのだ」「伝統だから」と言う。「子どもの時分からほかの人が参加するのを見ていたので、いつか自分もやりたいと思っていた」と説明する人がいた。先祖に言及する人もいた。「父がやっていたし、そのまた父もやっていた。だから先祖のあとに続くんだ」

モーリシャスでは、タイプーサムの祭りは祝日になる。その日は島のどこにいたとしても、何か重大なことが起ころうとしていることにかならず気づくだろう。島じゅうのあちこちにある一〇〇を超える寺院が行列を編成する。もっとも小さい行列だと、数百人の巡礼者がいる程度だが、大きな行列になると、何千人もが参加する。どの行列も間違いなく見る価値があるが、なかでも目立っている行列が一つある。カトル・ボルヌの町にあるコール・ド・ガルド山の裾野に、コヴィル・モンターニュと呼ばれる寺院が建っていて、そこから、西はインド洋、東は中央高原まで島の大半を見下ろせる。この寺院が一〇〇年以上前に、モーリシャスで最初のタイプーサムの祭りを開催した。こんにち、とくに多くの巡礼者が集まる場所となっていて、国内各地はもとより海外からも巡礼者を引きつけている。

祭りではまず、前段の行事の始まりを告げる儀式用の旗が寺院に掲揚される。旗にはムルガンの象徴である槍（vel）とクジャクが描かれている。タイプーサム当日まで毎日、ターメリックを混ぜた水と牛乳に神の像を浸し、衣装を着せ花で飾る。信者たちは家でいつもより多くの祈りを捧げる。肉とアルコールとセックスを控え禁欲して身を清める。床で寝る者もいれば、テレビや音楽やスポーツ、甘いものやソフトドリンクといった、ささやかな日々の楽しみを断つ者もいる。何日かかけて自分のカヴァディをこしらえる。カヴァディは持ち運べる祭壇で、木か金属の枠の上に組み立て、聖像や聖画、花やココナツの葉やクジャクの羽で丁寧に飾りつける。行列の行進のあいだは肩にかつぎ、何時間も練り歩いたあと神に捧げられる。

タイプーサム・カヴァディの当日は夜明けとともに、人々が鮮やかなローズ色か黄色の民族衣装を着て近くの川辺に集まる。巡礼に参加する人は、友人や家族に付き添われカヴァディを運んできて、誇らしげな様子で川岸にきれいに並べ、誰もが見られるようにしている。この日は、川の浅瀬で行うお清めの儀式から始まった。ターメリックを使って沐浴《もくよく》し腰布を取りかえてから、神聖な灰を体に塗りつける。ムルガンとその母のパールヴァティーに祈りを捧げ、来《きた》るべき試練に備え力と勇気を授けてほしいと願い事をする。ヒンドゥー教では、すべての川はガンジス川と象徴的な意味でつながっているとされるので、どんな川も神聖だと信じられていて、川で沐浴すると体も魂も浄化されるのだ。

ほどなくして、大きな悲鳴が上がり静寂が破られる。信者たちは巡礼に参加する前に、体を突き刺される痛みに耐えなければならない。舌に針を刺すのは、寺院に着くまで沈黙を守るという誓いの象徴であり、実際にいやでも沈黙することになる。同じ趣旨で、舌を突き刺す代わりに口のまわりにスカーフを巻く女性もいる。しかし、大半の男性は何か所も突き刺される苦痛を耐え忍ぶ。頬と額に何本かの針を刺すこともあれば、全身に何百本もの針を突き刺すこともあり、突き刺した鉤針に鐘やライムの実を吊るすこともある。針は銀でできていて、ムルガンの槍のように先端が葉のかたちをしている。針はびっしり打ち込まれているときでも、背中や胸や腕や脚に、整然とした美しい対称形をつくっている。

私は、祭りが終わって寺院から出てきた十代の少年に、何か所ぐらい突き刺したのか、聞いたことがある。おそらく一五歳ぐらいだっただろう。消耗しているようだったが、笑みを絶やさず誇らしげだった。「五〇〇」と、たどたどしい英語で答えた。私は信じられない思いで少年を見た。両頬に大きな傷痕があり、胸と腕にも突き刺された跡が何十とあったが、五〇〇もあるようにはとても見えなかった。「五〇〇じゃないの?」私は聞き返したが、「違う、五〇〇だ!」と言い張る。きっと言葉の問題だろう、と私は考え、もう一度聞いた。今度は私が拙《つたな》いフランス語を使った。「サンカーント(五〇)? サンク(五)、ゼロ(〇)?」「違う」と彼は答え、一語一語発音した。「ファイブ、ハンドレッド。ファイブ、ゼロ、ゼロ」と言って、体を回し背中を見せた。一インチごとに穴の跡があり、ざるのようになっていた。

針で体を突き刺しているあいだに、人々のなかで大きな叫び声が波のように広がりはじめた。肉体的な痛みを受けている本人はもちろんつらいだろうが、いちばん大きな叫び声をあげているのは、息子や夫や兄弟が苦しんでいるのを見ている女性たちだった。このような共感反応が起きるのが、苦痛をともなう儀式の重要な要素である。スペインの火渡りの研究でも見たとおり、社会的結びつきによって、感情が伝播《でんぱ》しやすくなる。信者が苦痛に満ちた行為を体験するとき、彼らが愛する人たちもその苦痛を自分のことのように感じて分かち合い、それによって、社会全体の絆が深まるのだ。

たしかに、外部者にとっても気楽に見られる行事ではない。何年か研究するうちに、参加者が突き刺されるのを見て、学生や研究メンバーが気分が悪くなったり泣き出したり、あるいは気を失ったりするのを見てきた。時間とともに少し楽になったとはいえ、誰かが頬を串で突き刺されるのを見ると、私は胃がむかついてくる。こういうときはたいてい、カメラを通して見ざるをえない。レンズのおかげで距離を置いて見られるからだ。

多くの参加者が、さらに過激なことをする。ほうきの柄ぐらいの太さで長さが何メートルもある大きな金属棒で頬を貫かれる。棒が長く重いため、頬が裂けてしまわないように、棒を両手でささえ噛んでいなくてはならない。それでもまだ十分ではないかのように、背中の皮膚に刺した鉤針につけたチェーンで馬車を引く信者もいる。車輪の上に載った寺院のように見える、特大バージョンのカヴァディだ。豪華な装飾が施され、実物大の像を飾ったものや神話の場面を描写したものがある。ときには何段も重ねられ高くなるので、頭上にある電線を竹の棒で持ちあげ、その下を通れるようにする。かつて私は、皮膚に突き刺した鉤針に馬車をいくつもつなげて引く男性を見た。馬車の車輪は全部で一八もあり、男性は列車を引く機関車のようだった。ある人は、金属を溶かしてつくった模型の山を引いていた。てっぺんにムルガンの像を載せ、像のまわりの山の斜面には本物の木が何本も植わっていた。伝説によると、ムルガンは山岳地方の領主だったので、ムルガンを祀る寺院は山の斜面にあることが多い。

体を突き刺す段階が完了すると、参加者は集合し、ムルガンの寺院に向かう行列を組む。肩の上に天秤棒《てんびんぼう》のようにしてカヴァディをかつぐ。目的地に着くまで下ろしてはならない。カヴァディとはタミル語で「重荷」の意味で、いかにもうまく言い表している。カヴァディは最大で高さ三メートル、重さ五〇キロになることもある。その中には、ムルガンの像と、お供えの食物と、牛乳がいっぱいに入った真鍮《しんちゅう》のつぼが収められていて、寺院に到着すると神に捧げられる。牛乳は、腐らないようにムルガンが守ってくれると言われている。行列は六キロの道を練り歩き、巡礼者たちははだしでついていく。さらなる苦行を課すため、釘を垂直に打ち込んだ靴を履いて歩く者もいる。そんな靴を履かなかったとしても、楽ではない。アスファルトが熱帯の真夏の太陽に灼《や》かれ、やけどしそうに熱くなっているからだ。私のようにはだしで歩くのに慣れていない者にとっては、一歩踏み出すだけでも耐えがたい。

行列はゆっくり進み、先頭には常に寺院のカヴァディがある。寺院のカヴァディをかつぐのは大いなる栄誉と祝福だと考えられていて、その務めは毎年違う人に委ねられる。カヴァディに付き従う人たちが、クジャク、ムルガンの像、金の槍、儀式用の木製の杖、そしてリンガムと呼ばれるシヴァの男根の象徴を運ぶ。楽隊が行進のリズムをとり、ナーダスワラムという長い木管楽器と、タヴィルという樽のかたちの太鼓を奏でる。十字路に来るたび行列は停止し、邪気を追い払うための儀式を行う。多くの文化と同じくここでも、十字路は、霊魂など暗黒の魔力がしきりに飛びかう境界地だと考えられている。行列が止まるたび、楽隊がリズムをとり、巡礼の参加者はカヴァディをかついだまま、音楽に合わせて体を揺らして踊る。音楽のリズムが激しくなり音量が上がるにつれ、多くの人が恍惚状態に入り、頭の動きに合わせて目を動かしながら体を回転させる。誰かが泣き出すと、波が広がるように感情が群衆のあいだに伝わっていく。一人また一人と、体を揺すり回転を始め、まわりで起きていることに気づかないようだ。制御を失いそうになったころ、かたわらを歩いていた家族にやさしく体に触れられ、周囲のことを認識する力を取り戻す。まもなく音楽がゆるやかになり、行進が再開し、次の十字路へと向かう。

　こんな調子で、行列は何時間もかかって最後の地点に到着する。しかし巡礼者たちが疲弊し脱水状態で目的地に着いても、最大の苦行はこれからだ。寺院にたどり着くには、重荷をかついで丘の上まで登らなければならない。つまり、黒い火山岩でできた二四二段の階段を上るわけだが、階段は一日じゅう太陽に照らされ焼けるように熱くなっている。この時点で、多くの人たちは倒れる寸前まで来ているだろう。しかし、全員が力をふりしぼってやり通す。少なくともほぼ全員が。

　私はタイプーサムの祭りを何年か見てきたが、巡礼を最後までやり遂げられなかった人を一度だけ見たことがあった。四十代半ばとおぼしき男性で、巨大なカヴァディを丘の上まで運ぼうとしていた。男性が上りはじめたとき、私は彼が疲れ切って衰弱していることに気づいた。何歩か歩むたびに長いあいだ立ち止まり、片方の手で手すりにつかまり、もう片方の手で肩にかついだカヴァディを支えていた。家族は心配そうに見ていた。男性が元気を取り戻すまでカヴァディを支えようと、誰かが申し出た。しかし男性は首を振り、ゆっくりと苦しそうに上りつづけた。まもなく、また立ち止まった。体を折り曲げ、片方の膝をついて、背中に載せたカヴァディのバランスを取ろうとしていた。やがて仲間が、手を貸すのを認めてくれと懇願した。

だが、その選択肢はなかった。自分が背負うカヴァディで、自分一人でかつがなければならなかった。ゆっくり時間をかけるよう仲間が励まし、男性は少し休むことにした。

男性は何分か、そのままの姿勢でいた。だが、ふたたび立ち上がろうとしたときには、立てなかった。もう少し休んでから、再度試みた。二人の男性が脇の下を支えて立ち上がらせようとしたが、またも膝をついた。何度か立ち上がろうとしたが、無理だった。顔を上げ寺院に目をやった。落胆がありありと見てとれた。こんなに近くまで来ているのに――あとほんの数段先だった。鉤針を突き刺されるのをこらえ、一日中かかった行列をもちこたえ、焼けつくような太陽の下でカヴァディの重みに耐えてきた。丘の階段もほとんど上っていた。すべて使いはたし、もう何も残っていなかったのだ。ついに、肩にかついだ重荷を仲間が下ろすのを認めると、わっと泣き出した。惨めな思いに打ちひしがれてその場にうずくまり、自分のカヴァディが寺院までの行程を完了するのを見つめていた。そこに自分はいなかった。

しばらくして、私は男性が寺院を去ろうとしているのを見つけた。話しかけようとしたが、断られ、彼は去っていった。

タイプーサムの祭りには、私が計画していた自然な環境での実験をするうえで絶好の条件が整っていた。この祭りでは、同じ社会に属する人たちが「パッチワーク」をつくるように儀式を実践する。つまり、それぞれの人がさまざまな異なる役割を担い、そのかかわり方の度合いもそれぞれ異なっている。とすれば、こうした異なる要因が人々の態度やふるまいに及ぼす影響を自然な環境のなかで比較できるはずだ。

寺院で毎日夕方に行っている集団礼拝では、何時間も座ってチャントを唱える。肉体的にも感情的にもあまり緊張するものではなく、極限までの高揚が必要なタイプ－サム・カヴァディとは非常に対照的だ。儀式の社会的役割に関する人類学理論に基づけば、次のような問いが浮かんでくる。高い緊張をともなう儀式に参加すると、社会性が高まるのだろうか？

ただしここでも、すべての人が同じ程度の苦痛にさらされているわけではない。小さなカヴァディもあれば巨大なカヴァディもあり、一か所突き刺されるだけの人もいれば、何百か所も突き刺される人もいる。さらに、普通の針でも鉤針でも、突き刺されると痛いが、顔を棒で貫かれるのはまったく別の話だ。そこで、次の問いだ。大きな苦痛を経験した人は、苦痛が少なかった人よりも社会性が高まるのだろうか？

最後の疑問だが、巡礼の参加者がカヴァディをかついでいるとき、家族がそばにいて、苦痛をともなう行為には参加しないものの、行列のあいだじゅう一緒に歩いていた。社会性を高めるという儀式の効果は――もし効果があるとしてだが――近くにいる家族たちにも波及するのだろうか？

行動科学で社会性がある行動かどうかを評価するのに使われるごく一般的な方法に、「経済ゲーム」と呼ばれているものがある。経済ゲームでは、実験の課題として、実験者が設定した特定のルールに基づき、参加者（この場合は「プレイヤー」と呼ばれることが多い）のあいだでお金のやりとりを行う。課題の中でもっとも単純なのは、おそらく「独裁者ゲーム」として知られているものだろう。プレイヤーは、あらかじめ決められた額のお金を受け取り、そのなかからほしいだけの金額をとっておき、残りを別のプレイヤーに渡す。この方法で、各参加者がほかの参加者と比較してどの程度気前がいいかを検証することができる。

　経済ゲームの大きな利点は、実際にお金を受け渡しすることだ。参加者は、本物のお金を相手に渡し、残りは自分のポケットに入れる。これは重要な点だ。参加者は態度や行動について尋ねられると、実際の考えや行動どおりに答えるとはかぎらない。その社会で肯定的に捉えられ称賛に価すると考えられている特性が関連するときは、なおさらだ。[5] 意識しているかしていないかは別として、どんな人でも、社会的に好ましいと思われている特質を誇張して示す傾向がある。経済ゲームでは、実際にお金を取引するよう求めることで、この問題に対処する。「言葉で」お金をいくら渡そうと言うのではなく、「実際に」いくら渡すかを見ればいいではないか。

　ここ数十年、この種のゲームを使うことで、人間の性質について多くのことがわかってきた。例をあげると、多くの経済学派の理論で長いあいだ支配的だった見解によれば、人間は、合理的かつ偏狭な個人主義的考えに基づき、費用対効果を計算して決定するという。とにかく効用を最大化したいという欲求に突き動かされている、というもので、「ホモ・エコノミクス（経済人）」モデルとして知られる。しかし、人間がどのように意思決定を行うかを検証するため行動学的な実験を行うようになると、ホモ・エコノミクスは理論的なモデルとしてしか存在しないことがわかった。実際の生活では多くの場合、本能や感情、無意識のバイアスや社会の期待などによって、人間の行動がさまざまに変わってくる。

とはいえ、手順を定めて行う経済的実験は価値があるいっぽうで、大きなマイナスの側面もある。文脈から切り離され、実生活で普通に遭遇する状況とは異なるため、参加者は違和感に戸惑ってしまう場合があるのだ。そもそも、街で誰かに呼び止められ一〇ポンドを渡されて、名前も知らない誰かと分ける気はあるかと聞かれたりするだろうか。

こうした妙な状況に陥るのを避けたかったので、私たちの研究では、実生活でよくある活動だと思ってもらえそうな課題を用いた。慈善活動の募金ということにしたのだ。研究に参加する人々を集め、参加の謝金として二〇〇ルピー支払う。社会背景を考えるとかなりの金額だ。そして、慈善活動について伝え、このなかからいくら募金するかを観察する。選択肢を十分に提供するため、お金は二〇ルピーの硬貨で渡す。そうすれば、ゼロから一〇までのスケールができることになり、気前のよさをわかりやすく測れる。

この計画なら、実験の現実性を高めることができるだろう。しかし、いっぽうで想定外の難題が起きた。この実験では、数千個の硬貨を調達しなければならない。これが思った以上に難しかった。これほど多くの硬貨を確実に用意できるのは銀行だけだった。問題だったのは、何らかの理由があったのだろうが、地元の銀行はどこも、これだけの硬貨を渡してくれなかったことだ。恐ろしいことに、祭りがすぐそこまで迫ってきても、必要なだけの硬貨が入手できなかったため、私たちは会議を開いた。尋常ならざる事態には尋常ならざる手段を使うしかない、と合意した。銀行から奪い取ることはあまり選択肢になかったので、それだけの金額をキャッシュで準備していると考えられる唯一の場所へ行くことにした。カジノだ。

ここでも、私たちの依頼に出納係は疑いの目を向け、不審な行為を報告しようとマネージャーを呼んだ。マネージャーは、カジノでは客以外には両替をしないと、丁重に説明した。硬貨は渡してもらえない。けれども、望むならここでギャンブルをしていくのは自由だった。あたりをうろついているうち、私たちは、スロットマシンから、ときどき賞金として二〇ルピー硬貨が出てくるのに気づいた。また、各マシンには「払戻」と書いたボタンがあり、入れた金額が戻ってくることがわかった。払い戻しも、二〇ルピー硬貨で来るのだろうか？　紙幣やトークンやバウチャーでなく？　私はどきどきしながら、千ルピー紙幣をマシンに入れた。いまこそ何か儀式をやるときだ、とジョークを飛ばすと、仲間がそれぞれの儀式を始めた。スロットマシンにキスしたり、二本の指をクロスしたりする。私はムルガンの神に祈った。私がボタンを押し、みな息を詰めた。ガチャガチャと立て続けに五〇回鳴った金属音は、私たちの耳に音楽のように響いた。その夜の終わりまでに、準備はすべて整った。

タイプーサムの当日、私たちは朝早く寺院に着いた。寺院の委員会が、丘のふもとにある控え室を使わせてくれたので、そこに機材をセッティングして待機していた。群衆が寺院まで来ると慌ただしくなるが、実験の参加者を集めるチャンスは最後の信者が寺院を出るまでの数時間しかない、とわかっていた。

巡礼の参加者は、階段を上って丘の頂上まで着くと、列をつくってカヴァディを下ろし、一人ずつ寺院に入ってムルガンに供物を捧げ、聖職者から祝福を受けて、体を刺していた鉤針を抜いてもらう。巡礼者の多くは寺院に足を踏み入れると、歓喜と安堵で泣き出す。試練を乗り越えたあとは、出口に向かって丘の反対側へと下りはじめる。

そこに私たちの研究助手が待機し、通りかかった人たちに調査に参加するよう呼びかけていた。同意した人は部屋の中に入り、経験した苦痛がどの程度だったかを評価するための簡単な質問票を渡される。調査が終わると、私たちは協力してくれたことに礼を述べ、謝金を渡す。そして、建物を出たところで、研究チームで雇った俳優が、謝金の一部を地元の慈善団体に寄付する気はないかと尋ねる。参加者は封筒を渡され、ブースに案内され、募金箱に寄付をする。

プライバシーが完全に守られ、寄付に関して誰がどのような選択をしたかはわからない。封筒には識別コードが記されていて、参加者の匿名性を完全に保護したうえで質問票の回答と照合できるようになっていた。

今回の寄付をほかの場面と比較するため、私たちは異なる状況で同じ手順の調査を行った。その数日前に、タイプーサムの祭りの一環として同じ寺院で行われた集団礼拝に参加した人たちに協力してもらっていた。祭りの数週間後には、儀式ではない環境で、宗教とは関係ない別の場所から対照群のデータを集めた。参加者はいずれも同じ町に住んでいて、何らかのかたちでタイプーサムの祭りに参加していた。参加者は無作為に集められているので、行動に大きな違いがあったとすれば、それは個人の性格による特徴や人口学上の特性でなく、特定の行事への参加のしかたによるものだと理論的に言えるはずだ。

データを分析すると、対照群の人たち（カヴァディにも集団礼拝にも参加しなかった人たち）は、受け取った謝金のなかから平均で二六パーセントを慈善団体に寄付していた。[6] 自分のポケットに全部入れることもできたわけだから、これはかなりの割合だ。ただし、実験室で独裁者ゲームをした人たちの平均の割合とだいたい同じだった。それに対して、集団儀式（緊張の度合いが低い儀式）に参加した人たちが寄付した金額の割合は有意に高く、平均四〇パーセントだった。さらに、カヴァディの儀式に参加した人は、そのほぼ二倍を寄付した。平均で、受け取った額の七五パーセント以上を寄付していた。つまり、苦痛をともなう儀式に参加したあとでは、もらった額の四分の三を慈善団体に寄付したことになる。

実際、経験した苦痛と寄付とのあいだの関係に着目すると、有意な正の相関関係が見られた。大きな苦痛を経験した信者ほど、慈善団体に多くの寄付をしていた。そして、儀式の社会性を高める効果は、苦痛をともなう行為を自分自身で体験した人に限らなかった。行列で付き添っていた人も、同等の寄付をしていたのだ。この人たちは、親類や友人を見守って、体に針を突き刺されているときかたわらに立ち、カヴァディを運ぶときは一緒に歩き、彼らを支え彼らを思って泣いた。そうすることで、彼らが払っている犠牲を自分のものとして経験した。実際に儀式に参加している人と同じように感じるだけでなく、同じようにふるまった。カヴァディを運ぶ日は、コミュニティ全体が、広い心の持ち主になっていたのだ。

私たちの調査では、儀式のなかでも計測が可能な側面に着目した。しかし、別のかたちで表れる社会性は、肉眼で観察できるかもしれない。タイプーサム・カヴァディの日は、地域のコミュニティ全体が団結する。行列が町を通ると、住民はドアを開けるが、それはただ行列を眺めるだけでなく、助けの手を差し伸べるためでもある。ホースや水さしを持ってきてカヴァディを運ぶ人の足元に水をかけ、焼けるような舗道をはだしで歩く痛みを和らげてやったり、タオルで額の汗をぬぐったりする。行列に付き添う何千人もの人たちのことも気遣い、急ごしらえのテントやテーブルを用意し、飲み物や果物を出し、日陰でひとときを過ごしてもらう。寺院ではこの日、ボランティアが清掃を行い、あちこち走りまわって、食事の用意をする。食事は、一日が終わった夜に誰にでも無料でふるまわれるものであり、多くの人の寄付で集まった材料を使っている。各家庭でも、その夜は手間をかけて「セプト・カリ」と呼ばれる伝統料理をこしらえる。野菜カレーが七種類、バナナの葉の上にライスを添えて出されるものだ。さらにタピオカのデザートや何種類ものスナックや飲み物も用意する。地元の人たちは、家族や友人だけでなく見知らぬ人も招き入れ食卓をともにすることに誇りを感じている。地域でもっとも裕福な人たちは、その夜、何百人もの人に食事をふるまう。私はタイプーサム・カヴァディに立ち会うたび、こうした食事に何度か招かれる。しきりに、また熱心に勧められるので、祭りの夜は夕食を一度ならずとるはめになることもたびたびあった。

外部者にとっては、タイプーサム・カヴァディのような過激な儀式は奇異に感じられるかもしれない。しかし、社会の結束を高める効果の根底にあるのは、試練の厳しさそのものなのだ。ともに苦難に向き合うことでつくられる強い絆は、進化の過程での適応と言えるかもしれない。このような適応により、初期の人類社会は、戦争や肉食動物や自然災害など、生存にかかわるような脅威に直面すると、結束して逆境を克服した。だから、人間の協働を示す傑出した事例は、生存を脅かすような状況のさなかで見られることがあるのだ。

人類学者のブライアン・マクインは、リビアのムアンマル・カダフィによる独裁政権と戦う反体制派グループに合流してフィールドワークを行った。マクインはフィールドワークを通じ、メンバーたちは近しい家族と同じぐらいの、またはそれ以上に強いつながりで互いに結ばれていると理解するようになった。さらに、部隊全体からデータを収集すると、敵の部隊との直接武力衝突にかかわる前線の戦士のほうが、機械整備や衛生など後方支援に携わり戦闘にさらされない隊員に比べ、はるかに強い絆を形成していることがわかった。この絆はじつに強固なので、戦士たちは同志を守るためにみずからの命を喜んで差しだすこともよくあった。戦士たちは血のつながりはなくても、互いに兄弟愛を抱いていると明言し、自分の家族よりも強い絆で仲間と結ばれていると語ることも多かった。こうした感情について話しながら、戦闘を通じた経験には外部者に理解できない何かがあると説明した。心の奥深くまで響く経験を同志たちが共有しているとわかると、互いの関係が唯一無二のものになる。

ベトナム戦争で少佐だった退役軍人のロバート・J・ライリーは次のように述べている。

戦闘にもちこたえるうえで意欲を最大に引き出すのは（略）分隊や小隊の隊員のあいだで形成されている絆だ。この結びつきこそが、戦闘に向かう兵士を鼓舞し意欲を高めるもっとも重要な力になる。単純に言えば、兵士は自分が属する部隊の隊員のために戦う。（略）多くの兵士は、崇高な理想のために命を投げ出したりはしない。団結した集団にいる仲間のために命をかけるのだ。[7]

同じ文脈で、第二次世界大戦に中尉として従軍していた哲学の教授、ジェシー・G・グレイは、次のように述べている。

おびただしい数の兵士が命を落とした。なかばみずから望んで、と言ってもよい。国や名誉や信仰のためではなく、深遠な美徳のためでもない。自分の持ち場を投げ出し助かろうとすれば、仲間がもっと大きな危険にさらされるとわかっていたからだ。（略）国家主義とか、ましてや愛国主義などという「主義」のためではなく、思想を吹き込まれ操られているからそう感じるのでもなく、純粋な仲間意識、つまり集団に対する忠誠こそが、戦闘の士気を高める根本になっている。（略）その意識を維持し高められる司令官は、集団への忠誠に比べれば、そのほかの心理的、身体的な要因はそれほど重要でないと認識している。[8]

過激な儀式は本質的に、ここで述べられているような条件を促進し社会性を高める効用があると考えられる。多くの社会は、戦争や何かの災害が起こるのを待つのではなく、儀式を通じて積極的に強烈な体験を提供することにより、社会に属する人々に刺激を与えている。たしかに、過酷な集団儀式を経験した人たちが語った心情は、軍隊の戦闘員の話とかなり共通している。そうした儀式に参加したある若い男性は、次のように私に話した。「次の日、外で誰かに会って、その人と一緒に儀式をやり遂げたんだとわかると、絆ができる。その人とは、それまでと違う関係が生まれる。敵対していた人でも、その場にいたなら、同志になる。兄弟になる」。このように、集団のほかの構成員との無条件の強い一体感が、特別な絆を生み出す。[9]

　多くの場合、社会集団の構成員になるには、自分のアイデンティティ（個人としての自己がどんな存在かという感覚）と社会的なアイデンティティ（集団のほかの構成員と共有していること）とのあいだに、ある種のトレードオフの関係が求められる。個人としての自己は、自分に固有の生活経験、つまり人生のなかで性格に影響を及ぼしてきた重要な瞬間を通して形成される。これに対し、集団としてのアイデンティティは、一般に、より抽象的な思想や理想や原理に基づいている。たとえば、国家や宗教、さらには集団のほかの構成員に共通する普遍的なものだ。その結果、二つの自己のあいだに水圧のような関係が生まれるかもしれない。集団としてのアイデンティティを起動させると、個人的な自己を抑えなくてはならなくなる。逆も同じだ。私が、自分はギリシャ人だと認識するときは、自分の個人的な経験や特徴については考えない。それよりも、私の意識のなかにある、ギリシャやギリシャ人らしさを表す典型的な特徴やイメージや信条を思い起こす。たとえば、国旗、地図に示された国の輪郭、歴史や文化の側面、そして長年にわたり自分で編み出した、あるいは教えられてきた、ギリシャ人の精神に関する一般論などだ。また、親やきょうだいや友人といった特定の人たちとの特別な関係を考えることもない。特別な関係は、個人的な自己について考えるときのほうが強く想起される。というのも、私にとって大切なものだが、すべてのギリシャ人に対して当てはまるものではないからだ。

社会的アイデンティティがこのように観念的なのは、社会化が促進された結果である。私たちは日常的に集団行動に参加し、信条や規範や象徴や伝統に触れることで、自分は社会に固有の構成員であり、ほかの構成員と共通したさまざまな類似点や関心があると認識するようになる。これはある種の連帯であり、観念的な社会秩序を受け入れ秩序を守るよう促すことで、複雑でしばしば不均一な集団を束ねている。ホワイトハウスが教義的と呼ぶ、ひんぱんに行われるが高揚感をそれほどかき立てない儀式でも、この種の連帯を高めるには十分だ。宗教団体が定期的に行う礼拝、軍隊で毎日行われる旗の掲揚、企業で毎週開催するハッピーアワーはすべて、集団としての自己を際立たせ、個人としての自己を抑える働きがある。

写象的儀式は、これとは異なる。参加者は特殊な経験をし、その経験を集団の構成員と共有することで、個人としての自己と集団としての自己を同時に起動させる。経験を集団と共有した構成員にとって、その経験は意識のなかで自身が語る自己を特徴づけると同時に、集団をも象徴する記憶になっていく。通過儀礼を経験した集団が一つのチームだと感じるようになるのは、信条を教え込まれるからというよりも、第一義的には、通過儀礼で経験を共有するからである。写象的儀式は、個人としての意識を抑え込むのではなく、個人としての意識をより際立たせたうえで、社会的な自己と区別がつかないほど一体化させているのだ。

集団と一体化しているというこの感覚を、心理学者は「アイデンティティ融合」と呼ぶ。自己のアイデンティティが自分の属する集団のアイデンティティと融合しているという感覚を示す用語だ。[10]研究者は、この感覚を計測するさまざまな方法を考案してきた。たとえば、アンケート調査をすると、言葉によって計測できる。つまり、回答者がどのように述べるかによって、同意の程度がわかる。「私は自分が属するグループと一体化している」「グループのおかげで私は強くなれる」「私のグループは私自身だ」などだ。別の方法では、イラストを使って視覚的に表現する。二つの円が描かれていて、一つは自分自身を表し、もう一つは自分が属するグループを表す。回答者は、感じるとおりに二つの円を近づけたり離したりしながら、自分とグループとの関係をどのように見ているかを表現する。自分自身とグループが完全に融合していると感じている人は、二つの円を完全に重ね合わせるところまでいき、自分自身と仲間との区別をつけなくなるだろう。

個人と集団との融合が高まると、自分自身を概念的に集団と結びつけるだけでなく、集団の個々の構成員と結びつけ、個人的に絆を結ぼうとする。実際に絆を結ぶか、想像の中で絆を結ぶかは別として、あたかも自分の親族であるかのようなつながりをつくる。人間味がない集団の一員というより、仲のよい兄弟姉妹のようになる。研究によると、融合が進んだ人たちは、その集団に加えられた脅威を自分自身に対する攻撃だと認識するという。集団の仲間の誰かが脅威にさらされると、家族が危険にさらされたときと同じように感情が反応する。[11] 融合が起きていない人たちよりも、融合した仲間のほうを積極的に助けようとし、たとえ多大な犠牲を払うことになったとしても、集団の価値観のために戦うことをいとわない。喜んで集団のために戦い命を投げ出す、と表明する。[12] このように、写象的儀式は強力な接着剤になりうるのだ。

人類学者のデイヴィッド・ザイトリンは、カメルーンのマンビラ族の通過儀礼の儀式について研究した。毎年、少年の一団が「ジェレ」と呼ばれる、森のなかの柵で囲まれた一画に連れてこられる。男性しか立ち入ることが許されない場所だ。そこで、秘密の誓いを立て泥を塗られる儀式を行う。少年たちが儀式の場所まで案内されるあいだ、巨大な仮面をつけ残忍な悪霊に扮した男が、見つからないようにして暗がりに隠れている。男はとつぜん少年たちに背後から飛びかかって襲う。少年たちは恐怖にかられて逃げようとするが、すぐ大人たちに捕まえられ、恐ろしい悪霊のもとに放り出される。

> 仮面の男をやり過ごしジェレから逃げることができなかった少年たちは、パニックに陥った集団となりながらも、勇気をふりしぼって試練を受けようとする。年長の少年たちがこれまでの儀式で同じような経験をしているはずであるにもかかわらず、明らかにすっかり怯えてしまったのだ。（略）大人の男たちは笑いながら立っているか、または、入り口に

いる仮面の男に手を貸し、仮面の男が少年を相手にしているあいだに別の少年をつかまえたりしていた。一人の少年が極度の恐怖に襲われ、強引に柵を越えて逃げようとした。同じように逃げようとしていた少年たちが捕えられた。[13]

ザイトリンはフィールドワークを行った数十年後に、この通過儀礼が集団の絆を結ぶうえで果たした役割を検証するため、協力者のチームとともにふたたびカメルーンを訪れた。[14] 四〇〇人近いマンビラ族の男性を調査したところ、ほぼ半数が少年時代に通過儀礼の儀式を経験していて、残りの半分は経験していなかった。通過儀礼の試練を受けた人たちのほうが、集団に溶け込んでいて、集団を守るために喜んで戦い犠牲を払うと答えた。通過儀礼から何十年たっても、その経験は集団のアイデンティティにけっして消えない痕跡を残していた。

儀式が強力接着剤になっているということが意味するものは、明確でもあり深遠でもある。写象的儀式は、よくも悪くも一体感が強い集団をつくる助けになる。集団に受け入れられることが重視される文脈では、一体感をつくる重要な手段になる。たとえば、モーリシャスのタイプーサムの祭りに参加した人々の調査でわかったとおりだ。この祭りは国民の祝日として執り行われ、特段の摩擦を起こさず共存しているほかの宗教団体の信者も参加することが多い。このような背景では、参加することで人々は国家としての一体感を高めていた。苦痛に満ちた儀式を行ったあと、参加者の国に対する誇りが高まり、自分たちはよりモーリシャス人らしくなったと認識していた。同時に、自分たちに加え、地域のほかの集団もモーリシャス人としてのアイデンティティを高めたと考えていた。興味深いことに、その集団がどの程度タイプーサム・カヴァディに参加したかにより、判断が異なっていた。当然ながら、自分たちが属する集団であるヒンドゥー教徒がもっともモーリシャス人らしいと考えていて、その次が、祭りに参加する人が多いキリスト教徒、最後が、祭りに参加する人がより少ないイスラム教徒だった。

いっぽう、外集団からの脅威に(事実であれ想定であれ)直面している集団では、こうした儀式が敵対心を助長し暴力の容認につながる可能性がある。例をあげると、ブラジルで行った調査で、特定のチームと一体化しているサッカーのファンは、ライバルチームのファンに対し身体的暴力をふるいやすいという結果が出ている。[15] また、スペインの囚人に対して行った調査では、宗教団体との結束が強い人ほどテロ行為に関わっていることが多いと判明した。[16]

ここまで、過激な儀式に参加することによって団結の効果が生まれる心理的メカニズムについて見てきた。ところで、スペインとモーリシャスの事例からわかったことは、儀式にはまた別の側面があることを示唆している。その側面は、社会的な効果をもたらすうえで重要なものだ。つまり、つらい試練を経験したひと握りの人々の集団だけに効果が留まるのではなく、適切な条件のもとでは社会全体にも波及していく場合がある、ということだ。それでは、この現象がどのように起こるかを探るため、個人の意識のなかで起きることから、個人の意識のあいだで起こることへと視点を変えてみよう。過激な儀式の象徴的性質により、どのようにして儀式が強力なコミュニケーション装置になっていくのかを探ることにする。

第7章 犠牲

一八六〇年、チャールズ・ダーウィンは同僚のエイサ・グレイに手紙を書き送っている。「クジャクの尾を見ると、私は決まって気分が悪くなる」。[1] なぜダーウィンが機嫌を損ねるかというと、けばけばしいクジャクの尾が難解な謎を投げかけているからだ。ダーウィンの進化論によると、環境への適応がうまくいっている個体ほど、生存と生殖の可能性が高い。その結果、適応に成功した個体は、繁栄するうえで役に立つ形質を伝えていく。そして何世代ものあいだに、有用な形質はいっそう定着し、それほど有用ではない形質は失われていく。これが「自然選択」として知られているプロセスだ。

大半の形質は、特異なものであったとしても、明確な効用を有している。チーターには長い尾があり、高速で方向転換するときにバランスをとり方向を定める役割がある。ハチドリは長いくちばしがあるので、管状花《かんじょうか》から蜜を吸うことができる。ヤマアラシの長い針は、捕食動物から身を守る助けになっている。しかし、あきれるほど長いクジャクの尾は、この鳥類が適応していくうえで、どんな役に立つというのだろう。二メートルの長さにもなり、「トレーン

（引き裾）」と呼ばれるのもうなずける。飛ぶときは引きずることになり、重みが増すのであまり機敏に動けなくなるし、捕食動物の目につきやすくもなる。このようにお荷物になる形質が進化の過程で失われなかったのは、いったいなぜだろうか？

ダーウィンは、この難問を真剣に考え、ついに解答を見いだした。そして「性選択」と呼んだ。[2]解答を探るにあたっては、クジャクであっても長い尾をもたない種類、つまりメスのクジャクについて検討する必要があった。ある種のメスにおいて、同じ種に属するオスの特定の形質（ほかのライオンより大きいたてがみ、ほかの鳥より鮮やかな羽など）に対する選好が発達しているとすると、その形質をもっているオスが交尾を試みようと近づいてきたとき、交尾を受け入れやすくなる。その結果、形質がより顕著に表れているオスは、交尾に成功する可能性が高くなる。そのような形質である付属品を授けられたオスのほうがつがいとして望ましいので、そうしたオスと交尾をしたメスは、交尾相手としての性的魅力があるオスを生む確率が高い。こうしてその遺伝子が拡散する可能性が増していく。さらに、メスは長い尾に対する選好をメスの子孫に伝えていくので、このサイクルが続いていくことになる。当然ながら、オスのほうでメスの顕著な形質に対する選好が発達していれば、逆も起こりうる。このようにして、顕著な形質である付属品とそれに対する選好が連結して「フィードバックループ」のようになり、明らかな有用性がもともとない場合であっても、異性の個体に好まれる形質が加速度的に選択されていくことになる。[3]

イスラエルの生物学者アモツ・ザハヴィは、このような形質は身体的なものであれ行動的なものであれ、コミュニケーションにおいて重要な役割を果たしている、と論じている。[4] ザハヴィはこのような形質について数多くの調査を行っていて、その一例が、アンテロープの特定の種で見られる特別な行動である。アフリカに生息するガゼルは捕食動物を見つけるとよく、プロンキングとかストッティングとか呼ばれる行動をとる。できるかぎり高く何度も跳んだり、四本の足をすべて上げて空中で垂直にジャンプしたりする。一見すると、このような行動はまったく不可解だ。ガゼルがライオンを見つけたなら、最善の行動は、見つからないようにサバンナの背高の草の中で身を低くしているか、身を守るため別の方向に向かって走り出すかだろう。飢えた捕食動物に丸見えの状態で体操競技を演じるのは、最悪の考えだと思われる。これでは、たとえ捕食動物がガゼルを見ていなかったとしても、間違いなく気づかれてしまう。

見ているほうにとっては、ストッティングは、自殺行為とまではいかなくても奇妙な行動だと映るだろう。じつを言うと、一部の行動学者はストッティングについて、あるガゼルがみずからを犠牲にして捕食動物の注意を引きつけ、群れのほかの個体に逃げる機会を与えているのだ、と考えていた。つまり、ガゼルはライオンをあざけり、かかってこいと挑発しているらしい。自殺行為や挑発以外に、この奇妙な行動にどんな説明ができるというのだろうか?

しかし、仲間のための利他的自殺という仮説には、重大な補足事項がついている。もっとも利他的なガゼルがライオンに食べられ命を落とし、逃げたり身を潜めたりしたガゼルは遺伝子を拡散するチャンスがあるということになり、このような行動様式は長期的にはうまく機能しなくなる。したがって、利他的自殺をするガゼルがいたとしても、いずれは進化の圧力（進化圧）によってこの行動は選択されなくなるだろう。さらに、ストッティングの目的が群れのほかの個体に逃げるチャンスを与えるためであるとすると、周囲に何頭ものガゼルがいるときにしかストッティングをしないはずだ。しかし、じつのところ、ガゼルは一頭だけでいるときのほうが、捕食動物の前でストッティングをすることが多いのだ。とすると、この奇怪な行動をどう説明すればよいのだろう?

ザハヴィは、ガゼルやそのほか多くの種の動物について捕食－被食関係を調査し、この謎にはまったく異なる解があることに気づいた。捕食動物と被食動物との遭遇を何千例も入念に観察し定量化して、これ見よがしな華々しい行動をとってもガゼルがライオンに襲われやすくなるわけではない、ということを発見した。反対に、実際には、ストッティングをする動物のほうが捕食動物に襲われることが少なかったのだ。同じように、ヒバリは、ハヤブサに追われているときにさえずりをすることが多いことをザハヴィは発見した。小さな鳥があらんかぎりの肺の力を使って高速で逃げなくてはならないというのに、こんなふうにエネルギーを無駄に使うと不利になると思われる。ところが、ハヤブサのほうは、追いかけているときにヒバリがさえずりをすると、あきらめることが多いのだ。

ザハヴィは、こうした事実を検証し、一見すると不合理に思われるような目立つ行動は、捕食動物に対し、こうしなければ目につきにくい個体の性質について重要な情報を伝える役割を担っていると提起した。動物はみずからにハンディキャップを課すことによって、脆弱性《ぜいじゃくせい》でなく適応性を見せつけている。これほど価値ある資質を無駄に使う余裕があるのは最強の動物だけ、というわけだ。このことをザハヴィは「ハンディキャップ原理」と呼んだ。この原理では、一見すると不必要だと思われる代償を担うことによって個体の適応性を誇示できるので、身体的、行動的な形質が進化してきた、と説明する。

殴り合いのけんかをしようと申し出るときに、片方の手は背中の後ろで縛ったままでいいと言えば、身体能力でまさっている自信があるというメッセージをはっきり伝えていることになる。これは、「代償」をともなうメッセージだ。いわゆるはったりだったら、大けがをするかもしれない。つまり、弱いほうの人間が偽ってけんかの技に秀でているかのように触れまわると、待ちかまえていた強いほうの人間よりも失うものが大きくなるはずだ。だから、相手は申し出を受ける前によく考えてみるだろう。つまり、大きなハンディキャップを課してけんかを受けて立とうとするなら、絶対に力でまさっていなければならない（または、完全に正気を失っているかだ）。そして、このことは、同じように効果的な抑止力になるだろう。

よく似た原理は、競技の世界でも見られる。たとえば競馬では、もっとも速く走る馬にほかの馬より大きな負荷を与え、軽い負荷にしている遅い馬よりもハンディを与えることがある。出走馬の資質についてまったく知らない人でも、負荷の大きさだけを見て、どれがいちばんすぐれた競走馬か特定できるだろう。このようにハンディキャップは、根底に潜んでいて見ただけではわかりにくい資質について教えてくれる、信頼できるサインになる。

本来この種のサインは、伝える側と受け取る側の双方に益がある場合に進化していくはずである。健康な成獣のガゼルは、ネコ科の大型動物の捕食者を見つければ、たいてい相手より早く走ってうまく立ち回ることができる。だから捕食動物にとっては、幼少のガゼル、あるいは年をとっているガゼルかケガを負っているガゼルに注力したほうが得策だ。捕食動物から見ると、攻撃の大半は空振りに終わる。しかもアフリカのサバンナの容赦ない暑さでは、獲物と遭遇するたびにエネルギーを激しく使うことになり、襲うほうも獲物も消耗する。ネコ科の大型動物は、体力を回復し次の狩りができるようになるまでに何時間も必要とすることが多い。だから、捕まえられない標的をやみくもに追うのは、飢えのリスクをともなう。サインを使ってコミュニケーションをとることで、被食動物だけでなく捕食動物も不要な面倒をかなり軽減できる。

さらに、このようなサインのやりとりをしていると、サインを受け取った別の個体にも益があると考えられる。たとえば、同じ種の別の個体は、サインによってつがいになるかもしれない個体の適応力を判断できるかもしれないし、競合するかもしれない個体の強さを推し量れるかもしれない。あるいは、社会的な種であれば、仲間になる価値を評価できるだろう。

代償を払うサインの便益を受けることは人間も可能であり、実際に便益を受けている。そして、このことは何よりも儀式の領域で明らかだ。公共の行事は、相当な負担がかかる場合が多い。儀式を実践する人が払う代償でもっとも一般的なかたちは、時間とエネルギーに対する投資だ。代償は、行為の内容（たとえば巡礼は時間も体力も消耗する）と、失った機会（その行為をしなければできたかもしれないこと）との両面から考えることができる。時間には限りがある。定期的に儀式の活動に参加すると、さらに時間をとられてしまう。毎週日曜日の朝に教会へ行けば、生涯では丸一年を教会で過ごすことになる。これだけの時間があれば、ほかのことにいろいろ使えるだろう。仕事をしてもいいし、人間関係を追求するのもいい。子どもや孫の世話ができるかもしれない。

加えて、儀式にはたいてい金銭的な負担もかかってくる。移動にも費用がかかり、特別な服を購入し支度を整え、供え物を用意し豪華な祝宴を開く。儀式のなかには身体的なリスクをともなうものもある。火の上を歩いたり蛇を操ったり、また体を傷つけたりする儀式の行為には重大な危険があり、けがや感染を引き起こし、さらに極端なケースでは死に至る場合もある。儀式が信頼できるサインとして機能しているのは、まさにこのような代償を払うからなのだ。

儀式には代償がともなうから何らかの有用性が引き出せるという考えは、太平洋岸北西部の先住民が行っているポトラッチという儀式に見てとれる。[5] ポトラッチは、共同体の裕福な有力者が開く贅を尽くした祝宴で、大切な行事に際して行われる。子どもの誕生や命名、結婚式や葬式、また族長の特権を長男に譲渡するときなどだ。祝宴では、招待者が出席者に高価な贈りものをする。「ポトラッチ」という言葉自体が、チヌーク族の言語で「贈与」という意味だ。

歴史を振り返ると、ポトラッチが族長間の激しい競い合いにまで発展するのはめずらしくなかった。族長たちはほかの族長より力があるところを見せようと、貴重な品をばらまき、ときには品々を火に投げ入れ使えなくすることさえあった。このような贈りものには、高価なカヌーや毛皮、手織りの毛布などのほか、「銅製品」もあった。これは、遠くから運ばれた銅でつくった大きな飾り皿で、上流階級が所有するものだった。極端な例では、村全体に火をつけ奴隷がいけにえにされた。ポトラッチで競合相手以上に資材を浪費できた者は、自分のステータスを高め、地域の序列における地位を引き上げることができた。たちうちできなかった者の多くは、破産に追い込まれ屈辱を味わった。[6]

一八八五年、カナダ政府はポトラッチを禁止する法律を制定した。キリスト教の倹約の美徳に背く浪費的な行為であり、富の再分配と破壊は資本主義の価値観を損なう、とみなされたからだった。まったく同じ理由により、ポトラッチは二〇世紀のマルクス主義団体のあいだで非市場経済の模範例として歓迎された。一九五〇年代には、『ポトラッチ』はフランスで有数の前衛的な出版物のタイトルになった。これは市販されず、人から人へと贈るだけのものだった。

しかし、皮肉なことにポトラッチは、資本主義と大量消費主義に基づく現代社会の特徴をよく表している。上流階級がみずからの富を利用し、おおっぴらに資材を浪費することで、権力と社会的地位を誇示し再確認できるということだ。これには、有名デザイナーの手による車や高額な絵画など贅沢な物品の購入、さらに、プライベートジェットで移動したり命名権の見返りに寄付をしたりするといった贅沢なサービスに対する支払いも含まれるだろう。この戦略は、社会学者のソースティン・ヴェブレンが「顕示的消費」と論じたものだ。[7] 顕示的消費者は、有用性がまったくないと思われる消費行動をとることで、経済資本を使って実質的には社会関係資本を買っている。これが可能になるのは、彼らが購入する物品やサービスには、その値段を正当化できるような付加的な有用性がないからこそなのだ。四千ドルするルイ・ヴィトンのハンドバッグは、ブランド品でない二〇ドルのハンドバッグに比べて実用性が高いわけではない。市街地で一〇〇万ドルのスポーツカーを乗り回したからといって、もう少し座席に余裕がある（そしてもっと静かな）二万ドルのコンパクトカーを運転していくより早く職場に着けるわけでもない。

消費者が贅沢品を買うときにお金を払って得ているものは、じつは名誉なのだ。経済資本を社会関係資本に変換するには、まず広く人の目に触れるようにしなくてはならない。同じように、族長の相対的な富を判断する唯一の方法は、富を消費する力を公の場で観察することだ。貴重な銅製品を破壊できるのは、けた外れに裕福な族長だけだから、銅製品を破壊することは、根底にある経済力を示す、信頼性が高いサインとして機能する。

儀式を実践することで、重要ではあるが儀式がなければ目にすることが難しい資質に関する情報を伝えられる。このため、代償をともなう儀式は、社会生活に関連したさまざまな問題を解決する助けになっている。有性生殖生物が直面するこの上なく重大な問題に、配偶相手の選択がある。これが問題となるのは、配偶相手としてもっとも好ましい特徴は、必ずしも目につきやすいとはかぎらないからだ。そこには、健康、生殖能力、身体能力、物的・社会関係資本、そして、誠実さ、寛容性、社会的価値観の順守といった性格上の特徴などが含まれる。こうした資質を真に有しているのは誰かという問いに対して、人類の歴史を通じ、多様な儀式を行うことで手がかりを提供し、配偶者選択の問題を解決に導いてきた。

たとえば、伝統行事の多くは、演出が入った求愛表現の場としての役割があり、求愛行動と直接結びついている。このような行事の多くで、ダンスや、高い能力が必要な技や、場合によっては危険な芸当さえ行われるが、こうしたことが、バランスや調整力、強靭さやスタミナといった、体に関連するすぐれた特徴を披露するための最適な方法になっているのだ。西アフリカの遊牧民ウォダベ族のあいだで行われているゲレウォールというダンスは、恋愛相手を見つけるための競い合いの場になっている。鮮やかな化粧を施しカラフルな衣装と派手な装飾品を身に着けた若い男性が、幾夜にもわたり、コミュニティ全体が見守るなかで何時間かダンスを踊る。見物している人たちは、容姿や技量やスタミナについて意見を述べる。夜の終わりに、若い女性たちがいちばん気に入ったダンサーを選び、その夜をともに過ごそうと誘いかける。

同じように、マサイ族のアドゥムという有名な祭り（「ジャンプダンス」とよく呼ばれる）は、若い戦士の成人の儀式（「ユーノート」）の一環として行われる。このダンスでは、若い男性が交替で繰り返しジャンプをする。体を垂直に保ったままできるだけ高く跳び上がるので、体力を消耗する動きだ。コミュニティ全体がジャンプの競い合いを見に集まり、未来の花嫁候補の前で男性が強靭さと持久力を見せつける機会になっている。[8] 似たような例だが、南アフリカのウムランガの町では、ズールー族とスワジ族の成人式で、若い女性が「ハイキック」を行う。アフリカの一部の部族で行われてきた伝統的なダンスの動作であり、片方の足をできるだけ高く、ときには頭よりかなり高いところまで蹴り上げる。[9] この動作では並外れた柔軟性が求められるため、健康と体力と生殖能力を確実に示すサインになる。

身体的な力と技能の披露に加え、多くの儀式は美しさとセンスと豊かさを表現する機会にもなる。ヨーロッパとアメリカの一部の上流階級では、結婚適齢期を迎えた女性は、デビュタント舞踏会《ボール》として知られる儀式を通じて、大人の女性として正式に社交界に迎えられる（「デビュー」する）。近年、この種の儀式は性格が変化しているようではあるが、伝統的なデビュタント舞踏会は、フラミンゴがダンスをしてつがいを見つけるために集まってくるレックと同じ目的を果たしてきた。

そのなかでもとくに有名なのが、インターナショナル・デビュタント・ボールとして知られている舞踏会で、ニューヨークのウォルドーフ・アストリア・ホテルで二年に一度開かれる。参加するのは、政治家や億万長者、貴族といった著名人や社交界の名士の子女たちだ。準備は一年以上かけて行われ、そのあいだに女性はドレスを選びダンスとマナーのレッスンを受ける。参加者は舞踏会に先立ち「バチェラーズ・ブランチ」に出席し、マンハッタンでもとくに入会条件が厳しい独身男性クラブの裕福なメンバーと会う。舞踏会は、この日のためにゴールドとピンクで装飾されたグランド・ボールルームで行われる。女性たちは花嫁のような衣装に身を包み、男性（多くはバチェラーズ・ブランチで選んだ人）にエスコートされ、招待客の前に一人ずつ進み出る（紹介される）。それから、出席している男性の何人かとダンスを踊り、おしゃべりをする。その夜、女性たちは容姿とダンスの技量とマナーに基づいて評価されるのだ。舞踏会は招待者に限られていて、参加にかかる費用は一部の人の年収にも匹敵するほどなので、未来の求婚者は、参加しているのは有力な人脈をもった富裕層の家庭の子女だとわかっているだろう。

デビュタント舞踏会は基本的に上流階級に限られたものだが、同じようなしきたりは多くの文化で広く見られる。南北アメリカでは、キンセアニェーラという、一五歳になった女の子のためのお祝いがある［もともとラテンアメリカ諸国で行われていたもので、アメリカ合衆国内のラテンアメリカ人社会でも行われている］。この成人の儀式は、カトリックと先住民の要素が混じり合ったものであり、もともとは結婚適齢期になった娘を地域社会にお披露目する行事だった。この通過儀礼では、成人女性ならではの特権を楽しめる。化粧をして装飾品を身に着けハイヒールを履き、足のムダ毛を剃《そ》り眉を抜き、そしてデートを許される。アメリカとカナダの少女は、同じような儀式を一年遅れで「スイート・シックスティーン」の誕生日として祝う。これらの儀式は多くの点で結婚式のリハーサルに似ている。少女たちは花嫁のような衣装をつけ、男性の保護者にエスコートされ高級車に乗って登場し、その夜は、ダンスを踊り招待客に挨拶しプレゼントをもらって過ごす。

上流階級のデビュタント舞踏会も、一般庶民が行うキンセアニェーラとスイート・シックスティーンのパーティーも、基本的に同じ機能を意図している。招く側のメリットとしては、花婿候補が大勢いる前で、女性が健康と美とエレガンスを出席者に印象づけ輝ける機会になることだ。だから、多くの裕福な家庭は招待客を増やそうとして、広い会場を予約し、お金を払って新聞に広告を出す。娘のキンセアニェーラのビデオを編集してインターネットにアップロードするために、プロの技術者を雇ったりする。いっぽう、招待客にとっても、招待者側の資質について重要な情報が得られるので有益だ。その夜、招待した家の女性は、ずっと注目を浴びつづける。客の前で何時間も踊り、客は女性の一挙手一投足をつぶさに観察する。

ダンスは求愛の儀式においてごくふつうに見られる。ダンスを通じて人々の結びつきをつくれるからというだけでなく、踊っている人の生物学的な適性を判断できるからだ。ダンスにすぐれているほうが魅力的だと認識されるが、研究によると、もっとも性的魅力があると考えられる動きは、男性と女性で異なっているという。

イギリスの心理学者の研究グループは、女性がダンスをするところをビデオに記録し、顔立ちやそのほかの個人的な特徴がわからなくなるよう、3D動画の作成技術を使ってデジタルアバターを生成した。そうして作成したアニメーション動画を二〇〇人に見せ、それぞれのダンサーの特徴を評価してもらった。[10] その結果、ダンスがうまい女性だと評価されるうえで鍵となる動きは、腰の振り方（多産と関連づけられる女性の顕著な特徴）、そして腿と腕の非対称的な動きだとわかった。こうした動きは、健康で運動筋肉の調和がとれていることを示しているのだろう。これに対し、男性のダンスの動きでもっとも性的魅力があるとされたのは、強さや優越性を示す特徴と結びつけられるもので、体を大きく見せる姿勢や上半身の動きだった。[11]

もちろん、美に対する嗜好は文化によって大きく異なり、とくにダンスの動きに関しては著しい違いがある。それでも、どんな動きに性的魅力を感じるかについては、文化をまたいで共通する認識が見られるという根拠もあり、アメリカ人と韓国人について、またドイツ人とブラジル人について比較した研究で示されている。[12]

美的な嗜好はさておき、長期にわたる配偶者を選ぶとなると、もっとも重要となる特徴がいちばん目につきにくい。[13] 性的な意味での誠実さ、家族に対する価値観、そのほか社会的に望ましいとされる属性だ。ここでも、生涯のパートナーになるかもしれない人の配偶者としての価値について、代償をともなう儀式から有用な情報が得られるかもしれない。こうした儀式に参加すれば、社会の特徴である規範と価値観を受け入れているということが示されるからだ。儀式にかかる代償を払うことは、集団のよきメンバーになり集団の道徳的規範を守るという決意の表明だ。事実、ニュージーランドで行われた研究では、儀式への参加は出生率の上昇と統計的に有意な関連があると明らかになっていて、儀式に参加する人ほど長期的な配偶者としてふさわしいと捉えられていることが示唆されていた。[14]

たしかに、儀式のために払う代償によって、配偶者としての資質に対する認識が高まるかどうかは、実験で確かめられる問題だ。その答えを確認するため、私は研究仲間とモーリシャスで実験を行った。実験では、地元の若い男性たちに関する情報を交際相手としてのプロフィールにまとめ、若い未婚女性のグループに見せた。女性たちには、それぞれの男性との交際にどの程度同意できるか、また夫としてどの程度ふさわしいと思うかという観点から、男性のプロフィールを評価してもらった。ただし、三つの異なる条件をつくりだすため慎重にプロフィールに手を加えていたことは伏せていた。男性の顔写真やそのほかの細かい情報はすべてそのままにしておいたが、儀式に関する習慣が具体的に伝わるよう、写真の背景の画像を変える加工を施してあった。

一つ目の条件では、背景は風景や抽象的なイラストなど一般的な題材にした。二つ目の条件では、プロフィールの男性が公共の場で行われる儀式に定期的に参加していることを印象づけるような画像にした。寺院やティラク——ヒンドゥー教徒がさまざまな行事で額につける灰やペースト状の赤い顔料——の写真を入れた。最後に、三つ目の条件として、途方もない痛みや苦しみをともなうタイプーサム・カヴァディの儀式に男性が参加し犠牲を払ったことを具体的に示す画像を入れた。たとえば行列の写真、あるいは儀式の参加者がかついだ神輿《カヴァディ》の写真だ。

私たちは、条件に変更を加え、儀式に参加することが男性のパートナーとしての価値にどのような影響をもたらすかを見ようとしていた。未婚女性に加え、親たちにもプロフィールを見せ、娘のために男性の評価をするよう求めた。つまり、それぞれの男性について、娘がデートするのにどの程度同意するか、そして将来のよき夫としてどの程度ふさわしいと思うか、を尋ねた。

パートナーとしての男性の価値を評価する際、儀式への参加が重要な役割をもっていることがわかった。女性もその親も、儀式に参加する人ほどパートナーとして好ましいと考えていて、この傾向は結婚となるとより顕著だった。ただし、儀式の種類については、未来の花嫁候補にとっては、評価にあまり影響していないようだったが、親のほうは、代償が大きい儀式を実践する人に対して明らかに好感を示した。評価する人たちの年齢や教育程度、宗教にかかわらず、儀式を実践する人は素材として質が高い、と考えられていたのだ。儀式が配偶者としての資質を推測するためのもっとも重要な指標になっている、というだけではなかった。苦痛をともなう儀式に参加した人のほうが評価が高く、儀式に労力をつぎ込むほど望ましいと判断されていた。

親の評価が重要なのは、配偶者選びにおいて歴史的に家族が果たしてきた役割があるからだ。とくに、モーリシャスのヒンドゥー教徒のあいだでは、配偶者の選択にあたり親がたいへん重要な役割を担っていて、子どもや孫の結婚相手について、助言し念入りに調査し、あるいは否定したりあからさまに決めつけたりする。もちろん、世界の大半の地域と同じく、モーリシャスでもこの傾向は急速に変わりつつあり、若い人たちは権利意識が高まり、自分の配偶者を自分で選ぶようになっている。それでもなお、人類の歴史を通じ多くの社会で、結婚は家族間で戦略的に縁戚関係を結ぶための手段として機能してきた。家族は、生殖に関して子孫がどのような選択をするかについて大きな影響力を持ち、選択に大きな圧力をかけてきたが、その際、文化的に認められてきた儀式を実践することに好意を示してきたのだ。

このように儀式には重要な社会的情報を伝える力があるので、家族の範囲を越えて社会の難題を解決する助けになりうる。どんな人間の集団でも、集団として存続するかどうかは、構成員間の持続的な協力にかかっている。小規模な社会では一般に、協力はそれほど問題にならない。多くの人が遺伝子的につながっていて、交流は個人レベルで行われることが多く、各人の利害関係はおおむね整合性がある。基本的に、集団にとってよいことは個人にとってもよいことだ。しかし、人間社会が大きさの点でも複雑さの点でも発展していくと、「フリーライダー」の問題が起こりやすくなるため、集団行動がしだいに困難になっていく。

一つの区画の土地に住んでいる拡大家族を考えてみる。何世代にもわたってこの家族は、土地の中心にある広い庭のまわりに住んできた。結婚までは両親とともに暮らし、結婚後は自分の家を親の家のすぐ上に建て増しするか、隣に建てるかする。その結果、その区画に住む五〇人は、全員が血縁か婚姻でつながっている。祖父母やきょうだいやいとこ、叔父叔母、義理の家族などだ。これは、人類の歴史の大部分においてもっとも一般的だった居住の形態であり、こんにちの世界でも見られる。

ある夜、ある世帯の家に二人の強盗が押し入り盗みをはたらこうとしている、と想像してみよう。強盗が窓をよじ登っているところを、世帯主のいとこが見つける。いとこが自分の兄弟に助けを求めると、兄弟たちは家のまわりを取り囲んで侵入者に立ち向かい、取っ組み合いをして家族の財産を守る。彼らはいとこである世帯主を助けることで、自分たちの利益にもつなげようとしている。将来、逆の状況が起こったら、いとこを頼れるかもしれないからだ。さらに、親類たちが裕福であればあるほど、経済的援助が必要になったときのセーフティネットがより強力になる。そうすると、いとこを守ることで、自分たちの遺伝子を受け継いだ姪《めい》や甥《おい》も守っていることになる。みんなが得をする。

次は、いとこの一人が軍に入隊したと想像してみる。ある日、敵対する国がこの国に対して宣戦布告し、まもなく戦地に召集される。自分が属する大隊の一員として敵に対峙《たいじ》しなくてはならなくなったとき、彼には二つの選択肢がある。前線に身を置き命の危険を冒しながら仲間を守って英雄になる。または、身を低くして大勢のなかにまぎれ警戒しながら、ほかの人が勇敢に戦ってこの部隊に勝利をもたらしてくれることを願う。どちらの道を選ぶべきだろうか？

この状況では、協力することで、明らかに最良の結果が集団にもたらされる。兵士全員が力を合わせて勇気を示せば、戦闘に勝利する。誰もが臆病で逃亡するなら、全員が命を落とす。しかし、集団が大きい場合は、そのうちの何人かが逃げだしても勝てるかもしれない。十分な割合の兵士が自分の役割を果たすのであれば、それでも集団の目的は達成できるだろう。ここで問題なのは、集団を構成する個人にとっていちばんよい行動は、自分は逃げてほかの人たちに協力してもらうこと、となったときだ。そうなると、自分は何もリスクを負わずに集団の努力の恩恵だけを得ることになる。

このような協力の問題は、人間の集団ではごくあたりまえに起こる。税金の制度があるおかげで、誰もが便益を受けられる。しかし、どんな市民にとってももっとも都合がいい行動は、税金を払わずに、ほかの納税者が出した資金で国家に保護してもらい、公共福祉やインフラストラクチャーの恩恵を受けることだ。協力するほうは、公平に割りあてられた以上のお金を払い、逃れたほうはただ乗り《フリーライド》していることになる。

別の状況では、協力のなかに規制を守ることが含まれる場合もある。集団のすべての構成員が利用できる資源が限られているとき、「共有資源の問題」が起きる。例をあげてみよう。漁師の集団が湖で漁をして生計を立てているとする。湖には、全員が何とか生活していけるだけの魚がいる。じつは、何人かが公平な取り分より多くの魚を持っていったとしても、魚が繁殖するので生息数は保たれる。しかし、過剰に漁をする人が増えすぎると、いずれは漁業資源が枯渇して全員が飢えることになるだろう。この問題はしばしば「共有地《コモンズ》の悲劇」と呼ばれる。集団の観点から見ると、いかにも悲劇的な状況が生まれているからだ。集団で協力すれば誰もが利益を受けられるのだが、個人としてもっとも利益が得られる行動が、責任を放棄することになってしまっている。だから、全員が、または多くの人たちが、自分だけの利益に基づいて行動すると、全員が損害を被ることになる。損害を被る可能性が高いと、協力のジレンマという難題に重大な問いが投げかけられる。つながりがない人たちによる集団は、どうすればフリーライダーに悪用されるのを防げるだろう?

二〇一八年、ジョエル・マルティネスは一五歳のアーヴィン・デ・パスを刺殺し、ボストン連邦裁判所で禁固四〇年の判決を受けた。証拠は疑問の余地がなかった。検察側は、マルティネスが自分の犯罪を自慢げに話しているところをひそかに録画したビデオを入手していたのだ。ただし、殺人は個人的な理由によるものではなかった。マルティネスは被害者の少年と面識がなかった。少年の命を奪うことが、悪名高い犯罪組織マラ・サルバトルチャ、別名MS-13のメンバーになるために課された条件だったのである。

組織に入るための通過儀礼は、二段階の試練からなっている。第一段階として、志願者は、警官や対立するギャング組織のメンバーといった、組織のリーダーが敵に回した人間を処刑しなければならない。首尾よく遂行できると、次に待っているのは「ジャンプイン」と呼ばれる段階だ。志願者はギャング組織のメンバーに取り囲まれ、一三秒間、激しく殴打される。不運なことに、マルティネスは「ジャンプイン」もカメラに収められていた。映像では、組織のボスがゆっくり一三数えるあいだに、何人ものメンバーがマルティネスを殴り倒し蹴りまくる。終わると、ボスがマルティネスを助け起こし抱きしめ、満面の笑みを浮かべながら宣言する。

「マラへようこそ、この野郎」

MS-13のような通過儀礼の儀式はめずらしくない。世界じゅうの犯罪組織で同じように凄惨なテストが行われている。爆竹のシャワーを浴びせられる、糞便を塗りたくられる、性的暴行を受ける、自分の血を飲む、殺人を実行するなどは、志願者がメンバーとして認められるために耐えなくてはならない肉体的、心理的ショックだ。

こうした通過儀礼の背後にある論理は、喫緊の課題である協力のジレンマを効率よく解決する、というものだ。集団が存続するためには、構成員の忠誠に頼らざるをえない。しかし、誰が信頼できるかをどうやって判断するのだろう。当然ながら、組織に入りたい人はためらわずに献身を誓う。だが、言葉だけならたやすい。いざとなれば、たった一度の裏切り行為で(たとえば誰かが警察に密告するなど)、組織全体が崩壊するだろう。この問題を解決する方法は、集団の構成員になるときに「前もって」途方もない代償を払わせることだ。

ガゼルのストッティングやマサイ族のジャンプダンスなどの行動は、まねることが不可能とはいわないまでも難しい特性（この場合は身体的な能力）と直接関連しているため、伝えられた情報が信頼できる。高齢のガゼルや傷を負ったガゼルは、健康なガゼルほど高く跳べない。人間でも、病気の人や虚弱な人はうまく踊れない。ジャンプは、能力が低い者には模倣や捏造《ねつぞう》や誇張が容易にできないので、すぐれた身体能力を明確に示す指標になっている。しかし、献身や忠誠といった特性は直接観察することができない。間接的な根拠から推測するだけだ。ある種の儀式はこの問題を巧みに解決するものだ。直接的な根拠で特性を示す代わりに、間接的に示すサインをつくっておく。集団の構成員に深い忠誠心がなければ払えないほどの大きな代償が必要になるサインだ。行動は言葉よりものを言う。離反されたときのリスクが高いほど、行動は激しいものになる。サインが真実かどうかを確かめるためだ。

一九七〇年代に、法学者のディーン・M・ケリーは、アメリカではリベラルな教会が衰退し保守的な教会が勢力を伸ばしているように思えるのはなぜか、と疑問を持った。[15] 宗教の自由と多様性が尊重される情勢に後押しされ、思想には開かれた市場があるので、信者には数多くの選択肢がある。そのような現状では、信者は救済のために高い代償を払わせる教会から離れ、バーゲン価格の代償を払えば救済してくれる教会に走りそうなものだ。なぜ、そうならないのか？

ケリーは、直感とは逆の答えを提案した。保守的な教会は厳格であるにもかかわらず発展しているのではなく、厳格だからこそ勢いを増しているのだ。ケリーによると、食事や飲酒や服装、また、どんな行動をとり誰と交際するかなどを厳しく統制し、信者の生活を容赦なく制限することで、じつのところ教会は「より魅力的な」選択肢を提供しているのだという。信者の目には、厳しい教会ほど真剣で価値があるものに映っているのだった。

経済学者のロレンス・イアンナッコーネはいくつかの宗派に関するデータを精査して、ケリーの説が立証されていることを示した。[16] イアンナッコーネの分析では、信者に厳しい要求を課す教会ほど、多くの信者が参会し、信者から多くの寄付が集まり、社会的絆が強く、離脱者が出る可能性が低い。これは、会に属するための高い代償をともなう行為が、フリーライダーの抑止力になっているからだという。ここでいうフリーライダーとは、十分な労力や資財を提供せずに信者としての恩恵だけを得ようとする人たちだ。資質の低い信者を排除することで、厳格な教会はその価値を高め、より献身的な信者を引き寄せ、とどめておけるのだ。

このような理由から、高い忠誠を求める集団は、代償をともなう通過儀礼の儀式を行うことが多い。世界各地の軍隊組織は高い負荷がかかる儀式を訓練に取り入れていて、精鋭部隊ほど厳しい試練を課す。米国海軍特殊部隊《ネイビーシールズ》（世界最強レベルの特殊作戦部隊）の志願者は、軍隊のなかでもっとも悪名高い部類に入る通過儀礼を乗りきらなくてはならない。ヘルウィーク（地獄の一週間）と呼ばれているが、まさにそのとおりだ。並はずれて強靭で忠実な士官候補生以外をふるい落とすため、一連の過程は肉体的にも心理的にも苛烈を極める。あまりに過酷なので、近年では、訓練中に死亡するシールズ隊員のほうが、戦闘で命を落とす隊員よりも多い。

たしかに、人類学者はある傾向に注目してきた。人々の連帯を頼みにして社会の目的を達成しようとする集団ほど、劇的な通過儀礼を行う場合が多い、という傾向だ。[17] 歴史学的な分析では、人類の文化を通じ、通過儀礼にかける代償はその文化が直面する協力の問題の深刻さに関連していることがわかっている。[18] 研究では、民族誌学の記録を活用し、世界各地の代表的なサンプルとして、六〇の社会で行われている男性の通過儀礼について分析を行った。研究対象になった社会での暴力的紛争の傾向を見ると、戦闘行為の発生は、重い代償を払う儀式と関連していることがわかった。さらに言えば、おもな戦闘行為が内紛である社会では、通過儀礼はそれほど過酷ではなく、その効果は一時的なものになる傾向があった。こうした儀式では、たとえば、体にペイントを塗る、感覚を遮断する、といったことを行う。これに対し、外部社会と戦闘状態にあり、そのため存続がはるかに深刻な脅威にさらされている社会では、通過儀礼はより大きな代償を払うものとなり、参加者の体に目に見える痕跡を残す場合が多い。このような儀式では、性器切除やボディピアスを施したり、体に痛みをともなうタトゥーを入れたり、また体に彫りを入れ創痕をつくることもある。こうした行為は、儀式に参加すること自体が代償であるが、それに加え、実践者の体に社会のアイデンティティである印を永久に残すことになる。

オスのクジャクの華やかな羽飾りになった尾によって、メスのクジャクは、そのオスが尾をここまで成長させるという負荷を負うだけの適応力に富むのだと判断する。同じように、代償を払う儀式では、尋常でない行為のために払う代償に基づいて、その人の集団に対するかかわり方をほかの構成員が判断する。このようにすることで、儀式は、同じ責任を共有する人たちのあいだで、フリーライダーが出るのを防止し協力を促進するための安全装置になり、サインを送るほうにも受け取るほうにも利点が生まれる。

サインの送り手にとって、おもな利点は地位が向上することだ。集団の儀式を実践することは、その集団の価値観を受け入れたということを象徴的に意味する。結果として、儀式に参加するために相当な代償を払う意思のある人は、より積極的に集団の理念を支持する人であり、だから信頼できるだろうと、集団のほかの構成員は考える。ポトラッチでは、儀式を通じて、族長が経済的資本を社会的資本へと変えるが、それと同じように、過激な儀式では、参加者が肉体的資本（その人自身の体）を使って社会的地位を高められる。

サインを送るという論理は、儀式の参加者のあいだにも浸透している。人類学者のアルド・チミノが行った一連の実験では、参加者に自分はさまざまなグループのメンバーだと想像してもらい、グループに入会するための儀式を計画するという課題に取り組むよう伝えた。[19] 各グループに対し、グループの課題を行う人たちの紹介文と写真をつけて、課題について説明した。半分のグループでは、グループの目的を達成するために緊密な協力が必要だった。たとえば、北極探検に出かけ、危険な氷の山を登って極限の気候や野生動物から身を守るシェルターを見つけるという状況、また、戦争で混乱する国で人道支援を行っていて、ときには砲火にさらされながら生き延びるために協力しなければならないという状況が想定された。残りの半分のグループでは、それほど緊密な協力は必要とされなかった。自然愛好家や音楽愛好家など、共通の関心をもつグループで一緒に発表会を企画したり内輪のコンテストに参加したりするというものだ。チミノの調査では、協力を必要とするグループでは、参加者は直感的に、負担が大きい儀式を想定する、ということが明らかになった。緊密な協力が必要なグループでは、もう一つのグループに比べ、ストレスがかかる儀式を好み、厳しい儀式を行うようグループのほかのメンバーに働きかける人が二倍いた。

ニューヨークのブルックリンのストリートギャングに入ったばかりの男性が、組織に入るための通過儀礼を受けたあと、次のように振り返った。「記憶に残る体験だった。わかるかな？あんなひどいこと、絶対に忘れない。何年でも覚えてるだろう。何年でも」。彼の顔は殴られ傷だらけになり腫れ上がっていた。まだ目元から血を流しながらも、殴った人たちに対して──彼らも過去に同じ試練をくぐり抜けていた──愛着を感じていると述べた。

兄弟を愛してるんだよ。あいつらは、やらなきゃいけないことをやったまでだから。（略）あいつらはわかってる。メンバーだったから。同じ目にあってきたんだ。言ってる意味がわかるかな？　俺はあいつらと向き合っていきたい。一緒に戦いたい。俺が今日受けたことを連中も経験してる。あのとんでもない経験こそ本物なんだ。[20]

このように社会的な価値が得られるから、低い地位にいる人は、儀式に多くの代償を払うことで集団に対する忠誠を示そうと、嬉々《きき》として余分な負担を背負うのだ。例をあげると、私たちは、モーリシャスの体を突き刺す儀式の調査で、社会経済的背景が異なる人は、同じ儀式のなかでもずいぶん異なったふるまいをすることを見いだした。タイプーサムの儀式で、社会経済的地位が高い人は、経済資本を利用して、より大きく装飾が華やかなカヴァディをムルガンの神に捧げる。いっぽう、社会経済的地位が低い人は、体に多くの針を突き刺し、より痛みをともなうかたちで儀式に参加する。経済資本がないので、この儀式で得られる地位にたどり着くために、持てる唯一の通貨を差し出すのだ。自分自身の血と汗と涙だ。[21]

儀式では、参加者に多大な犠牲が求められる場合があるが、はたしてそれだけの犠牲を払う価値があるのだろうか。人類学者のエレナー・パワーは、インド南部で行ったフィールドワークで、二つの村の住人に、仲間の住人の性格を評価するよう求めた。あわせて、公共の場での礼拝に参加する頻度についても記録した。その結果、公共の場での礼拝儀式に時間と労力をさく人ほど、ほかの村人から熱心な信者だとみなされ、また多くの点で社会的に好ましい属性をもっていると認識されていることが明らかになった。たとえば、勤勉で寛大で賢明だと思われていた。[22]

儀式に参加した人たちは、このような高い評価をもらったことによる恩恵を生かすことができるのかどうかを確かめるため、パワーはのちに、村人どうしで支え合う社会的関係にどんな種類があるかを記録し、村の社会ネットワークを分析した。この分析によって、情緒的な支援や経済的支援、助言や指導、庇護《ひご》や手伝いといった助けが必要なとき誰に頼るかを探ることができた。多大な労力をかけて公共の場での儀式に参加する人ほど、村との社会的つながりが強く、また、支援が必要なときはその社会的なつながりを適切に活用できていることを明らかにした。[23] なお、この場合、多大な労力とは、負担の少ない儀式に年間を通じてひんぱんに参加するか、苦痛をともなう儀式に年一回参加するかのどちらかを指している。

サインを受け取る側は、儀式に参加する人のほうが集団の構成員に忠実だとして信頼しているわけだが、はたしてこの判断は正当なのだろうか。いくつかの実証的研究で、儀式に多くの代償を払う人のほうを信頼するという判断は間違ってない、と示唆されている。イスラエルの宗教的なコミュニティ、キブツでは、集団儀式に多くの時間をさいて参加する男性のほうが、コミュニティのほかのメンバーと経済ゲームをしたときに協力的な姿勢を見せたと報告されている。[24] アフリカ系ブラジル人が信仰するカンドンブレという宗教では、公共の場での儀式にひんぱんに参加する人のほうが気前がよいということが明らかになった。[25]そして、モーリシャスの例で見たとおり、大勢が参加する儀式で厳しい苦痛に耐えた人ほど、慈善活動に多くの寄付をしていた。私たちはさらに研究を進め、その効果は一回の儀式だけにとどまらず、さらに続いていくことがわかった。生涯を通じて苦痛をともなう儀式にたびたび参加する人ほど、経済ゲームでほかの人のためになる行動をとった。[26]

これまで取り上げた事例から考えると、代償を払う儀式に参加する人は、集団の構成員として、より協力的だと考えられる。集団に対する個々の構成員の忠誠をその集団が評価するようになれば、代償を払う儀式に参加することで協力が活発に行われ、社会的結びつきが強まるだろう。実際、ともに儀式を実践する人たちのあいだでは、仲間どうしの結びつきがより強くなり、また過激な儀式ほど集団全体の結びつきが強まる、ということをエレナー・パワーが、インドの社会ネットワークの分析で明らかにしている。[27]

代償をともなう儀式は、社会の強化を促すので、社会が長期にわたって存続し繁栄するうえで大きな意味をもつ。この点は、一九世紀のアメリカの共同社会を歴史学的に分析した結果から明らかになっている。[28]研究者たちは、社会の一員になるための代償について分析しようと、八三の共同社会に関する文献に片っぱしからあたって、守らなくてはならない規範をすべて網羅したリストを作成した。具体的には、代償として要求される二つのことに着目した。一つは、個人的な利益には直接つながっていないことを行うもので、宗教の祈りや聖句を暗記したり、特定の服を購入して着用したりすることだ。もう一つは、個人にとって利点がありそうなことを禁じるもので、性的関係をもつことや外の社会と連絡をとることを禁じる。そして、それぞれの社会が最終的に消滅するまでにどれくらいの期間があったかを調べた。その結果、社会が個人に負わせる代償の数とその社会の存続の総期間とのあいだに、正の相関関係があることがわかった。社会の一員になるために払う代償が大きいほど、その社会の存続期間は長かった。

代償をともなう儀式は、実践する人に関する重要な情報を伝えるだけでなく、社会そのものに関する情報と社会の意義についても同じぐらい重要な情報を伝えている。私たち人間は文化を通して学ぶ。社会についてゼロから理解していくのではなく、学ぶことの大半は、仲間の人間に助けられながら身につけていく。したがって多くの場合、ほかの人を模範にすることがたいへん有益だ。だからといって、むやみにほかの人のまねをしても賢くなれるわけではない。そこで、誰がよいロールモデルで、その人たちのふるまいをどのタイミングで模倣するのが有益かを判断するという学習バイアスが発達してきた。[29]

たとえば、あらゆる社会で子どもも大人も、よく知られていて活躍している人、それも自分が属する集団のなかで活躍が目立っている人のまねをしたがる。[30]というのも、著名な人たちは、その集団のなかで成功し地位を手に入れるきっかけとなった知識や技能を身につけているはずだと、誰もがわかっているからだ。このような「名声バイアス」は、私たちの奥深くに流れているので、このバイアスが利用される事例は多い。たとえば、マーケティングで有名人をコマーシャルに使うケース。その人が宣伝する製品に関係する専門性をもちあわせていない場合でも、起用する。

進化の過程では、あらゆる行動が何らかの反応を引き起こす。その一つとして、人間が文化のなかで学ぶ学習バイアスを悪用し、他人を操ろうとする人が現れるときがある。このため、学習するほうには、ロールモデルとする人の行動は真摯なものであるというわかりやすい証明を求めようとする選択圧が働く。ここでCREDというものが出てくる。

CREDは、「信頼性強化表示（Credibility Enhancing Display）」の意味で、ハーバード大学の進化人類学者ジョセフ・ヘンリックが編み出した。代償をともなう特定の儀式が、どのようなプロセスによって、その儀式と関連する信仰や考え方に対する信頼性を引き上げているかを説明するものだ。[31] 人間は集団の大義を果たそうと決意する前に、その大義が価値あるものかどうかを判断する根拠を求めるものだが、その際、集団のほかの人たちが大義をどの程度守っているかを確かめる。サンタクロースを信じると主張する人が、サンタクロースを讃える礼拝に出席していなければ、小さな子どもでもいずれは、サンタクロースが高貴な地位にある超自然的な存在ではないと気づくだろう。しかし、ムルガンの神を信じると明言する人が頰に串を突き刺して儀式を遂行すれば、その人がたしかに神に忠誠を誓っているということだけでなく、ムルガンが忠誠を誓うにふさわしい神だということも伝えることになる。行動は言葉よりものを言うのだ。[32]

このようなプロセスを経て、代償をともなう儀式は忠誠をありのままに示すものとして働き、個人にも集団にも、また集団の文化にも恩恵をもたらし、好ましい循環をつくりだす。忠誠を示した人は、集団での地位を高め、ほかの人とのつながりが深まり、また、忠実な構成員が多い集団は、結束を高める。このことにより、代償を払う儀式を求める集団に進化上の重要な利点が生まれ、儀式を行わない集団よりうまく適応できるようになる。いっぽう、代償を払う儀式に関連する信条や考え方は、より信頼できると捉えられるので、集団の構成員のあいだで支持され受け継がれていき、同時にほかの集団でも模倣されることが多い。そして、その信条が代償をともなう儀式によって象徴的に表現されるため、新しくその信条を受け入れるようになった人たちは、ますます儀式を支持するだろう。

代償をともなう儀式には、儀式自体が強化されていく力が備わっていて、その力は社会的な機能の側面だけでなく心理面に与える特徴にも現れる。こうした儀式は、儀式を実践する人に関する重要な情報を伝える。集団のほかの構成員に向け外へ発信するだけではない。内に向けて、つまり儀式を行う人自身に向けても発信される。代償をともなう儀式は、忠誠を「表明する」だけでなく、忠誠を「高める」うえでも効果的なのだ。こうして、儀式に意義が生み出されていく。

一九五一年、レオン・フェスティンガーという若き心理学教授が、ミネソタ大学社会関係調査研究所にポストを得て着任した。三二歳にして、すぐれた業績をあげた実験主義者としての名声をすでに確立していた。ただし、先行する研究者の多くとは異なり、フェスティンガーは実験室の狭い空間に閉じこもるのでなく、実際の環境のなかで行動を検証して社会現象を研究することの重要性も強調していた。人類学理論に関する文献をむさぼるように読み、研究生活の終盤では心理学の実験室を閉鎖し、先史考古学に関心を向けた。フェスティンガーはミネソタ大学で、考え方を同じくする学者たちと出会った。そのなかに、自分の教え子だったスタンレー・シャクターとハーバード大学から移ってきたばかりの若い教授、ヘンリー・リーケンがいた。三人は、どのようにして人間がさまざまな経験に意味と重要性をもたせるのか、また相矛盾する信条や感情や行動にどのように折り合いをつけるのかという点について、同じ関心を抱いていた。

このテーマについて深く探究する機会は、フェスティンガーがＵＦＯ（未確認飛行物体）を信じるシカゴのカルト集団に関する新聞記事を読んだときにやってきた。この集団はシーカーズと呼ばれていて、来るべき終末の日に備えようとしていた。カルト集団の指導者はドロシー・マーティンという女性で、クラリオンという惑星で生まれた地球外生命体である守護者《ガーディアン》からテレパシーによるメッセージを受け取っている、と主張していた。地球外生命体はマーティンに接近して警告を送っていた。一九五四年一二月二一日、大規模地震が起こり、続いて巨大津波に見舞われ、アメリカ全土と南北アメリカ大陸の大半が消滅するだろう。ほどなくして世界のほかの地域も壊滅する。しかし、予言を信じる者にはまだ希望がある。地球外生命体は、空飛ぶ円盤を送ってマーティンと信奉者たちを乗せクラリオンまで安全に連れていく、と約束してくれた。

マーティンの信奉者は少数だったが熱狂的だった。多くの者は終末が近いと信じ、家族を離れ仕事をやめ、財産を手離していた。定期的に開かれる会合や行事にそろって出席し、終末に備えて気を引き締めていた。フェスティンガーは新聞記事を読んで、ある考えが浮かんだ。もし一二月に世界が終わりを迎えなかったらどうなるのだろう？　シーカーズは何を語りどう行動するのか？　フェスティンガーは受話器を取り上げマーティンに電話し、仲間に加わって惑星クラリオンで新しい生活を始めようと考えていると話した。数日後、フェスティンガー、シャクター、リーケンは、大学院生を数人引き連れて集団に加わり、民族誌学研究のスパイというミッションに着手した。

来るべき終末の日までのあいだに、異星人が何度か到来すると予言されていた。予言の日が来るたびカルト集団の人々は、異星人と遭遇する前に金属のものを体から取り外すよう指示された。異星人からの要求だという。そこで、ベルト、腕時計、眼鏡、ブラジャーなどが捨てられ、ボタンやファスナーは引きちぎられた。人々はマーティンの庭に集まり、空飛ぶ円盤が来ないかと目をこらして、雪のなかで何時間も待った。空飛ぶ円盤は一度も来なかった。だが、初めこそ失望したものの、予言がはずれるたびに、彼らの信念は強くなるいっぽうのようだった。終末の日が来て、そして何事もなく過ぎ去ると、ついには、自分たちの努力によって大惨事が避けられたのだという結論に達した。彼らの祈りが強烈な光を放って届き、ガーディアンは地球を滅亡から救おうと決心したのだった。

予言がはずれても、シーカーズは信念を捨てたりせず、ますます意気盛んだった。以前は人目につかないようにして集まっていたが、空飛ぶ円盤を呼び寄せるための儀式をおおっぴらに開くようになった。前はマスコミの取材を避け、カルトに入るメンバーを慎重に選んでいたが、一転して取材の機会を探し求め、入会を勧めるキャンペーンを強力に推しすすめた。その結果、会員数が増えていった——少なくともしばらくのあいだは。やがて、地域のコミュニティからの苦情を受け、警察が法的手段をとると脅しをかけてくる。この展開に恐れをなして、中心的なメンバーが活動拠点の市から逃げ出した。マーティンはペルーに移り住み、引き続き自分が受けた啓示を信奉者に手紙で伝えた。アンデス地方の修道院で何年か過ごしたあとアメリカに戻り、シスター・セドラの名でアリゾナに新しいカルト集団をつくった。

フェスティンガーはシーカーズとともに送った日々をもとに、社会心理学の歴史に多大な影響を残した作品、『予言がはずれるとき』（勁草書房、一九九五年）[33]を執筆した。そのなかで、人間は内的整合性を求めようとする、と論じている。人は、自分の信条と行動とが衝突すると、フェスティンガーが「認知的不協和」と呼ぶ心理的不快感を覚える。この不快感を軽減しようとして、信条と行動のあいだで起こる矛盾に折り合いをつけようとする気持ちが働く。ただし、ここにフェスティンガーの理論の新奇な点がある。自分の信条に基づいて行動すべきなのは明らかだが、これと反対のことも起こるのだ。行動自体に、信条や考え方を変える力がある。

シーカーズについて言えば、集団のメンバーはすでに多くのものを信条のためにつぎ込んでいた。仕事をやめ家族を捨て、人生がすっかり変わっていた。そのすべてが無駄になったと思い知るのは耐えがたいことだ。この不整合を修正するため、時間をさかのぼって予言を更新し、自分たちの考えに対する社会の支持を得るために、新しい信奉者を取り込もうとした。より多くの人がカルトの考え方を受け入れるとなれば、やがてはそれが真実になるはずだ。

フェスティンガーの著作をきっかけに、人間が自分自身の行為をどのように解釈するかという問いに関する実験的、理論的な研究が次から次へと行われるようになった。[34]第6章で見たような過酷な通過儀礼に関する研究は、フェスティンガーの見解を実証する数多くの研究の一つである（この研究の筆頭著者であるエリオット・アロンソンはフェスティンガーのもとで学んだ）。その研究では、参加者を無作為に振り分けて行った実験の結果、労力を要する通過儀礼を経てグループに入った人ほど、グループに高い価値を置いていることが明らかになった。この現象を研究者たちは「努力の正当化」と呼ぶ。この見方によれば、労力を求められるにもかかわらず、というより、労力を求められるからこそ価値を認められるものがある、ということになる。

　私たちは数々の事例から、代償が大きいものほど価値も大きいということを探り出した。払っただけのものは得られるのだ。毎日厳しいトレーニングを積むスポーツ選手は、週に一度しかトレーニングをしない選手よりよい結果が出せるだろう。四年制の課程で学んで学位をとれば、おそらく二年制の課程で学ぶよりも高い技能が身につく。よいものを得るには努力が必要だ。事実、私たちの人生で特別な意味があることは、特別な努力が必要なことでもある。たとえば、スポーツの大会で優勝する、自分の国を守る、子どもを育てるなど。[35]だから、たいへんな努力を要することはたいへん意義深いことでもあるというのは、理にかなっている。このことは、経験を通じてたどり着く有用な発見過程であり、物事の相対的価値を推測するための精神的ツールになる。実際、このツールはほかの人の行為を評価するためのごく基本的な方法なので、つい自分自身の行為にもあてはめてしまう。これは、けっきょくのところ、自己認識論で主張されていることであり、フェスティンガーの考察をさらに展開したものでもあり、単純化したものでもある。[36]

　そして、このように考えると、儀式の行為を実践することで、それを見ている人たちだけでなく、実践する自分自身に対しても忠実であることを示していると言える。集団で行う儀式は、その集団の信条や価値観と象徴的に結びついているので、儀式を行うことは、集団の構成員がその信条や価値観を自分のものとして内面化する助けになるのだ。だから、儀式に参加することは必然的に、信条や価値観に従うことを意味する。人類学者のロイ・ラパポートは次のように述べている。

執り行われている典礼に参加すること、または参加者がその典礼の一員になることは、言ってみれば、メッセージの送り手と受け手が、そのメッセージによって融合するということである。典礼は、参加者がいて成り立ち、執り行われることによって存続する。そのような典礼に従うことによって、参加者はその典礼と切り離せなくなる。（略）したがって、儀式的な典礼に参加する人は、何であれ典礼の規範に書かれている内容を受け入れたということを、自分自身とほかの人たちに示しているのだ。[37]

同じく人類学者のエドワード・エヴァン・エヴァンズ＝プリチャードは、より簡潔にまとめて次のように述べている。「信じているかのように行動しなくてはならないなら、けっきょくは（略）行動するとおりのことを信じるようになる」[38]。儀式は集団に属していることを示すだけでない。儀式があるから、その集団に対する意識が高まる。

ここまで述べてきたことからさらに示唆されるのは、個人で行う儀式をする場合、たとえば家にいて一人で祈ったり、誰も見ていないのに庭で旗を揚げたりするのであっても、その行為に関連した考え方や集団に対して忠実であろうとする気持ちを深めることができる、ということだ。もちろん、集団の儀式に参加したからといって、集団の規範を守ると保証されるわけではない。ラパポートは警告を発している。「典礼に参加し、そこで姦淫《かんいん》や盗みをしてはいけないという戒律が読みあげられたとしても、教会を出るまでにわずかなお金が入った献金箱からいくらかくすねたり、聖体拝領のあと隣人の妻と密会の約束をしたりする人がいることを、私たちはよく知っている」。つまるところ、文化的な儀式は、行動を直接規制するものではない。社会的に受け入れられるとみなされている、模範的な行動の枠組みを提示しているのだ。

儀式に参加して、ほかならぬ本人が姦淫してはならないと明言したからといって、その人が姦淫を犯さないとは限らない。それでも、姦淫の禁止が自分でもちだして受け入れた決まりであることを、自分自身に明確に示すことになる。この決まりを実際に守るかどうかは別として、決まりを守るべきだという責任を自分自身に課しているのだ。もし、決まりを守らなかったとすると、自分自身で公言した義務に背いたことになる。[39]

自分自身に伝えているという考え方からもう一つ言えるのは、儀式に参加したことによる効果は「投与した量」による、ということだ。集団での儀式に多くのエネルギーをつぎ込んだ人ほど、集団の価値観を守ろうとする。同時に、儀式で身を固められているから、集団の考えがより価値があり神聖なものだと感じられる。第4章で見たとおり、儀式での行為は特別なものだと認識される。しかし、その行為は因果関係が不明確なので、儀式をどのように解釈すればよいのか、説明が求められる。もっと言えば、儀式に参加するために払う代償が大きいほど、儀式に意味をもたせる必要性が高まる。したがって、儀式での行為に払う代償によって、参加者自身とその集団に対する見方が影響を受けるだけでなく、儀式の行為そのものがより意味のあるものになる。儀式に払う代償と意味とのあいだにこのような関係があることは、実証研究で裏づけられている。私は民族誌学の研究や調査を通じ、数々の社会で、代償が大きい儀式ほどより意味があり重要だと考えられていると気づいたのだった。[40]

したがって、このような視点で考えるなら、一見すると無駄だと思われるような伝統的な儀式が強力な社会的テクノロジーとなって、実践する人は集団の価値観を自分のなかに取り込み、信頼を培い、協力的な集団をつくることができると言える。このように何層にもなった効果があるため、儀式で何より驚異的だと思われる機能が実現する。次の章で見ていくが、儀式では、労力と奮闘とさらには苦痛までが求められるが、儀式のおかげで、実践する人の生活が向上することも多いのだ。

第8章　幸福

ギリシャ本土の小さな農村で、殺風景な広い部屋に数人が集まっている。部屋の両側に木製の長いベンチが一つずつと、赤い布をかけイコンをいくつか置いてある小さな祭壇があるほかは、ほぼ何もない。しかし、しだいに人が増え、まもなく部屋は、通常の収容人員をはるかに超えていると思われる数の人でいっぱいになった。訪れた人の大半はこの場所になじんでいるようで、親しげに挨拶をかわしている。ただし、神妙な顔つきをしており、楽しそうな雰囲気ではない。落ち着かない様子で不安げにさえ見える。リラ（弓を使って弾く洋梨のかたちの弦楽器）の演奏が始まると、みな話すのをやめ、厳粛な表情に変わった。

集まった人たちは、音楽に合わせゆっくりと体を揺らしはじめた。深い呼吸をして不安そうに長いため息をつく。明らかに心がかき乱されている様子だが、見たところ原因はわからない。一人の高齢の女性が何度も宙に手をあげ、大きな声で叫んでいる。あたかも見えない敵と戦おうとでもしているかのようだ。周囲の人たちがなだめようとしたが、手を大きく振って寄せつけず、「だめ、だめ、だめよ！」と叫んだ。ヤギの皮を張った大きな太鼓が二台、リラの演奏に加わると、女性は立ち上がり、音楽のリズムに合わせ小刻みにステップを踏みながら祭壇のほうへ向かう。煙が出ている香炉を手に取って、部屋の中を回る。人込みを縫うように歩いていくと、その場にいる人たちが女性のほうに向かって身をかがめ、煙を吸い込む。年老いた男性がイコンを一つ取り上げ、女性と一緒になって踊りながら部屋を回る。ほかの人たちも一人ずつあとに続き、催眠術にかかったかのように即興でダンスを踊り、重いイコンを手に持って部屋を回る。

そうするうちに、人が密集して空気がよどみ気温が上がりすぎた部屋にお香の匂いが充満し、息が詰まりそうになる。大型の太鼓を鳴らす音があまりにも大きく、リズムがお腹に響いてくるのがわかる。まもなく、人々は混みあった部屋で熱狂的に体を回転させ、汗をかき息を切らせながら大きな声で叫ぶ。感情が強烈にほとばしっているので、部屋で見ている人も、多くが感動して涙を流している。踊っている人たちは、一時間をゆうに超えて踊りつづけ、ときおり疲れきって床に倒れるが、元気を取り戻すとまた踊りはじめる。やがて音楽がゆるやかになり、動きが止まる。しかし、長い時間ではない。少し休むと、この一部始終が何度も繰り返され、三日間の大半が費やされる。

これは、私が二〇〇五年に遭遇した光景だ。そのとき初めてアギア・エレニの村を訪れたのだが、この村でのちに博士論文のためのフィールドワークを行うことになる。アナステナリアと呼ばれる、ギリシャ正教徒の小さな共同体の一つだ。アナステナリアは、聖コンスタンティンと聖ヘレナへの篤い信仰で知られている［聖コンスタンティン（コンスタンティヌス）はキリスト教を公認したローマ帝国皇帝で、のちに聖人とされた。コンスタンティヌス帝の母がヘレナ］。二人の聖人に捧げるため恍惚となって行う儀式は、共同体の結束に大きな役割を果たしてきた。何世紀にもわたって追放や迫害を受けていた時代でも、儀式の果たす役割は変わらなかった。アナステナリアの人たちは、集団で踊るダンスは、自分自身と集団のアイデンティティの中核をなすと考えているが、楽しい行事だとは考えていない。それどころか、ストレスや苦痛さえ経験するという。どんな感じか説明を求めると、「緊張」「格闘」「苦痛」といった言葉がよく出てくる。この共同体の名前自体がギリシャ語の動詞「anastenázo」から来ていて、この語は「ため息をつく」という意味だ。踊りながら大きなうめき声を出すことに由来する。それでも、この経験は深い達成感を得られる過程でもあり、精神的に、また肉体的な面までもが癒やされるという。

たとえば、あの夜ダンスを先導したステラという年配の女性がいる。なぜこの儀式に参加するのかと尋ねると、こう言った。「私は病気にかかって苦しんでいた。アナステナリアがなければ、（精神科クリニックに）閉じ込められていただろう」。ステラは若いころ、精神疾患に悩まされていた。不安感にとらわれ、もはや人生に喜びを見いだせなくなっていた。疲労を感じ、家事をする気が起こらなかった。ついに人と交わるのをやめ、家から出ようともしなくなった。若さがむなしく失われていくのをぼんやりと見ているだけだった。「二年のあいだ、椅子に座って窓を眺めていた」と私に話した。

ステラの様子を心配した家族が都市部の病院に連れていき、医師の診察を受けさせた。医師はステラを抑うつ症（当時は「メランコリア［うつ病］」と呼ばれた）と診断した。そのころは、気分障害に対する生物医学的な治療はまだあまり発達しておらず、医師にできることはあまりなかった。家族は解決の糸口を見つけようと必死になり、村の長老たちを訪ね相談した結果、アナステナリアに参加するとよいという結論に達した。ステラは参加した。そして人生が変わった。もう抑うつを感じなくなった。

ステラのような例はけっしてめずらしくない。世界各地の多くの文化圏で癒やしのための儀式が行われている。一見すると、癒やされるという考えは、控えめに言っても疑わしい。むしろ、この種の儀式は、かなりの健康上のリスクをともなうことのほうが、明らかな益がある場合よりも多そうだ。しかし、これまで見てきたとおり、儀式は物質的な世界に直接的な効果をもたらさないが、これはまったく効果がないという意味ではない。このことは、民族誌学の研究者が収集してきた数えきれないほどの個人の経験だけから述べているのではない。相当な数の研究により、儀式は、明確に意識されていないにしても、健康と幸福に重要な効果をもたらしうるということが明らかになっている。しかも、その効果を調査し把握し計測することができるのだ。

インドには、世界最古といってもよいほど昔から続いている儀式がいくつかある。したがって、儀式に関する数多くのフィールド研究がインドで行われているのも不思議ではない。そうした研究の一つに、ヒンドゥー教の光の祭典ディーワーリーに参加した効果を国際的な研究チームが検証したものがある。[1] ディーワーリーはもともと豊穣の祭礼として始まり、光が闇に打ち勝ったことを祝う祭典になった。五日間にわたって行われ、集団で祈り、食事をともにし、花火の打ち上げで最高潮に達する。この祭りについて調べるため、研究チームは、インド北部の二か所の大都市圏でディーワーリーに参加した人を集めた。祭りの始まる前と期間中と終了後に研究対象の人たちを訪ね、インタビューを順次行い、社会面、精神面、感情面での幸福感について調査を行った。その結果、祭りの展開とともに、人々は気分がよくなり、より前向きな感情を経験し、自分が属する社会との結びつきを強く感じるようになったことがわかった。しかも、こうした効果は祭りが始まる前から表れていた。多くの時間をさいて準備に取り組む人ほど幸福感を強く感じていたのだ。行事への期待感が高まることで、すでによい効果がもたらされるということが示唆されている。

この研究が行われた都市からほど近いマディヤ・プラデーシュ州でも、人類学者のジェフリー・スノッドグラスが率いる研究チームが、同じような調査を行っている。[2] ただし、調査の背景はかなり異なっていて、スノッドグラスはサハリヤ族の村で二年間フィールドワークを実施した。サハリヤ族は、マディヤ・プラデーシュ州のクノ熱帯林に何世紀も前から住んでいた。

ところが、クノ地域が州の野生動物保護区に指定されたとき、地域内にあった二四のサハリヤ族の村のすべてで再定住を余儀なくされ、熱帯林から数マイル離れた場所で各世帯に耕作地が割りあてられた。この出来事により、サハリヤ族の生活に根本的な変化が起きた。定住農民としての新たな生存形態に適応しなければならなかったからだ。さらに悪いことに、地理的にも社会的にも周囲から隔絶された状態になってしまい、盗賊に襲撃されたり、政治的に力をもつ牧畜民から嫌がらせを受けたりすることが多くなった。こうした変化は、サハリヤ族の人々の健康に劇的な影響をもたらした。移住にともない急激なストレスを受け、その後の生活を通じて慢性的にストレスが続いた。移住を余儀なくされた人たちのDNAを解析したところ、テロメア（染色体の末端部にあり老化と病気を予防する働きがある）が短くなっていることが判明した。[3] テロメアの短縮が早期に起こるのは、心理的ストレスがかかっていることを示していて、健康状態が悪化したり寿命が短くなったりすることにもつながる。

サハリヤ族のあいだでは、土着の信仰とヒンドゥー教が融合していて、ヒンドゥー教で重要な儀式が数多く行われていた。スノッドグラスの研究チームは、こうした儀式に参加することがストレスの対処に役立つのかどうかを確かめようとした。この調査をするため、二つの宗教上の祭りが健康に及ぼす効果を探った。一つはホーリー祭で、「色の祭り」としても知られている。三月に行われ、冬の終わりと春の到来を祝う。前の晩から行事が始まり、ヒンドゥー教徒がかがり火をたいて、悪の化身ホーリカをかたどった人形《ひとがた》を燃やす。ホーリー祭の当日、人々は通りに出て、水をかけ合い、鮮やかな色の粉を塗りあう。互いにからかい、いたずらをしかける。自分より高い地位の人に対しても同じだ。ふだんは厳しく守っている社会的な決まりも、一年に一度この日だけは、破ることが許される。

二つ目の祭りは、同じく春に行われるナヴラートリ祭で、ホーリー祭の数週間あとに開催される。それぞれの地域で人気があるドゥルガー、ラクシュミー、サラスワティーといった女神を称えるための祭りだ。さまざまな準備を経たのち、二日間にわたって行列、祈り、舞踊、歌が繰り広げられ、最高潮を迎える。トランスや憑依《ひょうい》の状態があちこちで起き、そのあと参加者が集まって食事をする。研究チームはこの二つの祭りについて調べるため、参加者の唾液を毎日採取した。これは、ストレスがかかると急激に増加するホルモン、コルチゾールの値を測るためだ。測定結果を補完するため、不安と抑うつの兆候を判定する調査も活用した。

研究者たちは民族誌学的な研究を進めるうちに、祭礼において社会的緊張が生じることはめずらしくないということに気づいてきた。通りでも家でも、大勢の人が交わるので、不満や誤解が生まれることが多く、けんかまで起こっていた。しかし、こうした緊張があったにもかかわらず、データを解析し、儀式の前にとっておいた基準値と比較すると、儀式は精神的にも生理的にも、参加者の健康によい効果をもたらしていたとわかった。抑うつと不安の症状が劇的に軽減され、参加者の主観的判断に基づく精神面、感情面での幸福感が有意に向上していた。このような主観による向上は、ホルモンのデータにも反映されていて、それぞれの儀式を行ったあと、コルチゾール値が下がっていた。

どんな社会的な集まりでも緊張が起こるときがあるが、ディーワーリー、ホーリー、ナヴラートリの祭りはいずれも、謝肉祭《カーニバル》やマルディグラ〔謝肉祭の最終日にあたる火曜日に行われる祭り〕と同じような楽しい行事である。言ってみれば、集団儀式はどのような目的があるにしても、一般の人が楽しめる娯楽でありつづけてきたのだ。人々は、日々の煩わしさをいったん置き、楽しくうきうきした気分になれる。だから、こうした儀式的な行事に参加することでよい効果が得られるのは驚くことではない。

しかし、集団儀式と幸福感の関係は、楽しい行事に限定されているわけではない。さまざまな文化的背景において、ストレスや苦痛を引き起こし危険きわまりないと思われる儀式が、病を癒やす治療法になっていることが多い。たとえば、アフリカと中近東の一部の地域で行われるザールという儀式では、気を失う寸前まで何時間も踊りつづけるが、それにより、抑うつや不安、そのほか悪霊がとりついているために起こるとされている状態を克服できると信じられている。メキシコでは、サンタ・ムエルテ〔スペイン語で「死の聖女」の意〕を信仰する人たちが地面に四つん這いになって長い距離を進んでいき、不妊などの悩みからの救済を祈る。北アメリカの先住民のサン・ダンスは癒やしのための儀式だが、儀式のなかで体を突き刺したり引き裂いたりする。ほかにも世界各地の人々が、苦悩からの救済を求めて、人間の忍耐の限界が試されるような巡礼に参加している。

こうした儀式を実践している人は外部者の目に映るほどにはストレスだと感じていない、と言う人もいる。儀式の実践者たちは痛みをいとわないのだろうか。それとも痛みに対する耐性が高いのだろうか。そういえば、過激な儀式には自虐的な側面があるのではないかと、よく尋ねられる。過激な儀式に引きつけられる人たちは、みずから苦痛を嗜好し、実際に苦痛を快楽として味わっているのだろうか。私にはそうは思われない。また、そうではないということが、人類学的根拠からも示唆されている。

過激な儀式に参加する人たちは、自分たちの経験を快楽ではなく苦痛だと表現する。儀式に参加する人が勇気のあるところを示し苦しい様子を見せないよう期待されている場合であっても、その人たちの顔を見ればすぐわかる。じつはこの点について、私は研究仲間とともに、火渡りの儀式のなかで顔の表情について調査した。高解像度カメラを使って儀式を撮影し、燃える炭の上を歩いている人の顔を、二千枚の静止画像に記録した。それから実験室の別の鑑定者に画像を見せ、顔に浮かんだ感情について判定してもらった。儀式の参加者が燃える炭の上を歩く緊張や苦痛を感じていないようなふりをしようとしても、試練をくぐり抜けるあいだに苦痛が増している、と鑑定者の全員が判断した。[4]

ここで明らかになったことは、生体認証データによる解析とも一致している。私は、過激な儀式をしているあいだの生理的状態を調査するたびに、実践している人たちの体が激しく反応しているのに驚いてきた。先に見たとおり、儀式によっては、健康な成人ではありえないと思われるほど心拍数が急上昇していた。高揚を計測する別の方法である皮膚電気活動を見ると、タイプーサム・カヴァディの祭りでは、日々の生活で経験するどんなストレスより数段高いストレスレベルに達していることが明らかになった。[5] 嗜虐的性愛者たちによるBDSM［拘束（Bondage）、体罰（Discipline）、加虐（Sadism）、被虐（Masochism）といった嗜虐的な性的嗜好の総称］大会では、（参加者は痛みを快楽だと感じているのだろうと思われるかもしれないが）苦痛を感じている様子が明らかに見てとれる。このイベントの開催中に唾液のサンプルを集めた研究者は、ストレスホルモンのコルチゾールの値が二五〇パーセント増加していることを突きとめた。[6]

こうした慣習は、苦痛とストレスに加え、負傷したり傷跡が残ったり感染したりするリスクもある。行事はたいてい、大勢が集まるなかで行われるので、人が密集して衛生状態が悪くなり、免疫系に負担がかかって、実践する人は感染症のリスクにさらされる。このようなリスクがあるため、世界保健機関（WHO）は巡礼の健全性について懸念を表明し、一流の医学雑誌『ランセット』は二〇一二年に、大規模な集団行事に対する政策提言の特集号を発行した。[7] このように重大な懸念があるにもかかわらず、多くの文脈でリスクをともなう慣習が健康によい効果があると言われているのは驚くばかりだ。そんなことがありうるのだろうか？

二〇一二年、科学者の研究グループが、大規模な集団で行う宗教行事に参加することによる健康への影響に関する研究について発表した。[8] この研究もインドで行われたものであり、ここでいう「大規模な集団」は途方もなく大規模だ。クンブ・メーラの祭りは、長い歴史のなかで起源がわからなくなってしまっているが、ヒンドゥー教のなかでも最重要と位置づけられる巡礼だ。四つの大きな川の岸辺で行われ、巡礼者たちが集まって祈りを捧げ、聖なる川で沐浴して罪を洗い流す。祭りは一二年ごとに開催され、そのあいだで六年に一度、小規模な巡礼が行われる。小規模な巡礼でも、二千万人をはるかに超える人が集まるときがある。そして、大規模な巡礼マハー・クンブ・メーラは、イラーハーバード市近くのガンジス川の岸辺で行われ、地球上で最大の人が集まる催しとなる。近年の開催時には、参加者は一億五千万人に達したと推定されている。

祝祭は一か月続き、その期間ずっと、巡礼者の多くは厳しい条件のなかで野営生活を送る。仮設のテントで暮らすか地面の上に寝るかなので、自然の力のなすがまま、昼間は亜熱帯地域の太陽にさらされ、夜は凍えそうな気温のなかで過ごす。ガンジス川で沐浴し川の水を飲むが、ガンジス川は地球上でもっとも汚染がひどい川の一つであり、流域にあるいくつもの都市から化学廃棄物やごみや未処理の生活排水が流れ込んでいる。そのうえ、巡礼者たちは極度に密集した状態で大きな騒音にさらされ、基本的な物資やサービスも十分でないため、肉体的に疲弊していく。

このような状態は、人間の健康に壊滅的な影響を及ぼすと思われるだろう。どのような影響があるかを探るため、研究者は、クンブ・メーラの巡礼に参加した四一六人について調査し、巡礼に参加しなかった人たちを対照群として比較を行った。巡礼の参加者には、巡礼の一か月前に身体的、心理的な不調の症状について報告してもらったうえ、全般的な幸福感を判断するよう求めた。変化を調べるため、巡礼が終わった一か月後にもう一度、同じ判断をしてもらった。データを分析したところ驚いたことに、巡礼に参加した人のほうが身体的、心理的な症状が軽くなり、主観的な幸福感が上がっていた。

いうまでもなく、クンブ・メーラはたいへんな労力を要する儀式ではあるが、それでも参加者は川辺での野営生活を楽しんでいるようだ。しかし、ほかの儀式で参加者に文字どおりの痛みと苦しみが課される場合はどうだろう？　クンブ・メーラで明らかになったことに興味を覚えた私は、その研究の著者の一人でサミー・カーンという社会心理学者に連絡をとった。そして、その研究結果は、私が研究しているような過激な儀式の場合にも当てはまるかと尋ねた。また僭越《せんえつ》ながら、カーンらが用いた手法について若干の批判的コメントをつけくわえた。カーンは、よき科学者として私の批判を快く受け入れてくれ、私たちは長い時間をかけて何度もオンラインで討論し、過激な儀式がもたらす効果の可能性とそれをどのように調査するかについて意見をかわした。私たちは同じ研究上の関心をもっているとわかったので、協力できないか、直接会って話をすることにした。彼を私の研究機関に招き、共同研究の資金を獲得するための研究企画書を作成した。最終的に助成金を得ることができたので、装置を購入し、研究チームを結成して、モーリシャスのタイプーサム・カヴァディの儀式が健康に及ぼす効果について調査することになった。

タイプーサム・カヴァディの儀式は、この研究に理想的な環境だった。儀式と幸福感に関する仮説の限界を超えるほどの過酷な肉体的苦痛をともなうからだ。体を突き刺したおびただしい傷は、ふさがらないまま一日じゅうたえまなく痛み、皮膚や血液から感染する危険がかなり高い。頬を串で突き刺すと大きな穴が空き、皮膚が裂け神経が傷つくのではないかと深刻に懸念される。ほかにも、出血したり、肉芽腫《にくげしゅ》やケロイドができたり、見た目が損なわれるような瘢痕《はんこん》が残ったりする。祭りは熱帯の燃えるような太陽のもとで行われ、陽ざしでアスファルトの通りが焼けつくように熱くなる。巡礼ではほだしで歩くので、多くの人が足にやけどや水ぶくれをつくる。その日は熱疲労で倒れる人も多い。数年にわたって研究するあいだに、私のチームでも、幾人ものメンバーが熱中症や日焼けによる皮膚の炎症を起こしていた。信者たちと違って、可能なときは熱帯の太陽から身を守るようにしているにもかかわらずだ。タイプーサム・カヴァディの過酷さのおかげで、私たちは研究に格好のケーススタディを提供してもらっているが、たいへんな苦労も経験させられる。

私たちの研究目的は、この過激な経験が参加者の身体的、心理的な幸福感に及ぼす影響を計測することだった。そのためには、儀式に参加することの過酷さを定量化する必要がある。定量化する一つの方法は、体の外から入ってくる苦痛の原因について調べるため、儀式の最中に各参加者が受ける痛みの程度を何らかの手段で測ること。もう一つの方法は、苦痛を受けた結果を見るため、苦痛が体にどのように表れているかを計測することだった。私たちは両方を調べることにした。タイプーサム・カヴァディでもっとも苦痛な行為は、巡礼者の体を金属で突き刺すことだ。舌に針を一本突き刺すだけの信者もいれば、全身を何百か所も突き刺す人もいる。参加者の体を何か所突き刺しているかを数えることで、痛みの程度を推定できた。

突き刺す痛みが行列を歩く試練とあいまって、ストレスレベルが高まっていくのは明らかだ。では、どこまで高くなるのか？　この問題を探るため、皮膚伝導《コンダクタンス》を記録し、皮膚電気活動を計測した。人間はストレスがかかると、自律神経系の交感神経枝が覚醒され、エクリン腺が反応して発汗する。このため、緊張したり驚いたりすると手のひらに汗をかく。すると、汗のせいで皮膚は電気が伝わりやすくなる。小さな電極を二本、数センチほど離して装着すれば、ほとんど感知できないほどのわずかな電流を追跡して、自律神経の反応を測定できるのだ。この反応は反射的に起こるものであり、意識して制御することはできない。だから、皮膚伝導はポリグラフ――別名「うそ発見器」――で調べる重要な反応として採用されている。この反応の測定で実際にうそを検知できるのかどうかは、疑似科学の領域に入るが、ストレスを測るうえではたしかに役に立つ。

二つ目の課題は、儀式に参加したことによる健康上の影響を定量化することだった。健康は幅広い複雑な概念であり、一つの方法だけでは測れない。幸いなことに、カーンの専門は健康心理学だったので、この種のデータ収集に関して豊富な経験を積んでいた。私たちは、健康と幸福を主観的に評価するために設計した各種調査ツールを使って、タイプーサム・カヴァディの儀式に参加した人たちのグループから情報を収集した。対照群として、同じ地域の出身で同じ文化的背景をもち、その年は苦痛をともなう儀式に参加しなかった人からもデータを収集した。私たちが設計した調査ツールを使ったデータのほか、生理的データも収集した。儀式の実施中と儀式の前後を合わせ、全体で二か月にわたり、二つのグループのモニタリングを行った。

こうした技術的な問題もさることながら、解決すべきもっとも重要な難題は、儀式の邪魔にならないように調査を行うことだった。この儀式は、地域の人々にとって一年でもっとも重要なときであり、もっとも大切な神を称えるためにもっとも神聖な寺院で執り行われる。そんな日に絶対に起きてほしくないのは、おせっかいな研究者の一団に巡礼の邪魔をされることだ。ありがたいことに、近年のテクノロジーの進歩のおかげで、儀式を妨げることなく、遠隔操作で測定できた。私たちは、ポータブル健康モニターを使用した。これは腕時計ぐらいの小さな装置で、参加者の腕に装着してもらう。この装置で身体活動、ストレスレベル、体温、睡眠の質を記録できた。電池は一週間もつので、儀式の当日に参加者をわずらわせずにすんだ。祭りの前後の一か月を含む二か月間にわたり、測定データを集めた。その間、一週間に一度、研究参加者を訪ね、装置からデータをダウンロードし、心拍と血圧とＢＭＩ（体格指数）の測定値も取得した。

データから、この儀式がどれほど過酷なものかがよくわかった。研究の参加者は、祭りの当日、平均で六三か所も体を突き刺していて、なかには四〇〇以上の針を刺した人もいた。その結果は生理的状態にも表れていた。皮膚電気活動の測定値はほかの日に比べはるかに高く、巡礼が明らかに苦痛であることを示唆していた。さらに、ほかの人以上に過激な方向へと進む人たちがいた。慢性疾患にかかっている人は、より過激なかたちで儀式に参加する傾向があった。社会的に疎外されている人、すなわち社会経済的な地位が低い人たちも同じだった。何かで困っている人ほど大きな犠牲を払おうとしていたのだ。たしかに多くの犠牲だった。健康問題を抱えていると報告した人は、健康に問題がない人の一〇倍も体を突き刺していた。

驚くことに、こうした苦痛が長期間にわたって悪影響を及ぼすことはなかった。わずか数日後には、あらゆる面で体が通常の状態に戻っていたのだ。しかも、精神的な健康状態が大幅に改善していた。儀式に参加した人は、参加しなかった人以上に心理的な幸福感と生活の質が向上したと感じていた。そして、向上の度合いは、儀式で経験する痛みの程度と比例していた。言ってみれば、儀式のあいだに多くの痛みとストレスを経験するほど、そのあとでより顕著な改善が見られるのだ。具体的な例をあげてみよう。調査の参加者のうち半数は、体の多くを突き刺した人たちのグループで、残りの半数の人たち、つまり突き刺した箇所が少ない人たちのグループに比べ、心理面の健康状態の向上の度合いが三〇パーセント高かった。

一見すると、こうした結果は矛盾しているように思われるかもしれない。儀式で行った行為は過酷で、明らかに実践者の健康を脅かすものだった。それでも、これまでに儀式についてわかっていることを考えあわせると、この結果はとくに驚くことでもない。何千年も続いている儀式があるのは、儀式が身体的、心理的、社会的な面で強力な効果を発揮するからだ。ほかの状況であれば別々に表れるかもしれない効果が、儀式という文脈では、組み合わさって一つの効果になり独特のかたちで表れる。

ここまで見たとおり、儀式は心理面で重要な役割を果たす。儀式は高度に構造化されていて確実に予想できるので、嵐のような私たちの世界をつなぎとめる錨《いかり》として機能する。私たちは日々の生活で、秩序がなく制御できないと感じる状況にたびたび直面するが、こうしたときに儀式を行うと、秩序が生まれ制御できるようになったと感じられ、不安に対処しやすくなる。さらに、儀式的な行為を定期的に行うには、真剣に努力して取り組まなければならないため、儀式をすることによって、規律を守り自分をよりコントロールできるようになる。このことは、一連の調査の結果から説明されている。調査では、食事の前に儀式を行うと、より適切に食物を選択しカロリー摂取量を調整するようになり、健康的な生活様式を積極的に追求しようとすることが明らかになった。[9]

宗教の伝統では、儀式の正当性を認め定期的に実施するよう規定することで、儀式がもつ自己統制の力を高めていくよう奨励している。文化のなかで明確な目的が設定され、人々はその目的の達成に向けて努力しようと動機づけられる。設定された目的それ自体は、楽しいものでない場合もある。たいていの人にとって、食事を禁止されたり体に針を突き刺されたりするのは楽しいことではない。楽しくない目的を達成するには、意志の力が必要だ。意志は筋肉と同じように、使うほど強靭になる。[10] 困難を克服できたという達成感は、儀式を実践した人の自信を深め、ほかの難しい課題に取り組もうというモチベーションを高める。このことは、健康に役立つ習慣——常習性がある薬品やアルコールの乱用を控える、安全な性行動をとるなど——が宗教と関連していることの説明にもなるだろう。[11]

儀式による効果の多くは、無意識のうちにもたらされるが、文化的な文脈で行われる儀式の場合は、効果がより明確に期待されるときもある。私たちが儀式には因果関係を生む力があると本能的に認識していることは、これまでに述べてきた。第2章で紹介した、小さな子どもに関する研究を思い出してみよう。就学前の子どもは、誕生日パーティーをすると年が一つ増えると考えていた。第3章で取り上げた成人の実験では、シュートを打つ前に儀式をすると成功する見込みが高い、と考えられていることが明らかになった。このように本能的に認識していることが、文化的な儀式を通じてより明確に意識され、明るい期待と希望が生み出される。

患者が医師から砂糖の錠剤を渡され、効果のある薬だと言われると、患者の状態が改善することが多い。これは「プラセボ（偽薬）効果」として知られている。前向きに考えるようになることでストレスホルモンが低下し、免疫系への負担が軽減され、治癒に向けたプロセスが促進される。偽薬によって、折れた骨が治ったり腫瘍が小さくなったりすることはないが、痛みや片頭痛、不安や抑うつが多少軽くなることはある。心理学者が偽薬の効果に関する見解について議論するずっと前から、あらゆる文化で、治癒効果がある儀式を用いて免疫系を刺激してきた。そうした儀式では、儀式的行為の効果について本能的に期待していたことが、超自然的な力や作用に関する信仰と融合し、文化のなかで育まれてきた知恵に対する信頼とも結びついている。これほど多くの人たちが儀式を信じているなら、これは何かの力があるのだろうと考えるのだ。

治癒効果がある儀式に関連する社会的枠組みは、ほかの点でも有用だ。この種の儀式で治癒を求める人たちは、多くの場合、精神疾患か心身症を患っている。このことは驚くにあたらない。大半の人は、骨折すれば医師の診察を受けるが、不安や抑うつで精神科医にかかることはあまりない。これは、世界の多くの地域で、心の不調は恥だと受け取られ立場が悪くなるかもしれないと考えられているので、助けを求めるのをためらうからだ。しかし、宗教の力で癒やす治療師を訪ねれば、苦しめられている病は、悪霊や魔女、そのほかの外的な力のせいだとされるだろう。そうすれば患者は、社会から受け入れられやすく自分自身にとっても受け入れやすいように、自分の状態を捉えなおせる。事実、以前は病気だと思われていたことが、いまでは祝福だと受け止められている事例は多い。アナステナリアのあいだでは、癒やしを求める人は、聖人に選ばれて苦しんでいるのだと考えられている。彼らが抱える症状は、病気のサインとして表れているのではない。こうした症状はつらいものではあるが、聖人の思し召しを受け入れるための見返りであり名誉なのだ。

儀式によるもっとも重要な効用は、おそらく連帯感を醸成することだろう。集団儀式に参加する人たちは、似たような背景や価値観や経験を共有することによって長く続いてきた社会の構成員だ。儀式を行うことは、人々の絆を深め、構成員であることを象徴的に示し、集団に対する責任を果たすことの証になる。その人の地位が高まり、集団のなかで参加者たちの社会ネットワークが強化され広がっていく。

社会との絆が広がるということは、困ったときに悩みを聞いてもらい頼りにできる友人が多くなり、活用できる資源と知見が多くなるという意味だ。だから、強い支援ネットワークをもつ人のほうがストレスにうまく対処でき、健康的な生活を送り、健全な人間関係をもつことができる。[12] これに対し、弱い社会ネットワークしかもたない人は、孤独や抑うつを感じやすく、社会から疎外されがちになる。[13] そういう人は、心血管系の疾患や薬物の乱用、自殺のリスクが大きく、若いうちに死亡する可能性が高い。だから、社会的支援は、心理面の健康と幸福の重要な要素だと認識されているのだ。

ここで述べた効果は、いわばトップダウンのかたちで表れるものであり、その人の精神と社会が、体に影響を与える。しかしこれに加え、儀式にはボトムアップの効果もある。脳に直接働き脳内の化学成分を調整することで、影響を与える。報酬系を例にとってみよう。報酬系は、ドーパミンやセロトニンなどの神経伝達物質の分泌量を調節し、興奮を引き起こし気分を高揚させ全般的な幸福感を高める。このしくみは、食物の摂取や求愛といった私たちの生存に不可欠な行動を促すために進化した。そのため、ドーパミンが増えると幸福感が得られ、生きがいを強く感じる。このことは、意識の状態の変化として認識されることが多い。娯楽用途の薬品やアルコールなど、依存症を起こす可能性のある薬物や食品は、意識の変化を起こす回路を起動させるのに非常に効果的だ。古代より、さまざまな儀式の慣習で、幻覚を起こす薬を使って脳のドーパミンとセロトニンの活動に直接介入し、強烈な感情を呼び起こしてきた。そうした薬は霊的な経験を生み出すうえで大きな効果があるため、幻覚剤（entheogen）と呼ばれてきた。ギリシャ語で「内なる神を産む」という意味だ。

しかし、薬物だけが幻覚剤になるのではない。体と心をうまく使えば、同じような経験を得ることができる。儀式のなかには、体の動きと姿勢、呼吸や感覚刺激を整え、実質的に天然の幻覚剤として機能するものがある。たとえば、ある種の深い瞑想を行うと、脳の化学反応に有意な効果があることが、研究から明らかになっている。ヨガ・ニドラ（ヨガの眠り）を行うと脳の腹側線条体のドーパミン値が上がる。[14] ヴィパッサナー瞑想、マインドフルネス瞑想、超越瞑想はいずれも、セロトニン値の調節に役立つ。[15] 奇妙に思われるかもしれないが、超越は、覚醒とは対極にあると思われる二種類の活動によって経験される。一つは深い瞑想によって得られる、どこまでもリラックスした状態である静止、そしてもう一つは、シャーマン（呪術師）によってトランス状態にされたような極度の覚醒で、この二つは同じような没頭する感覚をもたらし、その結果、離脱状態が引き起こされる。

過激な儀式では、感情が高揚し身体的な痛みと消耗がともない、音楽とダンスを何度も繰り返し、断食をしたり感覚に異常な負荷をかけたりする。このことによって、脳に電気化学の嵐が起こり、報酬系が働いて、心地よい気分にさせる物質が何種類も放出される。セロトニンは否定的な感情を抑制して気分を調節する。セロトニンが精神安定剤として作用するため、痛みが軽くなり、睡眠が改善し、攻撃的で暴力的な衝動が抑えられ、楽しい気持ちになる。いっぽうドーパミンは、快楽とより密接に関連している。快感や興奮を生み出し、快楽を積極的に追求するよう刺激する。セロトニンとドーパミンの分泌量のバランスが崩れると、孤独感や不安、抑うつなどのさまざまな精神疾患が起きる可能性がある。だから、多くの抗うつ剤は、脳内で分泌されるセロトニンとドーパミンの量を調整することが主要な作用になっている。

高揚が長期間維持されると、多幸感を誘発する物質が体内に生成され、脳の中で娯楽用途の薬のような作用をする。こうした物質は、気分を盛り上げ不快感と不安を和らげ痛みを軽減するので、意欲を適度に調整するという重要な役割がある。痛みは、非常に重要な感覚だ。痛みがあるから、私たちは危険な状況を避けられるのだ。一般的な経験則として、痛みを感じるならやめたほうがいい、ということがある（大事な例外もたまにある。たとえば歯医者に行こうとしているとき）。そして、痛みやストレスや肉体疲労が長引いているときは、生きるための戦いをしていると、脳に知らせているのだ。出産、戦闘、けんか、逃亡といった、生きるか死ぬかという状況では、限界まで追い込まれることが多い。そのような状況で痛みがあると、気が散ったり行動が中断されたりして、深刻な事態になりかねない。内因性オピオイド系の機能は、厳しい状況下でも進んでいけるように体を維持するためのものだ。私たちは進化によって、医師が処方するような鎮痛剤を自分自身でつくれるようになり、痛みで消耗することなく前に進むことができる。

長距離ランナーが味わう体験を考えてみるとよい。何キロも走りつづけるうちに、「ランナーズハイ」と言われる状態に到達することがある。気分が高揚して多幸感が湧き、不快感が和らぎ、多くの場合、宙に浮いているような夢見心地の気分をともなって時間の感覚がなくなる。多くのランナーはこの状態を、飛んでいる、高いところにいる、または体外離脱が起きているようだと表現する。催眠術にかかったようであり、同時に力が湧いてくるようでもある。エネルギーにあふれていながら、リラックスして心配事がない状態になる。このような驚異的な効果は、内因性オピオイド系や内因性カンナビノイド系といった、脳の特定の回路の作用によるものだ。

私が研究仲間と行った調査では、体を突き刺したり、ダンスをしたり、立てたナイフの上や燃える炭の上を歩いたりするなどの肉体的に過酷な儀式を行ったあとで、同じような効果が起きていることが明らかになった。痛みをともない消耗する行為を実践した人たちはたしかに苦痛を味わっている、という根拠が生理学的に得られている。心拍数は一分間に二〇〇をゆうに超え、スペインの火渡りの祭りでの記録と同じ水準に達していた。ところが、それほどの苦痛を経験すると、実践者はその前よりも気分がよくなるのだ。労力をかけるほど、疲労が少なく、そのあとで味わう幸福感が強くなっていた。[16]

人工的に製造される多幸化薬と同じく、体内で生成される多幸感を誘発する物質も、慢性的な痛みや抑うつの治療、免疫機能の改善、また主観的な幸福感の向上に関わっている。だから、定期的に運動をする人のほうがよい気分で過ごせ、抑うつや不安障害にかかる可能性が少ない。抑うつや不安といった不調を薬理学によって治療するということは、神経伝達物質の調節を行っているわけだが、この神経伝達物質は、過激な儀式のように、気持ちを大幅に向上させる経験によって誘発される物質と同じだ。実際に医学研究によって、激しい身体運動は、大うつ病性障害の治療で抗うつ剤を投与するのと同じ効果がある、とわかっている。ここで問題になるのは、当然ながら、気分障害を患う人の多くは体を動かそうとする意欲に欠けることであり、そのため悪循環に陥ってしまう。文化的儀式では、外からの圧力により参加が促されるので、この悪循環を避けられるのかもしれない。

こうした議論を踏まえ、社会学者のジェームズ・マクレノンは、没頭や離脱状態を引き起こし意識の状態を変えるような呪術的な儀式によって、宗教と精神性を生み出す生物学的基盤が形づくられると提言している。マクレノンによれば、このような儀式は、初期の人類社会において治療のための主要な手段になっていたようだ。儀式に治癒的効果があるため、催眠にかかりやすい遺伝子型が優位になる選択圧が働いた。この遺伝子型が広まって、宗教的な感情や神話や思考が可能になり、呪術的な儀式を利用することを正当化するために利用された。[17] マクレノンの考えは推論に基づくものであるが、興味をそそられる。もし真実であったなら、呪術的儀式の手法の利点を活用することによって、儀式の影響を受けやすい人が選ばれてきたという意味になるかもしれない。言いかえると、私たちは、ある種の儀式を求める傾向がある遺伝子をもつ人たちの子孫だという意味になる。私たちは文字どおり、儀式を行うように進化してきたのだ。

過激な儀式は、巧みに苦痛を利用して健康と社会的利益を生み出してきた。表面だけ見れば、苦痛にはリスクもある。たとえば、儀式を実践する人が、さらに過激になると、免疫系に障害が出たり重傷を負ったりする危険はないのだろうか。奇妙なことに、そうした事例はまれなのだ。大半のマラソンランナーは、心臓発作を起こすまで走りつづけたりはしない。それと同じで、儀式に参加する人も耐えられる限界を知っていて、(例外も若干あるが) 限界まで体をもっていこうとしているだけだ。

治癒的な儀式にひそむもう一つの危険な副作用は、儀式の力に頼りすぎることからくるものだ。効果があると立証されているいっぽう、儀式はけっして万能薬ではない。生物医学的な治療介入の代用にもならない。幸いにも、儀式を実践する人たちは概して、このことがよくわかっている。農民は、豊穣祈願の儀式をしても、作物の世話を続ける。収穫をあげるため、技術面や物質面でも力を尽くす。同じように、治癒の効果がある儀式を行う人の多くが医師の診察を受けなくなるというわけではない。一般に、儀式の実践と生物医学的な治療介入は、対立するというよりは補完的な関係にある。儀式には社会に対する直接的な効果があると考えている人たちも、やはり、その効果は自然界の物理的な因果関係とは異なる種類のものだということを理解しているように思われる。

はるかに大きな危険があるのは、ホメオパシーのような疑似科学を信じることだ。疑似科学の行為でも、儀式と同じように、好ましいプラセボ効果を発揮することがあるかもしれないが、儀式とは異なり、人々は科学的な因果関係に基づく経過をたどると信じて期待している。その結果、医学と同等の代替手段だと捉えてしまい、健康に悲惨な影響が出る場合がある。

それでも、人は何かのきっかけで、儀式の行為には物理的な因果関係と同じように、必然的な効果があるはずだと思い込むことがある。この状況になると、事態はとんでもない方向へといってしまう。そのような思い込みの例が、「ヴードゥー死」として知られている奇妙な現象に表れている。誰かに悪の呪いをかけられたと信じ込むと、すっかり怯えてしまい、その結果、心身に深刻な症状が表れ病気になり、極端なケースでは死に至る。このような負のプラセボ効果は「ノセボ効果」（反偽薬効果）と呼ばれる。ある薬に悪い副作用があると聞いた患者にその副作用が表れることがよくあるのだ。だから、ときたま起こるヴードゥー死のような現象は医師から報告されることが多いのも、驚くにはあたらない。

そうした報告の一つに、ウォルター・キャノンによるものがある。キャノンはハーバード・メディカルスクールの教授で二〇世紀の初めにこのテーマに関心をもち、世界各地の文化から記録を集めた。[18] たとえばオーストラリアのあるアボリジニーの文化では、骨で人を指すとその人は死ぬ、と信じられている。この場合の骨は、エミュー、カンガルー、ときには人間など、特定の動物のものであり、特殊な儀式を行って準備しなければならない。儀式では、骨に人間の髪の毛を結びつけたりすることがあり、部族のなかで、人を殺すための儀式を専門に行う人が取りしきる。民族誌学の記録には、実際に骨で指し示されて病気になり、ついには死んでしまった人の話がいくつも残っている。そのため、この現象は「骨指し症候群」とも呼ばれている。キャノンは、こうした症例は「恐怖による死」だと解釈した。犠牲になった人が、この儀式のせいで死ぬ、と本気で信じ込むと、恐怖に打ち負かされ、結果的に無気力になって食べ物を受けつけなくなり、ただ死を待つだけになってしまう。こうして、死はみずから実現する予言になりうる。

この過程で重要な要因は、その人をとりまく社会環境である。魔術をかけられたと言われると、当人だけでなく、周囲の人もそう信じ込む。その人は死ぬ運命にある、もう死んだ人間だ、と社会全体が思いはじめる。その人は話しかけられなくなり、ほかの人から避けられ無視され憐《あわ》れまれる。葬送の儀式が始められることさえある。したがって、崩れていくのは犠牲になった当人の内面だけでなく、その人をとりまく社会全体でもある。そして予言の実現が加速される。これはある種の強制された自殺である。「精神的殺人」と呼んだ人もいる。

著名な美容整形外科医のマクスウェル・モルツは、ある患者について次のように語っている。その患者はラッセルという男性で、一九五〇年代にニューヨークのモルツのクリニックを訪れた。ラッセルは、ヴードゥー教の魔力が広く信じられているカリブ海の島で生まれた。貯金を全部はたいて下唇の美容整形手術をしたことをガールフレンドに話すと、彼女は激怒し、ヴードゥーの呪いをかけると言い放った。初めのうちラッセルは、この脅しをあまり気にしていなかった。ところが次の日、下唇の内側に小さなしこりがあるのを見つけ、「アフリカ虫」だと確信した。言い伝えによると、アフリカ虫はゆっくりと精神をむしばむという。数週間後にふたたびモルツのクリニックに戻ってきたとき、ラッセルは抜け殻のようになっていた。「初めて私のところへ来たラッセル氏は堂々とした人物で、唇がわずかに大きすぎるだけだった」とモルツは回想する。

ラッセル氏は身長が一九三センチあり、運動選手のような大柄な体格で、身のこなしやマナーには、内面からにじみ出る品性があり、誰をも引きつける人柄だった。（略）いま、デスクをはさんで私と向かい合って座っているラッセル氏は、二〇も年をとっていた。手は加齢による振戦のように震えていた。目と頬は落ちくぼんでいた。体重は一三キロぐらい減っていただろう。見た目の変わりようは、医学的には——ほかによい言い方がないのだが——加齢と呼んでいる変化のあらゆる特徴を示していた。[19]

モルツは前にも同じような現象を見たことがあったので、ラッセルの話を無視したりはしなかった。代わりに、昏のしこり（じつは手術をしたときに表面に残った傷にすぎなかった）を切除して、ラッセルに見せた。患者は呪いがとけたと信じ、たちまちすっかり回復した。

キャノンは、この事例と同じように、地域の呪術医がヴードゥー死の治療を行っている様子を述べている。呪術医は患者の体をわずかに切開しておき、小さな骨か歯か爪を取り出してきて、それを患者に見せる。そうすると、患者は恐ろしい魔術がとけたと信じる。患者の病の原因が突き止められ取り除かれたというわけだ。ほんとうの原因は、ヴードゥーの力を信じていたことによる心身のストレスなので、これで実際に病が治るのだ。

キャノンとモルツが紹介した話は単なるエピソードであり、当時の文体によく見られる誇張と人種差別的含みがあるとして、否定したくなる人もいるかもしれない。しかし、医学史の記録には、似たような症例が数多く残されている。さらに、思い込みによって、よい方向であれ悪い方向であれ、健康上に大きな効果が表れることが、実証研究で確認されている。[20] プラセボやノセボといった偽薬が使われるはるか以前から、儀式はまったく同じ役割を果たしていたのである。

ヴードゥー死のような現象は、現在ではそう起こるものではない。多くの文化で、ほかの人に害を与えたり個人的な敵対関係を解決したりするために儀式を用いることは抑制されている。そうした行為は一般に、魔術の範疇《はんちゅう》に入るものとして区別されている。魔術の効能が広く信じられている社会では、魔術の使用を禁じる厳格な規範や法律があることも多い。例をあげると、中央アフリカ共和国の刑法では、魔術を使うと、五年から一〇年の禁固刑、罰金、強制労働といった刑事罰を科すと規定している。さらに深刻なケースもある。サウジアラビアでは、魔術は死刑になる場合もあるのだ。

全体として見ると、何世代にもわたる試行錯誤を経た結果、さまざまな位相で行われる儀式の慣習により、実践する人の役に立つ効果が生まれてきている。長いあいだに蓄積されてきた利点は明らかであり、儀式を通じた身体的な経験と結びつき、儀式の効果に対する個人的な期待が生まれ、さらには参加によって社会に及ぼされる効果にもつながり、儀式を実践する人の健康に多大なよい影響をもたらす。そのため、多くの研究によると、信仰の篤い人たちは身体的にも精神的にもより健康的で人生に対する満足感が高く、全般的な生活の質が高いという。ここで注目すべきは、こうした効果が、その人の信仰心とはそれほど関係がなく、社会で行われる儀式にどれくらい参加しているかに関連しているということだ。[21]

もちろん、儀式は生物医学的な介入の代替にはなりえない。しかし多くの状況で、とりわけ生物医学的な介入が容易に得られない状況では、儀式はそれを補完する重要な働きをするだろう。当事者がストレスと病気に対処できるようになり、意欲と勇気が湧くからだ。このことは、社会から恥だと見られがちな精神疾患の場合には一段と当てはまる。本書で紹介した儀式のなかには、何千年ものあいだ、何世代にもわたり行われてきたものがある。こうした儀式について、額面どおりそのまま受け取るべきだとまでは言わないにしても、真剣に考えてみる価値があるのはたしかなようだ。つまり、儀式を行う多くの人にとって儀式には何か重要な恩恵があるという可能性を、あっさり切り捨ててしまってはいけない。というのも、多くの場合こうした慣習は、たとえ私たちにとってはぞっとするような恐ろしいものであっても、気持ちを落ち着かせ、支えになり、立ち直る力や癒やしを与えているという根拠があるからだ。

何よりも、儀式は過激だと思われる場合でも、人々にとって意義深い経験になる。心理学者のポール・ブルームは著書『The Sweet Spot（スイート・スポット）』（未邦訳）で、人間は本質的に快楽主義者だとする多くの主張に反して、じつは快楽主義者ではないのだと論じている。もちろん、心地よさや快楽は人間にとって重要であるが、質の高い生活にはそれ以上のものが求められる。だから、アブラハム・マズローは、安全や安定といったものを、欲求階層の最上位でなく中位に置いたのだ。私たちは生きがいのある人生を送るために、努力や困難や苦闘をともなう活動も追求するよう動機づけられている。ブルームはみずから選択する苦行を二種類に区別した。第一は、熱い風呂や辛すぎる味付けの食べ物、激しい運動やサディズム－マゾヒズムといったものだ。こうしたことを好む人は、行為を経験して得られる感覚を快楽だと認識する。みずから選択する苦行の第二は、まったく異なる類のものだ。登山や育児、そして過激な儀式の実践だ。おそらく、登山家は負傷したり吹雪に遭遇したりするのを快楽だとは思わないだろう。育児中の親も睡眠を奪われるのは歓迎しない。同じように、火渡りをする人は足をやけどしたくないし、タイプーサム・カヴァディに参加する人は針や串で体を突き刺されるのがうれしいわけではない。「こうした行為は労力を要するし不快なことが多い。しかし、よい人生を送るために必要なことの一部なのだ」[22]

第9章

儀式の力の活用

本書を執筆中、世界は今世紀に入って最大の存続危機に直面していた。二〇一九年一二月、SARS-CoV-2と名づけられた新種のウイルスが中国で発見された。やがて単に「コロナウイルス」という名前で知られるようになるこの病原体は、当時、何らかの種の哺乳動物、おそらくコウモリかセンザンコウに由来し、中国の武漢市の野生動物市場で病原体をもつ動物に接近した人に感染したと考えられていた。初めて人に感染したあと、またたく間に人対人感染が広がり、命を脅かす重症急性呼吸器症候群を引き起こす新型コロナウイルス感染症（COVID-19）となった。二〇二〇年一月までに、一千人以上が陽性と判定され、中国以外のいくつかの国でもウイルスが検出された。三か月後、一〇〇万人以上が感染し、さらに、患者数が一千万人になった三か月後には、一億人に達した。感染は指数関数的に拡大した。ＷＨＯは、この感染の急増は世界的パンデミックだと宣言した。ウイルスの感染がない地域は世界じゅうどこにもないと言っていいほどだった。

コロナウイルスによるパンデミックの衝撃は世界じゅうに伝わり、各国政府はかつてなかったような対策を実施する必要に迫られた。一連の「ソーシャルディスタンス」の規制が敷かれ、公共の場所で実際に物理的に交流することが著しく制限された。学校や職場は閉鎖された。海外渡航が禁止され、イベントが中止になり、市民は自宅に留まるよう求められた。国じゅうが都市封鎖（ロックダウン）の状態に置かれ、許可なく外出した者は高額の罰金が科され、逮捕されることさえあった。一部の地域では、外出禁止令を破ると、警察から公開むち打ち刑に処せられることもあった。大惨事の影響はすぐさま世界規模に及び、所得が減少し、雇用が失われ経済全体が崩壊して、失業率は一〇〇年間で最悪の急上昇を記録した。市民は政治的指導者のリーダーシップに期待したが、多くの政治家はこの難局で手腕を発揮できず、危機に際しての対応が定まらず、相矛盾する指示を出した。医療専門家は未知の領域に直面し、ひっきりなしに予測を修正した。死者数は増えつづけ、メディアは深刻な数字と映像を流して、人々に不安を与えた。世界有数の大国でさえ、災害を防ぐことはできなかった。長いあいだ、トンネルの出口の光は見えなかった。ワクチンが登場するまで、いつ普通《ノーマル》の生活に戻れるのか誰にも予想できなかった。また「ニューノーマル」がどんなものかさえ、想像できなかった。

パンデミックにより、人々の生活がかつてないほど変わってしまったが、いっぽうで、人間の特性の中核をなす、ある側面が強調された。ソーシャルディスタンスという新しい決まりができたことで、人のつながりと実際的な相互作用の重要性を誰もが認識したのだ。みずからが隔離状態に置かれることで、自然と触れあうことを切望していると気づかされた。同時に、新型コロナウイルスの危機によって、人間には儀式が必要であり、儀式には変化を起こす力があることが浮き彫りにされた。

新型コロナウイルス感染症のパンデミックに対応するため、世界各地の大学が、ウイルスの蔓延を抑えようと動きだし、キャンパスでの活動をすべて中止した。授業はオンラインへと移行し、寮は閉鎖され、研究は中断された。何百万人もの学生が、一夜にして、数週間前には誰も想像つかなかったほど生活が一変したことに気づいた。私が勤務する大学も例外ではなかった。事務局がロックダウンを通告した翌日、私は担当する学生たちと、その年度で最後になる対面での授業で話し合いをした。みな不安そうだった。その日は授業で教えることはあまりなかった。時間の大半をこれからの方向について話をすることに費やし、学生たちに安心してもらおうとした。状況は深刻だったが、私たちは何とか乗り切ろうとしていた。

私は、オンラインという新しいかたちへ移行する手順について説明し、学生たちに何か質問はないかと聞いた。多くの学生から手があがった。しかし、最初の質問は授業に関するものではなかった。「卒業式はするのですか」という質問だった。みな、答えを聞きたがっていた。私は、現時点では卒業式が中止になると正式に決まったわけではないが、中止になるのではないかと思う、と説明した。そして、当然ながら思ったとおり中止になった。学生たちの表情から判断すると、それがその日でもっともがっかりしたニュースだったようだ。

本書をここまで読んだ読者なら、学生たちの懸念は少しも驚くことではないだろう。私たちは儀式のことを心から気にかけている。儀式は、人生で意義を見いだし、ふりかかってくる多くの困難に対処できるよう手助けをしてくれるからだ。儀式は非常に構造化されているので、日々の生活が不透明なときに、予測がつき制御できるという感覚を植えつけてくれる。人々が集団で行事を実施することで、結びつきと一体感がもたらされる。人生の重要な節目を祝うことは、達成感を与えてくれ成長を実感させてくれる。世界にはたえず変化する要因、いわば変数があふれているが、儀式には、強く望まれている普遍的な要素、定数がある。新型コロナウイルス感染症の発生は、かなり特異な危機的状況であったため、あらゆることがひっくり返された。人は極度の不安に襲われると、秩序があり正常だという感覚を見いだそうとして、本能的に儀式に頼ろうとする。しかし、屋内避難命令が出たということは、それまでごく普通に行っていた対処法がとつぜん使えなくなったことを意味していた。しかも、これまで以上に社会の連帯が求められるいっぽうで、移動を制限しソーシャルディスタンスの規制を行うため、人々の連帯がいっそう難しくなっていた。

こうした異常な状況のもと、世界じゅうの人が可能なかぎり儀式を行おうと対応を考えた。検索エンジンのグーグルでは、祈りに関する検索件数がかつてない水準に上った。新たに感染した患者が八万人増えるごとに、祈りに関する検索数が二倍になった。[1] 新しい現実に合わせた新しい儀式もつくりだされるようになり、古くからある儀式を行う新しいやり方も生まれた。アメリカのコメディアン、ジミー・キンメルと妻のモリーは、隔離生活を送る人たちを励まそうと、「フォーマル・フライデー」という企画を始めた。一人で家にいるとしても、週に一度、正装して正式なディナーの席につくというものだ［視聴者から送られた正装した写真が番組で紹介された］。「どこへも行かないとしても、どこかへ行くかのようにドレスアップする、ということなんだ」とキンメルは説明した。こうした儀式をすることは、整然とした普通の状態であるという認識をもちつづけ、自分の周囲の状況を制御できているという感覚を取り戻す助けになった。キンメル自身は次のように言っている。「こうする理由はほかでもない。私たちはかごの中のオウムではなく、人間なんだと思うことができるから。だから、タキシードを持ってるなら、引っぱり出して着てみよう」

　自宅で行う儀式は比較的容易に実践できるが、社会から隔離されているときに集団儀式を行うのは、はるかに大きな難題だ。それでも、あらゆるところで、人々は少しずつ前に進もうとして、広い意味での人とのつながりを維持する創造的な方法を編み出した。たとえば、イタリアのベッラという町では、隣近所に住む人たちが、ソーシャルディスタンスを保っているからといって、社交的《ソーシャル》になれないわけではない、と考えた。竹製の長い棒を用意し、棒にカップホルダーを取りつけワイングラスを置いた。自宅のバルコニーという安全地帯にいながら、狭い路地をはさんで隣人とグラスを合わせ乾杯することができた。

世界各地の都市生活者たちもバルコニーに立ち、この難局で奮闘する英雄と称えられた医療従事者たちに敬意を表した。毎日同じ時間にいっせいに窓を開け、スタンディングオベーションで声援と拍手を送り、鍋やフライパンを鳴らして、前線で働く人々を称えた。称賛の響きが町全体で共鳴し、この儀式は人々のつながりと復活に向けた力とを象徴するものになり、一体感と安心感をもたらした。その場にいる人たちはみな結びつき、一緒になって乗り切ろうとしていた。

同じような称賛と連帯の儀式が自然発生的に世界で湧き起こった。アメリカの一部の地域では、小学校の教員たちが、生徒を元気づけようと車を並べて近隣を回った。お返しに、生徒と親が隊列を組んで車を走らせ、教員の家の前を通るときにクラクションを鳴らして感謝の気持ちを表した。また、プラカードを立てたり舗道にチョークでメッセージを書いたりした。スペインのマヨルカ島では、警官が通りで歌ったり踊ったりして市民に敬意を表した。そしてカリフォルニア州のサンバーナーディーノでは、高校生のグループがオンラインで声を合わせ合唱をした。

新型コロナウイルス感染症による危機が長引くにつれ、多くの人にとって、通勤や買い物、通学といった日々の活動が、もはや毎日の決まった行動ではなくなった。人々は時間の感覚が失われていくように感じ、毎日がしだいに意味のないものになっていった。さらに悪いことに、私たちが自分自身を認識し進歩と達成感を感じる機会になっていた特別な時間が中止になっていた。とはいえ、どんなに状況が悪化しても、儀式はただただあまりにも重要なので、やめるわけにはいかなかった。

多くの活動と同じく、儀式もオンラインに移行した。テレビ会議のシステムを使ってバーチャルプロム〔プロムはアメリカの高校で行われる卒業パーティー〕が開かれ、高校生が自宅を離れることなくオンラインで集い、交流を図りダンスまでして特別な夜を祝った。ＭＴＶ〔アメリカのケーブルチャンネル〕や『ティーンヴォーグ』などのメディアもアメリカ全土を対象にしたプロムを企画し、何千人もの学生を集め、メインイベントとして、著名人のゲストによる音楽のライブ演奏や講演を行った。そうこうするうちに、いち早く「モバイル」開催の行事になったのが誕生日パーティーだった。友人や親戚がドライブパーティーで祝うのだ。風船や吹き流しや旗で飾った車で乗りつけ、クラクションを鳴らし、大声で誕生日の願い事を伝え、車の窓からプレゼントを落としていった。何台もの車が連なって列をつくり、バースデーパレードをすることもあった。まもなく、キンセアニェーラやバル・ミツバといった通過儀礼が、ドライブ祝賀会のリストに加わった。近所の人やまったく知らない人までもが会の仲間に入り、お祭り騒ぎをともにした。行事について家族が地元の新聞に案内を出し、近所の人は誰でも車で来て、クラクションを鳴らしながら願い事をするようにと呼びかけることもあった。

学校や大学はオンラインかドライブスルーによる卒業式を企画し、唯一無二の経験が生まれる開催方法を考案したりもした。インド工科大学ボンベイ校では、卒業生一人ひとりのアバターをつくりバーチャル卒業式に招待した。式にはノーベル物理学賞を受賞したダンカン・ホールデンもアバターになって出席し、学生に卒業証書を授与した。ニューハンプシャー州のケネット・ハイスクールでは、クランモア・マウンテンの頂上で卒業式を行った。生徒とその家族がそれぞれスキーリフトに乗って頂上まで行き、そこで卒業証書を受け取って記念写真を撮った。学校が卒業式を中止した場合でも、生徒や家族が自分たちの手で何とかしようとした。ルイジアナ州のある父親は、大学の卒業式が中止になり娘が泣いているのを見て、行動しようと決めた。家の前の庭にステージをしつらえ、演壇、音響システム、座席スペースも準備した。式服を注文し、来賓として講演する人——家族が通う教会の牧師と娘の叔母の二人——まで連れてきた。

マンハッタンでは、ライリー・ジェニングズとアマンダ・ウィーラーのカップルが、ニューヨーク市の婚姻許可局に向かう途中でとんでもない知らせを聞いた。感染によりニューヨーク市役所がすべての行事を中止すると発表したのだ［欧米では、役所で職員の進行により結婚の誓いを立てることがある］。通達は即日実施され、次に通知があるまで継続するという。二人はすっかり意気消沈した。しかし、初めこそ落胆したものの、人生で最高に幸せな日なのだから何があっても台無しにしないと決めた。正式な牧師である友人に連絡をとり、二時間後に、その友人がいる四階の窓の下で誓いをかわした。歩道に何人かのゲストが集まり、車のサンルーフから見つめる人たちもいるなかで、牧師はガブリエル・ガルシア＝マルケスの『コレラの時代の愛』（新潮社、二〇〇六年）の一節を朗読した。

ほどなくして、牧師は二人が結婚したことを告げた。車のクラクションが鳴り、近所の人が窓から拍手を送った。

新しい旅立ちを祝う儀式もあれば、終わりを告げる儀式もある。新型コロナウイルス感染症によるパンデミックによってじつに多くの変化があったが、悲しみへの向き合い方もまた変わった。歴史を通じ、人類は死者を称えるため、細やかな配慮をした弔いの儀式を行ってきた。イスラム教徒は、埋葬する前に遺体を入念に洗浄する。ヒンドゥー教徒はガンジス川などの川に集まり、火葬用のまきを積んで亡骸を燃やす。キリスト教徒は通夜を行う。故人との「対面」の場をつくり、友人や家族が集まって亡くなった人に弔意を表す。ユダヤ教徒は遺体を自宅に安置して七日間見守り、喪に服す。あらゆる文化において、愛する人の遺体はきれいに整え服を着せたうえ、キスしたりなでたりする。現代の人類が誕生したときから、このきわめて人間的な行為を通して、私たちは悲しみを表現し慰めを求め前に進む強さを見つけ、死という現実に折り合いをつけてきた。ところがパンデミックに直面し、政府による規制や感染の恐れから、何百万もの人が悲しみを表すための伝統的な様式を失い、無力さを感じてますます悲嘆にくれた。

多くの国で、病院や高齢者施設が面会者の訪問を断っていた。ホスピスケアを受けている人にとって、もっとも恐れていることは、一人で死ぬかもしれないということだろう。家族にとっては、きちんとした見送りができずに愛する人を失うのではないかという不安だ。そして、どんな状況であろうとも、人生の最後をしめくくる儀式は重要なので、省くわけにはいかない。罰金刑や禁固刑を受ける可能性まであったにもかかわらず、多くの人が禁止命令を無視し、感染するリスクを冒して葬儀を行った。また、長年の慣習を新しい状況にあわせざるをえなかった人たちもいた。故人を悼む人たちは、バーチャル葬儀を行った。司祭は電話で最後の典礼を授けた。墓地では、ライブストリーミングによる儀式が行われた。家族は、愛する人の墓の前でマスクを着けたスタッフが告別式を執り行う様子を、ライブ配信で見守った。

新型コロナウイルス感染症によるパンデミックのなかで新たに生まれた儀式は、儀式に関する重要な真実を明らかにした。一般に、儀式には変化がなかなか起きないものだが、いっぽうで、人間にとってなくては生きていけないほど大きな役割を果たしている。それほど重要であるがゆえに、新しい状況で必要となった場合は、すばやく適応することが可能なのだ。これまでもこうしたことがあったが、これからもまた起こるだろう。新しい状況が生まれてきた例は、世界各地の大学の解剖学科で行う儀式で見られる。

近代医学では多岐にわたって進歩が起きている。外科や臓器移植から放射線学、歯科学、そしてあらゆる分野の内科学まで、各専門領域にまたがる数々の進歩は、死体から得られる知識なくしてはありえなかっただろう。人間の死体を解剖することで、人体内部の働きのしくみに関する知識は著しく向上した。医学生は貴重な実習ができ、医学研究者は新しい技術を検証する機会を得られ、新しい治療法や手術法の発見が急速に進んだ。その過程で、治療や手術がより安全で効率的になり、数えきれないほどの命を救うことができた。医師は、生きている人を治療するために、死んだ人で実習を積むことが必要だ。死者を研究する必要性ははかりしれず、また死こそが人生でたしかな唯一のものだ。しかし、科学研究のために入手できる死体の数は常にかぎられていた。

かつて、解剖学者たちは解剖用の死体を手に入れるため、危うい行為に走ることも多かった。墓地から盗んだり、病院の患者や死刑囚の遺体を家族の同意を得ることなく運び出したり、闇市場で取引したりすることもあった。誰にも問いただされることはなかった。死体の需要が高かったため、ただ医学研究者に死体を売るためだけに人を殺す「解剖殺人」も、歴史のなかではそれほどめずらしくなかった。もちろん、こんな慣行はもはや受け入れられない。現代の医学では、実習や研究のための遺体は、献体を通じて手に入れる。それでもまだ、遺体は不足している。

献体にあたり何より大きな障害になるのは、故人は尊厳をもって人生を閉じることができるのだろうか、親族は気持ちの区切りをつけられないままにならないだろうか、という懸念だ。死を悼む儀式がないと、死んだ者も残された者も先へ進めなくなる。だから、世界じゅうの医学部や解剖学研究室は、献体者に敬意を表するための追悼式を行っている。[2] ニュージーランドのオタゴ大学の解剖学部では毎年、年度の初めに「道を開く」儀式を行う。マオリ族の伝統的な儀式を用いて、解剖室を清め、遺体を神聖なもの（tapu）として認識する。年度の終わりには、献体者の遺族や友人のために感謝式を行う。タイの解剖学教室では、新学期を迎えるたびに、仏教の僧侶が立ち会って供養の儀式が行われる。献体者は、名前を読みあげられ、「偉大な師」という称号が授与される。課程が終了すると、葬列が組まれ、学生たちが「師」をかついで、最後に火葬を行う場所まで運ぶ。[3] 中国では、医学生は解剖室に入るとき遺体に向かって一礼し、中国人が先祖の墓参りをする「墓掃除の日」には、遺体安置所の冷蔵室を花で飾る。大連のある大学では、献体者と臓器提供者の人生と業績を称える記念館を建てた。アメリカのメイヨークリニックでは、年度の終わりに毎年「感謝の集会」という行事を開催し、解剖学の教授と学生が、スピーチや詩の朗読、音楽の演奏、美術作品の展示などをして、ともに感謝を捧げる。この行事には献体者の遺族も招待され、追悼の言葉を読みあげ、それぞれ愛する人を称える。こうした追悼行事のほか、解剖学教室では、地域のしきたりや献体者の遺志に基づき、献体者の亡骸の火葬や埋葬の費用も負担する。

解剖学教室で行う献体者を悼む儀式は、遺族にとっても医学部にとっても、また社会全体にとってもかけがえのない行事になっている。学生や教授や研究者にとっては、こうした儀式は、献体者と遺族に感謝の気持ちを表す機会になる。また、死体を扱うことに対する不安や不快感が軽減される。罪を犯しているとか神聖なものを冒涜しているとかいう意識をもつことなく解剖を行ってよいと認められた、と安心できるからだ。さらに、医学の専門家は患者と距離をおくべきだという昔ながらの考え方とは逆になるかもしれないが、解剖に関連する儀式によって、死者が人間に返り人間として認識されるので、医学の専門家は、患者は敬意と尊厳と感謝の気持ちを込めて扱う価値があると考えるようになる。献体者の遺族にとっては、追悼の儀式によって、故人と最後の別れをし、喪失感に折り合いをつける機会になっている。

過小評価してはならないのが、こうした儀式は、科学の研究や教育における献体の重要性について意識を高めるため、そして、寄贈された遺体が敬意と尊厳をもって扱われることを社会の人々に伝えるためにも役立っているということだ。献体を考えている人たちは、献体者が敬意をもって扱われ、愛する人たちには死を悼み区切りをつける機会があるとわかれば、思い切った決断ができるようになるだろう。献体者を追悼する儀式は、死を称えることで命を救うことに貢献しているのだ。

喪失や悲しみは、死以外の場面でもよく経験される。しかし、死にまつわる儀式がはるか昔からあるいっぽうで、死以外の喪失については、必ずしも儀式がかかわっていたわけではない。

わかりやすい例として、離婚があげられる。どんな文化でも結婚についてはきめ細やかな儀式を行うが、離婚の儀式はあまり行われない。例外は、キリスト連合教会と合同メソジスト教会だ。どちらも離婚に際して特別な礼拝と祈りを行う。宗教によっては、たとえばユダヤ教やイスラム教では、宗教上の離婚を通告するための決まった手順があるが、儀式というよりは律法上の意味合いが強く、法廷審問に近い。対極にあるのがカトリック教会で、そもそも離婚という選択肢を認めていない。ただし、特定の状況下で婚姻を無効とすることはできる。こうした事情なので、多くの人にとって、離婚は純粋に法的手続きだけのものになっている。結婚を始めるときはどこまでも儀式的であるのに、終わらせるときは単に書類上の問題だけなのだ。率直に言って、多くの文化において、離婚は人生の大きな変化でありながら特定の通過儀礼を行わない、唯一のものになっているようだ。

人生のなかでこれほど重要な出来事を記念するための特定の儀式がないのは、おもに歴史的な理由による。かなり最近まで、離婚はめずらしかった。保守的な文化規範や宗教的、法的制限があり、また女性が従属的立場に置かれていたことから、世界の大半の社会で何世紀にもわたり、進んで離婚を選ぶことはほとんど不可能だった。特殊な条件が整っていたとしても、費用がかさみ、手続き上の障壁や社会的な圧力があったため、離婚できるのはごくひと握りの人たちだけだった。しかし、二〇世紀になると、世界じゅうで離婚率が爆発的に伸びた。こんにち先進国では、結婚したカップルのうち半数以上が離婚する結果になっている。さらに、それほど豊かでない地域でも社会の考え方が変化し、労働市場に参入して経済的に自立できる女性が増えたため、離婚率が上がっている。その結果、毎年何百万もの人が、人生で何にも増して感情的になりストレスがかかる重大な変化を経験することになったが、離婚を公に認めるのは法的文書の署名だけだ。このため、婚姻を解消した人はむなしさを覚え、独身者に戻ったりひとり親になったりといった新しい状態に対応できず、自分の人生を前に進めようという気持ちにはどうしてもなれないことも多い。

人生の大きな変化を受け入れやすくする必要があることは、宗教団体でも宗教とは関係ない機関でも認識していて、斬新な離婚の儀式を考案している。たとえば日本では、離婚に関連する儀式を求める声が以前から高い。群馬県の満徳寺はかつて、理不尽な夫から逃れたいと願う女性をかくまってくれる、修道院のような場所だった。現在この寺では、女性が紙に恨み言を書き連ねて寺のトイレに流すという離婚の儀式を行っている。また日本には、離婚式を企画する企業もあり、夫婦が結婚指輪をハンマーでたたきつぶしながら結婚の誓いを反故にする。儀式にはたいてい友人や親族も立ち会う。

同じような儀式は、世界じゅうで見られるようになってきた。アメリカではよく、「離婚コーチ」や「離婚プランナー」が儀式を企画している。とてもシンプルなものから相当な手間をかけたものまで多種多様で、あくまでプライベートな行事として厳粛に執り行う場合もあれば、多くの出席者を集め陽気に開催する場合もある。二人の関係が悪くなったことの象徴として、共有していた写真や思い出の品を壊すこともある。まだよい関係が残っていれば、感謝を伝えるだろう。いずれにしても、目的は同じだ。次の段階へ移行するのを容易にすることだ。二人にとって、結婚が終わったことを嘆き、新しく変わった状態を受け入れる機会になる。加えて、その新しい状況をつき合いがある人たちに伝え、一人になって独立したという新しい社会的役割を受け止め、認めてもらえる。離婚の儀式は、二人の関係が終わったことを明確にするだけでなく、新しい生活の始まりを告げるものでもあるのだ。

現代では、カップルよりはるかに大きい集団にも、儀式の力を活用しようとする試みが広がっている。ネバダ州では毎年夏の終わりに、世界じゅうから大勢の人が集まり、バーニング・マンという驚異的な集会に参加する。砂漠の真ん中に、イタリアのピサと同じぐらいの面積の町、ブラックロック・シティが急ごしらえで建設され、わずか数日後に壊され、あとかたもなく消える。その一週間、バーナーと呼ばれる人たちは、途方もない文化と芸術の体験に参加する。奇抜な衣装を着け、現実離れした乗り物に乗り、光を放つ壮大な展示品を見物する。奇想天外なアートの空間は、多様な様式により観客も参加しながら楽しむ双方向性をもち、参加者は一つひとつ回っていく。会場はどこも、感覚を刺激する華々しさにあふれている。イベントのクライマックスは、やがてなくなる町の中心に高々とそびえる二つの巨大な造形物を燃やす行事だ。最終日の前夜、プラヤ（砂漠の中にできた浅く平らに広がる窪地）にそびえ立ち、どこからでも見えていた「ザ・マン」と呼ばれる木の人形《ひとがた》に火がつけられる。そして、バーニング・マンの最後でおそらく最大の見ものは、最後の夜に行われる行事で、全員が集まって寺院《テンプル》が燃えるのを眺める。

彫刻家のデイヴィッド・ベストは、バーニング・マンでインスタレーション作品を制作するよう招待を受け、何をつくるか具体的な考えがないまま、玩具工場から木の廃材を集めはじめた。バーニング・マン開催の数日前、制作チームのメンバーの一人、マイケル・ヘフリンが、不幸にもバイクの事故で死亡した。チームでは、マイケルは着手したプロジェクトが仲間の手で完成することを望んでいただろうと考え、砂漠に行って「何か」をつくろうと決めた。巨大な木の造形物をつくりはじめると、メンバーの死を聞いた見学者が制作現場を訪れ、誰からともなく、自分が失った人の名前を作品に刻んでいった。そのあと、イベントの最後に集まってきて、作品が燃やされるのを見守った。そのとき初めて、ベストは自分が寺院を建てたと気づいた。

翌年、ベストはまた、寺院を制作するよう勧められ、作品を「涙の寺院」と名づけた。そのときは、何千人もの人が集まり、亡くなった人の名前を記し、寺院が燃えるのを見つめた。その翌年、造形物は「歓喜の寺院」と呼ばれたが、参加者はやはり追悼の場と考え、悲しみにくれ過去を葬り去るために訪れた。

それ以来、寺院には毎年、何千もの手紙や写真や思い出の品々が積まれる。多くの人が、愛する人の遺灰や愛用品を持ってくる。なかには、嫌いな人にまつわる品々を持ち込む人までいる。虐待をする配偶者や親、また悪い関係を断ち切りたい相手などにかかわる品だ。大半の人が心のこもったメッセージを残していく。「ジョン、あなたとやり残したことがある」と書いていた人がいた。「ママ、パパ、自分の怒りを懸命に抑えようとしているんだ」というメッセージもあった。近いうちに離婚することを考えているらしい人もいた。「まもなく、私たちは別々の人生を送ることになります。あなたが探しているもの、あなたが幸せになれることが見つかりますように」。ペットが死んで嘆いている人もいれば、自分自身の不安や失敗や後悔を乗り越えようとしている人もいる。あるメッセージには「ごめんね、赤ちゃん、まだ準備ができていなかったの」と記されていた。別のメッセージには「これからは、いい友人になろうと思う。パートナーでいたときよりももっといい友人に」とあった。メッセージを書くという単純だが象徴的な行為が、悲しみを乗り越え、つらい思い出を断ち切り、新しい始まりを祝おうとしている人たちに、驚くほど強力な効果をもたらすようだ。寺院が灰になっていくのを、何千人もの見物者が静かに見つめていた。涙を流す人も多かった。寺院を燃やすという厳粛さは、その前夜に行われるザ・マンを燃やすイベントとはまったく対照的だ。ザ・マンを燃やすときは、花火や音楽に彩られ、にぎやかなパーティーが繰り広げられる。

バーニング・マンは、厳密に定義されることを嫌う。バーナーたちは即座に、これは祭典ではないと強調する。それ以上のものなのだ。どうしても定義しろと言われれば、共同体、ムーブメント、社会実験、あるいは巡礼などと表現するだろう。どう呼ぼうとも、バーニング・マンは驚異的な成功で知られる文化現象だ。一九八六年にいまの原型ができてから三〇年たらずのあいだに、参加者は当初の数十人からネバダ州の会場だけで八万人以上に増え、さらに世界各地で開催される関連イベントに、あわせて数十万人が参加する。これほどまでの成功を収めたのは、バーニング・マンが参加者に意義のある経験を提供できるからだ。

毎年行われる調査によれば、バーニング・マンの参加者の圧倒的多数が、開催期間中に一体感と共同体の感覚を強烈に体験し、全体としてたいへん満足度が高かったと回答している。[4] 同様に、参加者の四分の三が、ここで経験したことは、多かれ少なかれ変革を起こすものだったと述べている。変革が起こることを求めたり期待したりするイベントに参加しなかった場合でも、そう答えていた。変革を経験した人のうち九〇パーセント以上が、その体験は会場のブラック・シティにいる期間だけでなくそのあとも続いたと回答し、八〇パーセント以上が、その効果は人生で永久に残る、と答えている。

とすると、バーニング・マンの参加者がまれに見るほどの忠誠心を抱いて取り組んでいるのは驚くに値しない。参加者の大半が自分はバーナーであると認識し、またこのイベントに戻ってくる予定だと話す。実際、多くがまた参加する。二〇一九年には、参加者の四分の三が、過去のイベントに参加したことがある人たちで、その多くが毎年のように戻ってきていた。

バーナーたちが語る奥深い精神的経験、高い忠誠心と共同体感覚は、宗教団体の人たちと似ている。実際に、多くの人が宗教との類似性を明確に見いだしている。もっとも、バーニング・マンには公式な教義はなく、中央に権力が集まるしくみもない。参加者の統計を見ても、だいたいにおいて宗教に熱心ではない。バーナーのうち、信心深いと認識している人は、五パーセントをわずかに上回る程度だ。ただし、ほぼ半数が精神性を大切にしていると答えている。やはり、宗教との類似性は偶然ではないようだ。

バーニング・マンの主宰者は、参加者に意義のある体験を提供するため、宗教運動の戦略書を参考にしている。共同創設者のラリー・ハーヴィは、儀式がもつ変革の力を理解しようとして、宗教に関する人類学、心理学、社会学の古典作品を研究した。ハーヴィは次のように述べている。「宗教の教義や信条や形而上学《けいじじょうがく》的思想を超えた直接的な体験がある。生きた信仰が生まれるのは、そうした原初的世界だ。（略）出来事や目的や行為や人格を神聖なものにしたいという人間の欲求は次々に変化していく」[5]。ハーヴィはバーナーたちに、いかなる考え方であれ信仰は無視して、バーニング・マンの中心である儀式を直接体験することに没頭するよう呼びかけた。バーニング・マンの儀式は人間の根源的な欲求に向けたものだと、ハーヴィは言う。「ある場所に属していたい、ある時間のなかに身をおきたい、互いに相手のものになりたい、そして、自分自身より大きい何かの一部でありたい。たとえ永遠に続くことはなくても、そう願う。そういう欲求のことだ」

　バーナーたちにとって、儀式の経験はゲートを通った瞬間に始まる。参加者が互いに抱き合い挨拶をかわしながら言う。「ようこそお帰り！」。彼らは、ブラックロック・シティが自分たちの家《ホーム》であり、外界は「もともとあった世界」なのだという。この家は神聖なものとして扱われ、まっすぐな線で五角形をした区画が仕切られ、外界の汚染の影響から守られる。バーナーはここへ来るときに、「場違いなもの（Matter Out of Place：ＭＯＯＰ）」をすべて取り去らなくてはならない。これは、人類学者のメアリ・ダグラスが提唱する概念から借りてきた言葉だ。ダグラスは、清浄と穢《けが》れという文化的概念がどのように使われ、社会で神聖だとされるものを規定してきたのかについて論じた。ダグラスによれば、清めの儀式によって、清浄な領域と不浄な領域を区分する境界が象徴的につくりだされる。その境界を侵すものは、汚染と危険の源だとみなされる。本質的に汚れているのではなく、文化的規範によって、ここはいるべき場所ではないと規定されるからだ。ショッピングモールにいるなら、靴を履いているのは清潔で、はだしで歩くのは不衛生だ。多くの宗教の礼拝所では、その反対だ。境界を越えるのが避けられない場合、または必要な場合は、清めの儀式をすることで無害になる。たとえば、聖職者は祭壇がある場所に入る前に、洗浄のための儀式を行う。バーナーたちは、バーニング・マンに入る境界で「線上のお払い」をして、ＭＯＯＰをすべて見つけだし払い落とす。ＭＯＯＰのお払いをする人の人数、並び方や距離、動作は細かい規則に沿って指示される。どんな細かい埃《ほこり》でも、たとえば髪の毛や木くずやラメのかけらでも、取り除かなければならない。あらゆることが細心の注意を払って記録され調べられる。MOOPのお払いの技法に特化したブログまである。さらに、そのほかの儀式によっても、バーニング・マンと外の世界との境界がいっそう明確に区分される。ほかの通過儀礼でもあるように、参加する人はもともとあった名前まで捨て、ほかのバーナーから授けられた「プラヤ・ネーム」を名乗る。

もう一つ捨て去らなくてはならないものが、金銭の取引だ。バーナーたちは「ラディカルな自立」を実践する。自分で責任をもって最低限の生活を確保し、生き延びるために必要な物資はすべて砂漠に来るまでに準備して持ってこなければならない。ひとたびゲートを通れば、お金が使える場所はメインカフェしかない。そこ以外では売買は厳重に禁止されている。お金を使っているところを見つけられたら、退去させられるかもしれない。物々交換も認められていない。代わって、贈与がバーニング・マンの中核をなす原理になる。参加者は、自分の技能や関心や持てる手段に基づいて、自由に贈りものをする。贈りものは何でもよい。物質的なものであっても、かたちがないものでもよい。食料やアルコール飲料や医薬品、散髪やマッサージやヨガ教室、そしてもちろんアートだ。こうした贈りものを無条件にあげるよう奨励される。打算はなし、お返しや交換をあてにしてもいけない。物質的な所有物やサービスに加え、バーナーたちは時間と労力も提供する。ブラックロック・シティでは、すべてがボランティアの手で成り立っているのだ。

バーニング・マンの贈与経済は、伝統的な儀式の慣習をモデルにしている。例として、パプアニューギニアのマッシム族について考えてみよう。マッシム族は、貝殻の首飾りと腕輪を贈ったり受け取ったりする儀礼的交換の複雑な体系を維持している。ここでやりとりする物は、それ自体はとくに価値や実用性がないが、島の人々は労をいとわず、相当な危険を冒して首飾りと腕輪を交換しに行く。操りにくいカヌーで、太平洋の荒れる海をはるか遠くまで渡っていくのだ。この慣習は、円環状に点在する島々を回りながら贈与を行う「クラの輪」と呼ばれることになった［クラはパプアニューギニアの島々で行われている交易の慣習を指す］。突きつめれば、この慣習は実質的な利益をもたらさないと言えそうだ。首飾りと腕輪は単に使いまわしされていくだけだからだ。しかし、フランスの社会学者、マルセル・モースが古典的論文『贈与論』（筑摩書房、二〇〇九年ほか）で述べているとおり、じつは、この慣習には重要な社会的有用性がある。モースは、儀礼的交換のしくみによって社会的義務が生ずると論じた。経済的な交換と異なり、同等の価値がある結果は生まないかもしれないが、贈与の行為を行うたびに、感謝の気持ちと共同体の感覚が生まれ、個人的な満足感と社会の連帯が高まる。ただし、無償の贈与などというものは存在しない。贈与を行うときはいつも、何らかのかたちで見返りを期待している。しかし、全体としては、贈与によって、相互に責任を負うというサイクルが生み出され、共同体全体にわたって互恵的関係に基づくネットワークが構築される。

貨幣取引を放棄することは、バーナーに求められる代償の一つだ。店もレストランもなければ、シャワーもなく携帯電話も通じない。砂漠の太陽で焼けるような暑さでも、夜になると凍える寒さになる。ひっきりなしに暴風が吹き荒れ、プラヤの超微細な砂埃があちこちに降ってきて積もる。肺にもたまる。砂は強いアルカリ性なので、足に化学火傷を起こし、「プラヤフット」として知られる症状が出る。第7章で見たとおり、このような代償を払うことが、熱心に取り組むことの保証になるのかもしれない。日々の快適な生活を手放すのをためらう人たちをふるいにかけ、共同体の価値観を全面的に支持する人を選びだし、フリーライダーを見つけやすくなる。プラヤにいる期間に一定の贅沢を維持しようとする有名人や裕福な人たちは顰蹙《ひんしゅく》を買う。砂漠の厳しい環境のなかで犠牲を払っているのをたびたび目のあたりにすると、バーナーどうしで信頼が生まれ協力しやすくなる。また、初めて参加する人にとっては、こうした代償を払う行為に加わることによって、集団のメンバーとして価値があり望ましい人物だということを示し、信頼を高められる。

バーニング・マンを快楽主義的な娯楽と結びつけて考えたくなるかもしれない。音楽、酒、セックス、ドラッグ、あらゆる享楽的要素が盛り込まれている。しかし、こうした快楽なら、ほかの状況でもっと手軽に得られる。酒に酔いハイになってセックスをするために、荒野まで旅する必要はない。バーニング・マンがほかに例を見ないほど成功を収めたのは、快楽だけでなく、意義のある経験にするために求められる努力と困難によるところが大きいのではないだろうか。じつを言うと、バーニング・マンが始まって数年は、気軽に参加して楽しめるものだった。「ザ・バーン」という人形を燃やす行事はサンフランシスコのベイカー・ビーチで行われ、自由に参加できた。しかし、イベントの規模が急激に拡大することはなく、参加者もそれほどのめり込まなかった。イベントの会場が遠い砂漠の厳しい環境へと移され、参加費が大幅に値上げされてから、参加者数が飛躍的に伸び、やがて連邦当局から上限を課されることとなる。部外者を締め出すためフェンスが立てられ、暗視装置とレーダーシステムで周辺を監視し侵入者を見つけだした。ほどなくして、バーニング・マンから、別の地域で開催される関連イベントが生まれ、さらに数十か国に広がっていった。

バーニング・マンの成功は、儀式の力によって意義のある経験と仲間意識が生まれることを明らかにした。しかし、バーニング・マンの経験はわずか数日間であり、そのあと参加者は元の世界へ戻っていく。何千もの人たちが一週間にわたってともに暮らし、協力し、楽しむだけでも、けっしてたやすいことではない。しかも、毎日ともに活動する結束した集団をつくりあげるのは、まったく別の話になる。ユートピア的社会を建設するうえで儀式が有効な原理になりうるなら、より恒久的な社会でも、儀式によって協働を促進することができるのだろうか？

私はギリシャからデンマークに移り住み、二つの国の文化の違いに、たびたび驚いた。いわゆる「カルチャーショック」だ。デンマークの特殊性について、地中海地域から来た非デンマーク人の目から見たすべてを語るなら、別の本をもう一冊執筆できるだけの素材が十分あるだろう。しかし、とくに違いが目立っていたのは職場に関することだった。デンマークは世界有数の生産性が高い国で、産業が発展し熟練労働者が多く、官僚機構が効率的だ。その点を考慮し、またデンマーク人は同調性が高く決まりを守るという評判を考えあわせれば、デンマークの企業は順調に稼働する生産ラインのようで、労働者はまるでロボットのように、上からの指示を言われるまま休みなく実行していると期待するだろう。これほど事実からかけ離れた話はない。

デンマーク人の労働時間は世界の国々のなかでもっとも短い部類に入り、同時に休暇の日数はほぼ最高である。経済協力開発機構（OECD）のデータによれば、二〇一九年に、デンマークの労働者の週あたり平均労働時間はわずか二六・五時間だった。それに対してギリシャは三七・四時間で、ヨーロッパでもっとも長かった。年間総労働時間にすると、デンマーク人の労働時間はOECD諸国の平均より平均三四六時間、アメリカ人の平均より三九九時間短いことになり、世界でもっとも労働時間が長い国であるメキシコと比べると、驚くことに七五七時間も短くなっている。[6] そうするとデンマークで仕事を始めたとき、それまでより物事がゆったりと感じられたのもうなずける。じつは、私と同じように外国から来た人の多くが、デンマークの職場は少しのんびりしすぎていると感じていた。労働時間が短いからといって集中して働いているわけでもなさそうだった。毎日の勤務時間のかなりの部分を、コーヒーを飲み、ランチをとり、ケーキを食べ、ビールを消費するといった、一見すると非生産的な活動に費やしていた。議題が何もないときでも、定期的に会議が開かれた。リフレッシュのための時間が設けられ、大半は歌やゲームや酒席にあてられた。さらに、さまざまなパーティーやお祝いの行事が経営者側から用意されていた。

初めは、そうしたことのすべてが奇妙に思われた。たいていは楽しかったが、ときには面倒だとさえ感じられた。外から来た者にとって、デンマーク人は労働倫理が低いのではないか、少なくとも切迫感が欠けているのではないかと思われるかもしれない。しかし、数字を見ると、まったく状況が異なる。デンマークの労働者は、世界でも最上位に位置づけられるほど生産性が高く革新的であるのに加え、調査では、満足していると回答する人の割合が最高の水準にあり、世界のなかでも幸福度が際立って高い。そして、最初は不可思議で無駄だと思われたデンマークの職場の数々の儀式は、実際に参加してみると、効率的で生産的で楽しい職場環境に不可欠なのだと、よくわかるようになった。儀式には職場を変革する力があるので、世界各国で大きな成功を収めている企業は、意図的に儀式を組み込んでいるのだ。

デンマークの職場の大半で、一日に何度か休憩時間をかならずとっている。たいていは、午前中のコーヒーブレイクとランチ休憩と午後のコーヒーブレイクだ。こうした休憩時間は、単に仕事を休むためだけではない。仲間とのつながりをつくる社交的な行事になっている。空腹を感じていない人や自分でランチボックスを持ってきている人でも、職場を離れて食堂かカフェテリアでほかの人に合流する。仕事があるからといって一緒に食事をとらない人は、上司から評価を得られない。デンマークの企業は、規模にかかわらず、こうした行事を奨励し積極的に支援する。多くの企業で、設備が充実したキッチンや広々とした食堂や高級なコーヒーメーカーが備えられ、従業員が食事をともにする。私の妻の勤務先では、毎日のランチを準備する料理人まで雇っていた。

企業では、こうした費用を経費の無駄だとは考えておらず、従業員が食事をともにすることで得られる社会的利益は、かけた費用を上回る、と認識している。食事をともにすることは、多くの場合、近しい親戚や友人に限られる親密な行為だ。したがって、食べ物を分かち合うことは、共同体を象徴する意味があり、仲間の絆を深める。人は一人で食事をするよりほかの人と食事をするほうが楽しいと思い、一緒に食べるとよりおいしく感じることが、研究から明らかになった。子どものときでも大人になってからでも、誰かと食事をすることは社会的結びつきをつくるきっかけになる、と考えられている。一緒に食事をしている人たちは、うちとけて親密な関係にあると見られる。さらに、食事をともにしている人たちは、互いをより信頼し、効率的に協力する。コーネル大学が行った調査で、大皿から取り分けて食事をする人は、各自の皿で食べる人に比べ、より協力的で競争心が少ないとわかった。[7]

おそらくそうした理由から、シリコンバレーの巨大テック企業は、従業員に無料で食事を提供したり、常勤の料理人やバリスタを雇ったりしているのだ。サンフランシスコにあるエアビーアンドビー（Airbnb）のオフィスでは、料理人が手づくりのスナックや飲み物を用意している。フェイスブック［現メタ］では、レストランからカフェテリア、アイスクリームショップまで、さまざまな飲食の場が無料で利用できる。写真共有サービス会社のピンタレストは、毎週金曜日、すべての従業員を対象にハッピーアワーを開催している。キックスターター［クリエーターのクラウドファンディングによる資金調達を支援する企業］には、屋上菜園があり、従業員が新鮮な果物や野菜を選べる。またグーグルは「マイクロキッチン」と呼ぶ、軽食を用意したスペースを設置している。マイクロキッチンは、各部署のあいだのエリアに計画的に配置され、異なるチームの人たちの交流を図ろうとしている。皮肉なことに、こうした企業は、従業員のためにかける費用をさらに増やしたい――減らすのではない――と主張して、地域の当局と衝突している。二〇一八年、サンフランシスコ当局は、地元のレストランのロビイストたちの圧力に屈し、雇用主が事業所内で従業員に無料で食事を提供するのを禁止した。この決定をめぐって論争と否定的な反応が一年続いたすえ、禁止は撤回された。

職場で行う儀式は、娯楽や休憩の時間に限られているわけではない。デンマークでは仕事の会議でも、儀式化がかなり進んでいた。会議はいつも同じ時間に同じ場所で開かれ、同じ食べ物と飲み物が出され、同じ手順で行われた。話し合わなければならない差し迫った業務上の問題があるかどうかは関係なかった。実質的な仕事は、個々の案件を扱うもっと少人数のチームで進めていたからだ。もちろん各チームは、全体の会議で貴重な意見を得られる。しかし、会議はおもに、別のチームの人たちとつながりをつくり、ほかの人たちがしていることを把握し、最近の業績を称えあうための機会になっていた。成果は全員のものとして発表されるので、誰もが誇りをもって成功を共有できる。いっぽう、失敗したという感覚は和らげられ、完全に個人の責任として受け止めなくてすむ。

こうした定期的な会議や休憩時間の活動に加え、純粋に祝福することを目的とした行事もあった。たとえば、子どもの誕生や昇進や退職など、個人的な節目となる出来事を祝うものだ。競争とは関係がない個人的な出来事を公の場で祝福することで、仕事をする人たちの士気と意欲が高まり、仲間であるという感覚と共同体意識とを醸成することができた。ほかにも、さまざまな催しが定期的に開かれた。毎週末、学生と教員は、音楽とダンスと飲み物を楽しめるフライデー・バーに参加した。そして、毎週月曜日の朝の最初に来るのは、コーヒーとケーキだった。このようなサイクルで、儀式によって一週間の仕事が規定され、それ以外の時間は、踏み込んではいけない別の領域として区分され、週末は職員が仕事から解放された。たしかに、デンマークでは、プライベートな時間は侵してはならない聖域とされている。ワークライフバランスを誇る国なのだ。

年末に向けては、それぞれのチームでクリスマスパーティーを企画した。クリスマスは重要な行事であり、入念な準備を行う。出欠を確認する招待状が何週間、あるいは何か月も前に発送され、配偶者やパートナーも招待された。組織の上層部も、出席するだけでなく、かなりの時間をさいてパーティーの運営を指揮し、行事の進行を取りしきり、伝統を守る。ここでいう伝統には、パーティーでの挨拶、ライティングやキャンドルの使い方、ゲームや乾杯のしかたなどが含まれる。乾杯は何度か行われ、そのたびに「フレー」と三回、いっせいに声をあげる。こうした行事では、感覚と感情を強く刺激され、すでに認識されていた組織の名声と価値とあいまって、また一般に普及している慣習や象徴とも結びつき、より大きな共同体意識が同僚とのあいだに生まれた。その夜披露されたスピーチやエピソードを参加者全員が共有することで、共同体としての精神と価値観が高められた。そして最後には、祝祭はただただ楽しいものとなって、こうした集まりを好きになりあとで懐かしく振り返ることだろうと思わせた。

このように集団で行う活動は、人間関係を強化しチームの一体感を高めるという、儀式の力を効果的に活用している。実際に、儀式を組織構造のなかに意図的に組み入れることで、企業は、より系統立った民主的で協力的な文化を築けるということが、研究で示されている。[8] さらに、仕事をする集団が行う儀式によって、仕事に関連した課題により深い意味があると感じられるようになり、従業員の満足感と生産性が高まる。[9]

第4章で、儀式の社会的接着剤としての基本的成分について述べた。こうした成分の多くは、組織を構築する際にわかりやすいかたちで取り入れられる。食事をともにし会議を定期的に開くことで、集団にとっての象徴的な意味が生まれ集団の特徴が浸透する。ひんぱんに繰り返すことでさらに強化される。ただし、儀式というレシピで重要な別の成分は、すべての集団が容易に得られるものではないかもしれない。同調した動きや感覚を刺激する華々しさ、さらには同時に起きる感情の高揚、といったものは、社会的な接着剤を強力接着剤にするための鍵である。しかし、こうした成分は、職場という環境よりは、スポーツチームや軍隊で得られやすいものだ。そのような成分を活用しようとするなら、企業の多くは熟慮したうえで、スポーツ選手や兵士が経験するのと似たような活動を、従業員に経験させることになる。このようなチームワークづくりのために企業で行う儀式では、合唱や集団で行うダンス、パニックルームやペイントボールなどのゲーム、激しいスポーツなどをするほか、割れたガラスの上を歩くといった、恐い思いをする活動を取り入れることもある。

長いあいだの一般的な慣行では、職場とは取引をする場であり、人間味あふれる場所ではなかった。職場に来たら、決められた時間を提供して家に帰る。だから、計画的に儀式の原理を取り入れている組織に加わると、儀式的な行事に圧倒されそうになるかもしれない。無機質な職場に慣れていた人がそうした企業に初めて加わったときは、なおさらだ。それでも、何度も繰り返していると、じきに、不思議だった儀式が企業文化の特徴としてなじんでくる。儀式によって、集団に独特のアイデンティティがつくられ、集団の中でのその人の立場が特徴づけられ、意義のある体験が生み出され、行為主体性と目的の感覚がもたらされる。やがて、その集団で行っている儀式が風変わりで不可思議だとも、滑稽だとも思わなくなり、なじんできて心地よいものになって神聖なものだとさえ感じるようになる。そのときこそ、まさに、組織の文化の一部になったと認識できるのだ。

新しい課題に対応するために生まれてくる儀式は、バーニング・マンで行われている行事や多くの職場の文化のなかで実施される行事と同じく、人間の本質に関する重要な真実に光をあてている。儀式は、私たちの個人的、社会的な存在の中核になっている根源的な人間の欲求を満たしてくれるものだ。このことを踏まえて、宗教学の研究者キャサリン・ベルは、儀式は社会で行動するための文化的な戦略であると定義した。[10] ベルによれば、儀式は単なる習慣や型どおりの行為ではなく、人間が生きていくうえでかならず起こるさまざまな問題の解決方法を提供してくれるものだという。また、儀式は自分自身で取りしきることもできるし、その文化で規定されているとおりに行うこともできる、としている。儀式にはこうした性質があり、また儀式によって社会関係を具体的に定義し思想や行為を調整できることから、儀式は歴史的に、宗教運動や国家組織といった思想体系に利用されてきた。[11] 宗教団体や国家は、儀式がもつ力をじつにうまく利用してきたので、儀式の力は、こうした組織がもつ力と同等のものとしてみなされるようになっている。しかし、宗教や国家は儀式の力を独占的に利用しようとしてきたが、儀式は、宗教や国家より前から存在し、また宗教や国家を越えて広がっていく。

現代では、宗教団体や国家が儀式を支配する力は弱くなっている。[12] 世界じゅうの工業化社会で宗教の影響が小さくなり、社会を組織する中心的な原理としての宗教思想の役割がしだいに失われつつある。宗教が定めた儀礼的な生活を実践する人は少なくなり、宗教儀礼を実践する人でも、以前ほどひんぱんには参加しない。さらに、人間社会全体が民主的になっている。地域によってばらつきはあるものの、全体として見ると、二一世紀の世界は、人類の歴史のどの時代と比べても民主的だ。その結果、全体主義的制度のもとでは支配力を誇示するため不可欠だった、国家の指示で行われる儀式もあまり見られなくなっている。このような傾向があるものの、人間はもって生まれた性質として儀式を強く欲するため、宗教儀式や国家儀式が後退したために生まれたすき間を、どうしても埋めなければならない。だから、生活の別の領域でもっと儀式を取り入れようとしているが、必ずしも期待したとおりにはいかない。

毎日、新しい儀式が生まれているが、意味があるだけの期間にわたり存続する儀式はほとんどない。私たちの周囲にある儀式は、長く厳しい文化の選択の過程を生き延びることができたものだ。だから、儀式の力を利用しようと社会が画策しても、長く続いている伝統と同じような意義が確立できなければ、うまくいかない。悲しいことに、さらなる難題は、儀式は適切な文脈で実践してこそ意味があるということだ。現代の人間の環境は、わずか数十年前の私たちの祖先と比較しても、多くの点で非常に異なっている。生活のリズムは速くなり、私たちが特定でき、かつ、交流する社会集団はかつてなかったほど、大規模で広範にわたっていて、多種多様になっている。このため、古くからある慣習を単に模倣するだけで同じ結果が再現できるとはかぎらない。たとえば、長いあいだ先祖が行ってきた、成人になるための厳しい通過儀礼を、地域の年長者の導きのもと仲間とともに経験したとする。それでも、男子学生の社交クラブの入会式で、入会二年目の会員の集団から屈辱的な試練を受けるのは、まったく別の話だ。司祭の前で罪を告白すれば心が解放されるだろうが、会社のチームビルディングの集まりで、上司から個人的なことを質問されるのはきまりが悪いだろう。スタジアムで声を限りに叫んでいると仲間のファンとの絆ができるが、スーツを着込んだ自己啓発の講師から大声で叫ぶよう促されるのは滑稽だ。

こうしたことを考えると、憂慮すべき状況が起こる可能性が浮かび上がる。工業化が進んだ西欧社会では、伝統的な儀式の慣習の重要性が全般に薄れてきていると感じられるが、その間、長期にわたり比較的安定した状態が続き、存在を危うくするような脅威とはおおむね無縁だった。しかし、私たちがこんにち享受している快適さが近い将来脅かされることはない、と考える根拠はない。それどころか、新型コロナウイルス感染症のパンデミックは、現代の人間の存在がどれほど脆弱なものかを浮き彫りにした。これは、激動の時代が始まる予兆にすぎないのかもしれない。さらに、持続不可能な成長と地球資源の過剰利用、気候危機、政治的失敗が拍車をかけている。もしそのとおりなら、来るべき暗黒の時代は、これまで以上に儀式の力に頼ることになるかもしれない。心を平安にして連帯を育み、そしてこの世界は意義があり継続していくという感覚を生み出すためだ。私たちの時代の新しい儀式は、長い期間にわたる試行錯誤を通じて練りあげられたというよりは、急いで考案されたものが多いが、期待される役割を果たせるのだろうか？　そして、この先の世代は、私たちの祖先が何千年もしてきたように、儀式の力を本能的に用いて、効率的に役立てることができるのだろうか？

私は、儀式に懐疑的な考えをもって、儀式を考察する旅を始めた。人々が儀式に執着するのが不可解だった。そう考えるのは私だけではなかった。長いあいだ、儀式が科学的探究の対象になることはあまりなかった。科学者たちは、儀式に有用性はないと即座に切り捨てるか、儀式に内在する作用のしくみは謎だと考えるかのどちらかだったのだ。こんにち、学際的な科学研究によって儀式について探究することが初めて可能になり、無駄だと思われていた行為は意味があると同時に恩恵もあるということが認識された。このような恩恵を二〇年にわたり研究したことは、私にとって目が覚めるような経験であり、儀式に対する見方が変わった。さらに、仲間である人たちを見る目も変わった。儀式は、古代から人間に備わっている性質であり、私たちは儀式によってつながり、意義を見いだし、自分の存在について理解する。私たちは儀式的な種なのだ。

39. Rappaport, 1999.
40. Xygalatas and Mano, forthcoming.

第 8 章

1. Singh et al., 2020.
2. Snodgrass, Most and Upadhyay, 2017.
3. Zahran et al., 2015.
4. Bulbulia et al., 2013.
5. Xygalatas et al., 2019.
6. Klement et al., 2017.
7. Memish et al., 2012.
8. Tewari et al., 2012.
9. Tian et al., 2018.
10. Wood, 2016.
11. McCullough and Willoughby, 2009.
12. Ozbay et al., 2007.
13. Liu, Gou and Zuo, 2014.
14. Kjaer et al., 2002.
15. Newberg and Waldman, 2010.
16. Fischer et al., 2014.
17. McClenon, 1997.
18. Cannon, 1942.
19. Maltz, 1960.
20. Lester, 2009.
21. McCullough et al., 2000.
22. Bloom, 2021, p. 4.

第 9 章

1. Bentzen, 2020.
2. Štrkalj and Pather, 2017.
3. Pawlina et al., 2011.
4. Shev et al., 2020.
5. Harvey, 2016.
6. OECD, 2020.
7. de Castro and de Castro, 1989; Boothby, Clark and Bargh, 2014; Liberman et al., 2016; Miller, Rozin and Fiske, 1998; Woolley and Fishbach, 2017; Woolley and Fishbach, 2018.
8. Ozenc and Hagan, 2017.
9. Kim et al., 2021.
10. Bell, 1992.
11. Deacon, 1997.
12. Inglehart, 2020.

第5章

1. Bulbulia et al., 2013.
2. Konvalinka et al., 2011.
3. Xygalatas et al., 2011.
4. Zak, 2012.
5. Xygalatas, 2014.
6. Xygalatas, 2007.
7. Xygalatas, 2012.
8. Xygalatas et al., 2013a.
9. Csikszentmihalyi, 1990.
10. Walker, 2010.
11. Baranowski-Pinto et al., 2022.

第6章

1. Schmidt, 2016.
2. Whitehouse, 1996.
3. Aronson and Mills, 1959.
4. Gerard and Mathewson, 1966.
5. Xygalatas and Lang, 2016.
6. Xygalatas et al., 2013b.
7. Rielly, 2000.
8. Gray, 1959.
9. Whitehouse and Lanman, 2014.
10. Swann et al., 2009.
11. Swann et al., 2010.
12. Whitehouse, 2018.
13. Zeitlyn, 1990, p. 122.
14. Buhrmester, Zeitlyn and Whitehouse, 2020.
15. Newson et al., 2018.
16. Gómez et al., 2021.

第7章

1. Darwin Correspondence Project.
2. Darwin, 1871.
3. Fisher, 1930.
4. Zahavi, 1975.
5. Jonaitis, 1991.
6. Sahlins, 1963; Mauss, 1990 [1922].
7. Veblen, 1899.
8. Amin, Willetts and Eames, 1987.
9. Nielbo et al., 2017.
10. McCarty et al., 2017.
11. Neave et al., 2010.
12. Montepare and Zebrowitz, 1993; Fink et al., 2014.
13. Slone, 2008.
14. Bulbulia et al., 2015.
15. Kelley, 1972.
16. Iannaccone, 1994.
17. Young, 1965.
18. Sosis, Kress and Boster, 2007.
19. Cimino, 2011.
20. Burns, 2017.
21. Xygalatas et al., 2021.
22. Power, 2017a.
23. Power, 2017b.
24. Ruffle and Sosis, 2007.
25. Soler, 2012.
26. Xygalatas et al., 2017.
27. Power, 2018.
28. Sosis and Bressler, 2003.
29. Henrich, 2015.
30. Henrich and Henrich, 2007.
31. Henrich, 2009.
32. Norenzayan, 2013.
33. Festinger, Riecken and Schachter, 1956.
34. Inzlicht, Shenhav and Olivola, 2018.
35. Bloom, 2021.
36. Bem, 1967.
37. Rappaport, 1999, p. 118.
38. Evans-Pritchard, 1937.

Todd and Brown, 2003; Brevers et al., 2011; Dömötör, Ruíz-Barquín and Szabo, 2016.
15. Flanagan, 2013.
16. Bleak and Frederick, 1998.
17. Nadal and Carlin, 2011.
18. Keinan, 1994.
19. Sosis, 2007.
20. Keinan, 2002.
21. Lang et al., 2019.
22. Lang et al., 2015.
23. Skinner, 1948.
24. Wagner and Morris, 1987.
25. Legare and Souza, 2013.
26. Legare and Souza, 2012.
27. Xygalatas, Maňo and Baranowski, 2021.
28. Yerkes and Dodson, 1908.
29. Brenner et al., 2015.
30. Sosis and Handwerker, 2011.
31. Anastasi and Newberg, 2008.
32. Brooks et al., 2016.
33. Norton and Gino, 2014.
34. Lang, Krátký and Xygalatas, 2020.
35. U dupa et al., 2007.
36. Whitson and Galinsky, 2008.
37. Hockey, 1997.
38. Damisch, Stoberock and Mussweiler, 2010.
39. Gayton et al., 1989.
40. Foster, Weigand and Baines, 2006.

第 4 章

1. Biesele, 1978, p. 169.
2. Boyer, 2005.
3. Boyer and Liénard, 2006.
4. Zacks and Tversky, 2001.
5. Nielbo and Sørensen, 2011.
6. Nielbo, Schjoedt and Sørensen, 2012.
7. Kapitány and Nielsen, 2015.
8. Herrmann et al., 2013.
9. Schachner and Carey, 2013.
10. Liberman, Kinzler and Woodward, 2018.
11. Nielsen, Kapitány and Elkins, 2015; Wilks, Kapitány and Nielsen, 2016; Clegg and Legare, 2016.
12. Nielsen, Tomaselli and Kapitány, 2018.
13. Rakoczy, Warneken and Tomasello, 2008.
14. Nielsen, 2018.
15. Tajfel, 1970.
16. Park, Schaller and Vugt, 2007.
17. Shaver et al., 2018.
18. McElreath, Boyd and Richerson, 2003.
19. Wiltermuth and Heath, 2009.
20. Hove and Risen, 2009; Reddish, Fischer and Bulbulia, 2013.
21. Lang et al., 2017.
22. Dunbar, 2012.
23. Bernieri, Reznick and Rosenthal, 1988.
24. Chartrand and Bargh, 1999.
25. Wen, Herrmann and Legare, 2016.
26. Wen et al., 2020.
27. Bellah, 2011.
28. 同上。
29. Stein et al., 2021.
30. Atkinson and Whitehouse, 2011.
31. Whitehouse, 2004.
32. McCauley and Lawson, 2002.
33. 同上。

原注

第1章

1. Handwerk, 2003.
2. https://www.pgsindia.org/SinglePage.php?PageID=15
3. Homans, 1941.

第2章

1. Perrot et al., 2016.
2. Madden, 2008.
3. Bekoff, 2009.
4. Reggente et al., 2016; Watson, 2016.
5. Poole, 1996.
6. Meredith, 2004.
7. Harrod, 2014.
8. Goodall, 2005.
9. Kühl et al., 2016.
10. Rossano, 2006; 2010.
11. van Leeuwen et al., 2012; Dal Pesco and Fischer, 2018.
12. Meggitt, 1966.
13. de Waal, Frans, 1996, p. 151.
14. Deacon, 1997; Knight, 1994.
15. Dissanayake, 1988.
16. Jaubert et al., 2016.
17. Durkheim, 1915, pp. 216–17.
18. Rappaport, 1999, p. 107.
19. Sahlins, 1968; 1972.
20. Bocquet-Appel, 2011.
21. Scott, 2017.
22. Larsen, 2006.
23. Dulaney and Fiske, 1994.
24. Boyer and Liénard, 2006.
25. Fiske and Haslam, 1997.
26. Zohar and Felz, 2001.
27. Evans et al., 2002.
28. Klavir and Leiser, 2002; Woolley and Rhoads, 2017.
29. Watson-Jones, Whitehouse and Legare, 2015; Legare et al., 2015
30. Rakoczy, Warneken and Tomasello, 2008.
31. Horner and Whiten, 2004.
32. Lyons et al., 2011.
33. McGuigan, Makinson and Whiten, 2011.
34. Over and Carpenter, 2012.
35. Legare and Nielsen, 2015.
36. Fairlie, Hoffmann and Oreopoulos, 2014.
37. Watson-Jones, Whitehouse and Legare, 2015.
38. Over and Carpenter, 2009.
39. Young and Benyshek, 2010.
40. McCormick, 2010.
41. Archer, 1999.

第3章

1. Wayne, 1985.
2. Evans-Pritchard, 1951.
3. Malinowski, 1948, pp. 122–3.
4. Malinowski, 1922, p. 136.
5. Malinowski, 1948, p. 116.
6. 同上、p. 70.
7. Delfabbro and Winefeld, 2000.
8. Joukhador, Blaszczynski and Maccallum, 2004.
9. Henslin, 1967.
10. Frazer, 1890.
11. Nemeroff and Rozin, 1994.
12. Chang and Li, 2018.
13. Gmelch, 1978.
14. Zaugg, 1980; Schippers and Van Lange, 2006; Wright and Erdal, 2008;

Xygalatas, D., Mano, P., Bahna, V., Kundt, R., Kundtová-Klocová, E., and Shaver, J. (2021b). Social inequality and signaling in a costly ritual. *Evolution and Human Behavior* 42, 524–533.

Xygalatas, D., and Mano, P. (forthcoming). Ritual exegesis among Mauritian Hindus.

Yerkes, R. M., and Dodson, J. D. (1908). The relation of strength of stimulus to rapidity of habit-formation. *Journal of Comparative Neurology and Psychology* 18, 459–482.

Young, F. (1965). *Initiation Ceremonies: A Cross-Cultural Study of Status Dramatization*. Indianapolis, IN: Bobbs-Merrill.

Young, Sharon M., and Benyshek, Daniel C. (2010). In search of human placentophagy: A cross-cultural survey of human placenta consumption, disposal practices, and cultural beliefs. *Ecology of Food and Nutrition* 49(6), 467–484.

Zacks, J. M., and Tversky, B. (2001). Event structure in perception and conception. *Psychological Bulletin* 127(1), 3–21.

Zahavi, Amotz (1975). Mate selection: A selection for a handicap. *Journal of Theoretical Biology* 53(1), 205–214.

Zahran, S., Snodgrass, J., Maranon, D., Upadhyay, C., Granger, D., and Bailey, S. (2015). Stress and telomere shortening among central Indian conservation refugees. *Proceedings of the National Academy of Sciences of the United States of America* 112(9), E928–936.

Zak, Paul J. (2012). *The Moral Molecule: The Source of Love and Prosperity*. Boston, MA: Dutton. 『経済は「競争」では繁栄しない：信頼ホルモン「オキシトシン」が解き明かす愛と共感の神経経済学』ダイヤモンド社、2013年

Zaugg, M. K. (1980). Superstitious Beliefs of Basketball Players. Graduate thesis. University of Montana.

Zeitlyn, D. (1990). Mambila Traditional Religion: Sua in Somie. Doctoral thesis, University of Cambridge.

Zohar, A., and Felz, L. (2001). Ritualistic behaviour in young children. *Journal of Abnormal Child Psychology* 29(2), 121–128.

Society B (Biological Sciences) 375(1805), 20190437.

Whitehouse, H. (1996). Rites of terror: Emotion, metaphor and memory in Melanesian initiation cults. *The Journal of the Royal Anthropological Institute* 2, 703–715.

Whitehouse, H. (2004). *Modes of Religiosity*. Walnut Creek, CA: Altamira.

Whitehouse, H. (2018). Dying for the group: Towards a general theory of extreme self-sacrifice. *Behavioral and Brain Sciences* 41, e192.

Whitehouse, H., and Lanman, J. A. (2014). The ties that bind us. *Current Anthropology* 55(6), 674–695.

Whitson, J. A., and Galinsky, A. D. (2008). Lacking control increases illusory pattern perception. *Science* 322(5898), 115–117.

Wilks, M., Kapitány, R., and Nielsen, M. (2016). Preschool children's learning proclivities: When the ritual stance trumps the instrumental stance. *British Journal of Developmental Psychology* 34(3), 402–414.

Wiltermuth, S., and Heath, C. (2009). Synchrony and cooperation. *Psychological Science* 20(1), 1–5.

Wood, C. (2016). Ritual well-being: Toward a social signaling model of religion and mental health. *Religion, Brain & Behavior* 7(3), 262–265.

Woolley, J. D., and Rhoads, A. M. (2017). Now I'm 3: Young children's concepts of age, aging, and birthdays. *Imagination, Cognition and Personality* 38(3), 268–289.

Woolley, K., and Fishbach, A. (2017). A recipe for friendship: Similar food consumption promotes trust and cooperation. *Journal of Consumer Psychology* 27, 1–10.

Woolley, K., and Fishbach, A. (2018). Shared plates, shared minds: Consuming from a shared plate promotes cooperation. *Psychological Science* 30(4), 541–552.

Wright, P. B., and Erdal, K. J. (2008). Sport superstition as a function of skill level and task difficulty. *Journal of Sport Behavior* 31(2), 187–199.

Xygalatas, D. (2007). *Firewalking in Northern Greece: A cognitive approach to high-arousal rituals*. Doctoral dissertation. Queen's University Belfast.

Xygalatas, D. (2012). *The Burning Saints: Cognition and Culture in the Fire-walking Rituals of the Anastenaria*. London: Routledge.

Xygalatas, D. (2014). The biosocial basis of collective effervescence: An experimental anthropological study of a fire-walking ritual. *Fieldwork in Religion* 9(1), 53–67.

Xygalatas, D., Konvalinka, I., Roepstorff, A., and Bulbulia, J. (2011). Quantifying collective effervescence: Heart-rate dynamics at a fire-walking ritual. *Communicative & Integrative Biology* 4(6), 735–738.

Xygalatas, D., Schjødt, U., Bulbulia, J., Konvalinka, I., Jegindø, E., Reddish, P., Geertz, A. W., and Roepstorff, A. (2013a). Autobiographical memory in a fire-walking ritual. *Journal of Cognition and Culture* 13(1–2), 1–16.

Xygalatas, D., Mitkidis, P, Fischer, R., Reddish, P., Skewes, J., Geertz, A. W., Roepstorff, A., and Bulbulia, J. (2013b). Extreme rituals promote prosociality. *Psychological Science* 24(8), 1602–1605.

Xygalatas, D., and Lang, M. (2016). Prosociality and religion. In N. Kasumi Clements (ed.), *Mental Religion*. New York: Macmillan, 119–133.

Xygalatas, D., Kotherová, S., Maňo, P., Kundt, R., Cigán, J., Kundtová Klocová, E., and Lang, M. (2017). Big gods in small places: The random allocation game in Mauritius. *Religion, Brain and Behavior* 8(2), 243–261.

Xygalatas, D., Khan, S., Lang, M., Kundt, R., Kundtová-Klocová, E., Kratky, J., and Shaver, J. (2019). Effects of extreme ritual practices on health and well-being. *Current Anthropology* 60(5), 699–707.

Xygalatas, D., Maňo, P., and Baranowski Pinto, Gabriela (2021a). Ritualization increases the perceived efficacy of instrumental actions. *Cognition* 215, 104823.

211–239.

Sosis, R., Kress, H., and Boster, J. (2007). Scars for war: Evaluating alternative signaling explanations for cross-cultural variance in ritual costs. *Evolution and Human Behavior* 28, 234–247.

Sosis, R., and Handwerker, P. (2011). Psalms and coping with uncertainty. *American Anthropologist* 113(1), 40–55.

Stein, D., Schroeder, J., Hobson, N., Gino, F., and Norton, M. I. (2021). When alterations are violations: Moral outrage and punishment in response to (even minor) alterations to rituals. *Journal of Personality and Social Psychology*. doi: 10.1037/pspi0000352.

Štrkalj, Goran, and Pather, Nalini (eds) (2017). *Commemorations and Memorials: Exploring the Human Face of Anatomy*, Singapore: World Scientific Publishing Co.

Swann, W. B., Gómez, A., Seyle, D. C., Morales, J. F., and Huici, C. (2009). Identity fusion: The interplay of personal and social identities in extreme group behavior. *Journal of Personality and Social Psychology* 96(5), 995–1011.

Swann, W. B., Gómez, A., Huici, C., Morales, J. F., and Hixon, J. G. (2010). Identity fusion and self-sacrifice: Arousal as a catalyst of pro-group fighting, dying, and helping behavior. *Journal of Personality and Social Psychology* 99(5), 824–841.

Tajfel, H. (1970). Experiments in intergroup discrimination. *Scientific American* 223, 96–102.

Tewari, S., Khan, S., Hopkins, N., Srinivasan, N., and Reicher, S. (2012). Participation in mass gatherings can benefit well-being: Longitudinal and control data from a North Indian Hindu pilgrimage event. *PLOS ONE* 7(10), e47291.

Tian, A. D., Schroeder, J., Häubl, G., Risen, J. L., Norton, M. I., and Gino, F. (2018). Enacting rituals to improve selfcontrol. *Journal of Personality and Social Psychology* 114, 851–876.

Todd, M., and Brown, C. (2003). Characteristics associated with superstitious behavior in track and field athletes: Are there NCAA divisional level differences? *Journal of Sport Behavior* 26(2), 168–187.

Udupa, K., Sathyaprabha, T. N., Thirthalli, J., Kishore, K. R., Lavekar, G. S., Raju, T. R., and Gangadhar, B. N. (2007). Alteration of cardiac autonomic functions in patients with major depression: A study using heart rate variability measures. *Journal of Affective Disorders* 100, 137–141.

van Leeuwen, E. J. C., Cronin, K. A., Haun, D. B. M., Mundry, R., and Bodamer, M. D. (2012). Neighbouring chimpanzee communities show different preferences in social grooming behaviour. *Proceedings of the Royal Society B: Biological Sciences* 279(1746), 4362–4367.

Veblen, Thorstein (1899). *The Theory of the Leisure Class: An Economic Study in the Evolution of Institutions*. London: George Allen. 『有閑階級の理論』岩波書店、1961年

Wagner, G. A., and Morris, E. K. (1987). 'Superstitious' behavior in children. *The Psychological Record* 37 (4), 471–488.

Walker, C. J. (2010). Experiencing flow: Is doing it together better than doing it alone? *The Journal of Positive Psychology* 5(1), 3–11.

Watson, T. (2016). Whales mourn their dead, just like us. *National Geographic*, 18 July.

Watson-Jones, R., Whitehouse, H., and Legare, C. (2015). In-Group ostracism increases high-fidelity imitation in early childhood. *Psychological Science* 27(1), 34–42.

Wayne, H. (1985). Bronislaw Malinowski: The influence of various women on his life and works. *American Ethnologist* 12(3), 529–540.

Wen, N., Herrmann, P., and Legare, C. (2016). Ritual increases children's affiliation with in-group members. *Evolution and Human Behaviour* 37(1), 54–60.

Wen, N. J., Willard, A. K., Caughy, M., and Legare, C. H. (2020). Watch me, watch you: Ritual participation increases in-group displays and out-group monitoring in children. *Philosophical Transactions of the Royal*

cooperation. *PLOS ONE* 8(8), e71182.

Reggente, M. A. L., Alves, F., Nicolau, C., Freitas, L., Cagnazzi, D., Baird, R. W., and Galli, P. (2016). Nurturant behavior toward dead conspecifics in free-ranging mammals: New records for odontocetes and a general review. *Journal of Mammalogy* 97(5), 1428–1434.

Rielly, R. J. (2000). Confronting the tiger: Small unit cohesion in battle. *Military Review* 80, 61–65.

Rossano, M. J. (2006). The religious mind and the evolution of religion. *Review of General Psychology* 10(4), 346–364.

Rossano, Matt J. (2010). *Supernatural Selection: How Religion Evolved*. Oxford: Oxford University Press.

Ruffle, B., and Sosis, R. (2007). Does it pay to pray? Costly ritual and cooperation. *The B. E. Journal of Economic Analysis & Policy* 7(1), article 18.

Sahlins, M. D. (1963). Poor man, rich man, big-man, chief: Political types in Melanesia and Polynesia. *Comparative Studies in Society and History* 5(3), 285–303.

Sahlins, M. (1968). Notes on the original affluent society. In R. B. Lee and I. DeVore (eds), *Man the Hunter*. New York: Routledge.

Sahlins, Marshall (1972). *Stone Age Economics*. Chicago, IL: Aldine. 『石器時代の経済学』法政大学出版局、1984年

Schachner, A., and Carey, S. (2013). Reasoning about 'irrational' actions: When intentional movements cannot be explained, the movements themselves are seen as the goal. *Cognition* 129(2), 309–327.

Schippers, M. C., and Van Lange, P. A. M. (2006). The psychological benefits of superstitious rituals in top sport: A study among top sportspersons. *Journal of Applied Social Psychology* 36(10), 2532–2553.

Schmidt, Justin O. (2016). *The Sting of the Wild*. Baltimore, MD: Johns Hopkins University Press. 『蜂と蟻に刺されてみた：「痛さ」からわかった毒針昆虫のヒミツ』白揚社、2018年

Scott, James. (2017). *Against the Grain: A Deep History of the Earliest States*. New Haven, CT, and London: Yale University Press. 『反穀物の人類史：国家誕生のディープヒストリー』みすず書房、2019年

Shaver, J. H., Lang, M., Krátký, J., Klocová, E. K., Kundt, R., and Xygalatas, D. (2018). The boundaries of trust: Cross-religious and cross-ethnic field experiments in Mauritius. *Evolutionary Psychology* 16(4), 1474704918817644.

Shev, A. B., DeVaul, D. L., Beaulieu-Prévost, D., Heller, S. M., and the 2019 Census Lab. (2020). *Black Rock City Census: 2013–2019 Population Analysis*. Black Rock, NE: Black Rock City Census.

Singh, P., Tewari, S., Kesberg, R., Karl, J., Bulbulia, J., and Fischer, R. (2020). Time investments in rituals are associated with social bonding, affect and subjective health: A longitudinal study of Diwali in two Indian communities. *Philosophical Transactions of the Royal Society B: Biological Sciences* 375(1805), 20190430.

Skinner, B. F. (1948). 'Superstition' in the pigeon. *Journal of Experimental Psychology* 121(3), 273–274. 「ハトにおける"迷信"」『B.F.スキナー重要論文集 3 』勁草書房、2021年

Slone, J. (2008). The attraction of religion: A sexual selectionist account. In J. Bulbulia, R. Sosis, E. Harris, R. Genet, C. Genet and K. Wyman (eds), *The Evolution of Religion*. Santa Margarita, CA: Collins Foundation Press.

Snodgrass, J., Most, D., and Upadhyay, C. (2017). Religious ritual is good medicine for indigenous Indian conservation refugees: Implications for global mental health. *Current Anthropology* 58(2), 257–284.

Soler, M. (2012). Costly signaling, ritual and cooperation: Evidence from Candomblé, an Afro-Brazilian religion. *Evolution and Human Behavior* 33(4), 346–356.

Sosis, R. (2007). Psalms for safety. *Current Anthropology* 48(6), 903–911.

Sosis, R., and Bressler, E. (2003). Cooperation and commune longevity: A test of the costly signaling theory of religion. *Cross-Cultural Research* 37(2),

Nielbo, K. L., and Sørensen, J. (2011). Spontaneous processing of functional and non-functional action sequences. *Religion, Brain & Behavior* 1(1), 18–30.

Nielbo, K. L., Schjoedt, U., and Sørensen, J. (2012). Hierarchical organization of segmentation in non-functional action sequences. *Journal for the Cognitive Science of Religion* 1, 71–97.

Nielbo, K. L., Michal, F., Mort, J. Zamir, R., and Eilam, D. (2017). Structural differences among individuals, genders and generations as the key for ritual transmission, stereotypy and flexibility. *Behaviour* 154, 93–114.

Nielsen, M. (2018). The social glue of cumulative culture and ritual behavior. *Child Development Perspectives* 12, 264–268.

Nielsen, M., Kapitány, R., and Elkins, R. (2015). The perpetuation of ritualistic actions as revealed by young children's transmission of normative behavior. *Evolution and Human Behavior* 36(3), 191–198.

Nielsen, M., Tomaselli, K., and Kapitány, R. (2018). The influence of goal demotion on children's reproduction of ritual behavior. *Evolution and Human Behavior* 39, 343–348.

Norenzayan, Ara (2013). *Big Gods: How Religion Transformed Cooperation and Conflict*. Princeton, NJ: Princeton University Press. 『ビッグ・ゴッド：変容する宗教と協力・対立の心理学』誠信書房、2022年

Norton, M. I., and Gino, F. (2014). Rituals alleviate grieving for loved ones, lovers, and lotteries. *Journal of Experimental Psychology: General* 143(1), 266–272.

OECD (2020). *Hours Worked (Indicator)*. doi: 10.1787/47be1c78-en [2020年9月13日アクセス].

Over, H., and Carpenter, M. (2009). Priming third-party ostracism increases affiliative imitation in children. *Developmental Science* 12, F1–F8.

Over, H., and Carpenter, M. (2012). Putting the social into social learning: Explaining both selectivity and fidelity in children's copying behavior. *Journal of Comparative Psychology*, 126(2), 182.

Ozbay, F., Johnson, D., Dimoulas, E., Morgan, C., Charney, D., and Southwick, S. (2007). Social support and resilience to stress: From neurobiology to clinical practice. *Psychiatry* 4(5), 35–40.

Ozenc, F., and Hagan, Margaret (2017). Ritual design: Crafting team rituals for meaningful organizational change. *Advances in Intelligent Systems and Computing: Proceedings of the Applied Human Factors and Ergonomics International Conference*. New York: Springer Press.

Park, J. H., Schaller, M., and Vugt, M. V. (2007). Psychology of human kin recognition: Heuristic cues, erroneous inferences, and their implications. *Review of General Psychology* 12, 215–235.

Pawlina, W., Hammer, R. R., Strauss, J. D., Heath, S. G., Zhao, K. D., Sahota, S., Regnier, T. D., et al. (2011). The hand that gives the rose. *Mayo Clinic Proceedings* 86(2), 139–144.

Perrot, C., et al. (2016). Sexual display complexity varies nonlinearly with age and predicts breeding status in greater flamingos. *Nature Scientific Reports* 6, 36242.

Poole, J. (1996). *Coming of Age with Elephants*. Chicago, IL: Trafalgar Square.

Power, E. A. (2017a). Discerning devotion: Testing the signaling theory of religion. *Evolution and Human Behavior* 38(1), 82–91.

Power, E. A. (2017b). Social support networks and religiosity in rural South India. *Nature Human Behaviour* 1(3), 1–6.

Power, E. (2018). Collective ritual and social support networks in rural South India. *Proceedings of the Royal Society B (Biological Sciences)* 285, 20180023.

Rakoczy, H., Warneken, F., and Tomasello, M. (2008). The sources of normativity: Young children's awareness of the normative structure of games. *Developmental Psychology* 44(3), 875–881.

Rappaport, Roy (1999). *Ritual and Religion in the Making of Humanity*, Cambridge: Cambridge University Press.

Reddish, P., Fischer, R., and Bulbulia, J. (2013). Let's dance together: Synchrony, shared intentionality and

Pacific. London: Routledge. 「西太平洋の遠洋航海者」『世界の名著 59』中央公論社、1967年；『西太平洋の遠洋航海者：メラネシアのニュー・ギニア諸島における、住民たちの事業と冒険の報告』講談社、1985年

Malinowski, Bronislaw (1948). *Magic, Science and Religion and Other Essays* 1948. Boston, MA: Beacon Press. 『呪術・科学・宗教・神話』人文書院、1997年

Maltz, Maxwell (1960). *Psycho-Cybernetics*. New York: Simon & Schuster. 『自分を動かす：あなたの生き方を変えるサイコサイバネティックス』知道出版、1981年

Mauss, M. (1990 [1922]). *The Gift: Forms and Functions of Exchange in Archaic Societies*. London: Routledge. 『贈与論』筑摩書房、2009年；『贈与論　他二篇』岩波書店、2014年

McCarty, K., Darwin, H., Cornelissen, P., Saxton, T., Tovée, M., Caplan, N., and Neave, N. (2017). Optimal asymmetry and other motion parameters that characterise high-quality female dance. *Scientific Reports* 7(1), 42435.

McCauley, Robert N., and Lawson, Thomas (2002). *Bringing Ritual to Mind: Psychological Foundations of Cultural Forms*. Cambridge: Cambridge University Press.

McClenon, J. (1997). Shamanic healing, human evolution, and the origin of religion. *Journal for the Scientific Study of Religion* 36(3), 345.

McCormick, A. (2010). Infant mortality and child-naming: A genealogical exploration of American trends. *Journal of Public and Professional Sociology* 3(1).

McCullough, M. E., Hoyt, W. T., Larson, D. B., Koenig, H. G., and Thoresen, C. (2000). Religious involvement and mortality: A meta-analytic review. *Health Psychology* 19(3), 211–222.

McCullough, M. E., and Willoughby, B. L. B. (2009). Religion, selfregulation, and self-control: Associations, explanations, and implications. *Psychological Bulletin* 135, 69–93.

McElreath, R., Boyd, R., and Richerson, P. J. (2003). Shared norms and the evolution of ethnic markers. *Current Anthropology* 44, 122–130.

McGuigan, N., Makinson, J., and Whiten, A. (2011). From overimitation to super-copying: Adults imitate causally irrelevant aspects of tool use with higher fidelity than young children. *British Journal of Psychology* 102(1), 1–18.

Meggitt, M. J. (1966). Gadjari among the Walbiri aborigines of central Australia. *Oceania* 36, 283–315.

Memish, Z. A., Stephens, G. M., Steffen, R., and Ahmed, Q. A. (2012). Emergence of medicine for mass gatherings: Lessons from the hajj. *Lancet Infectious Diseases* 12(1), 56–65.

Meredith, M. (2004). *Elephant Destiny: Biography of an Endangered Species in Africa*. Canada: PublicAffairs.

Miller, L., Rozin, P., and Fiske, A. P. (1998). Food sharing and feeding another person suggest intimacy: Two studies of American college students. *European Journal of Social Psychology* 28, 423–436.

Montepare, J. M., and Zebrowitz, L. A. (1993). A cross-cultural comparison of impressions created by age-related variations in gait. *Journal of Nonverbal Behavior* 17, 55–68.

Nadal, R., and Carlin, J. (2011). *Rafa: My Story*. London: Sphere. 『ラファエル・ナダル自伝』実業之日本社、2011年

Neave, N., McCarty, K., Freynik, J., Caplan, N., Hönekopp, J., and Fink, B. (2010). Male dance moves that catch a woman's eye. *Biology Letters* 7(2), 221–224.

Nemeroff, C., and Rozin, P. (1994). The contagion concept in adult thinking in the United States: Transmission of germs and interpersonal influence. *Ethos* 22, 158–186.

Newberg, A., and Waldman, M. R. (2010). *How God Changes Your Brain*. New York: Ballantine Books.

Newson, M., Bortolini, T., Buhrmester, M., da Silva, S. R., da Aquino, J. N. Q., and Whitehouse, H. (2018). Brazil's football warriors: Social bonding and inter-group violence. *Evolution and Human Behavior* 39(6), 675–683.

about birthdays. *The Journal of Genetic Psychology* 163(2), 239–253.

Klement, Kathryn R., Lee, Ellen M. Ambler, James K., Hanson, Sarah A., Comber, Evelyn, Wietting, David, Wagner, Michael F., et al. (2017). Extreme rituals in a BDSM context: The physiological and psychological effects of the 'dance of souls'. *Culture, Health & Sexuality* 19(4), 453–469.

Knight, C. (1994). Ritual and the origins of language. In C. Knight and C. Power (eds), *Ritual and the Origins of Symbolism*. London: University of East London Sociology Department.

Konvalinka, I., Xygalatas, D., Bulbulia, J., Schjødt, U., Jegindø, E., Wallot, S., Van Orden, G., and Roepstorff, A. (2011). Synchronized arousal between performers and related spectators in a fire-walking ritual. *Proceedings of the National Academy of Sciences (PNAS)* 108(20), 8514–8519.

Kühl, H. S., Kalan, A. K., Arandjelovic, M., Aubert, F., D'Auvergne, L., Goedmakers, A., Jones, S., Kehoe, L., Regnaut, S., Tickle, A., Ton, E., Schijndel, J. van, Abwe, E. E., Angedakin, S., Agbor, A., Ayimisin, E. A., Bailey, E., Bessone, M., Bonnet, M., and Boesch, C. (2016). Chimpanzee accumulative stone throwing. *Scientific Reports* 6(1), 22219.

Lang, M., Kratky, J., Shaver, J. H., Jerotijević, D., and Xygalatas, D. (2015). Effects of anxiety on spontaneous ritualized behavior. *Current Biology* 25(14), 1892–1897.

Lang, M., Bahna, V., Shaver, J., Reddish, P., and Xygalatas, D. (2017). Sync to link: Endorphin-Mediated synchrony effects on cooperation. *Biological Psychology* 127, 191–197.

Lang, M., Krátký, J., Shaver, J., Jerotijević, D., and Xygalatas, D. (2019). Is ritual behavior a response to anxiety? In J. Slone and W. McCorkle, *The Cognitive Science of Religion: A Methodological Introduction to Key Empirical Studies*. London: Bloomsbury.

Lang, M., Krátký, J., and Xygalatas, D. (2020). The role of ritual behaviour in anxiety reduction: An investigation of Marathi religious practices in Mauritius. *Philosophical Transactions of the Royal Society B (Biological Sciences)* 375, 20190431.

Larsen, C. S. (2006). The agricultural revolution as environmental catastrophe: Implications for health and lifestyle in the Holocene. *Quaternary International* 150(1), 12–20.

Legare, C. H., and Souza, A. L. (2012). Evaluating ritual efficacy: Evidence from the supernatural. *Cognition* 124(1), 1–15.

Legare, C. H., and Souza, A. L. (2013). Searching for control: Priming randomness increases the evaluation of ritual efficacy. *Cognitive Science* 38(1), 152–161.

Legare, C. H., and Nielsen, M. (2015). Imitation and innovation: The dual engines of cultural learning. *Trends in Cognitive Sciences* 19(11), 688–699.

Legare, C. H., Wen, N. J., Herrmann, P. A., and Whitehouse, H. (2015). Imitative flexibility and the development of cultural learning. *Cognition* 142, 351–361.

Lester, D. (2009). Voodoo death. *OMEGA Journal of Death and Dying* 59, 1–18.

Liberman, Z., Woodward, A. L., Sullivan, K. R., and Kinzler, K. D. (2016). Early emerging system for reasoning about the social nature of food. *Proceedings of the National Academy of Sciences* 113(34), 9480–9485.

Liberman, Z., Kinzler, K. D., and Woodward, A. L. (2018). The early social significance of shared ritual actions. *Cognition* 171, 42–51.

Liu, L., Gou, Z., and Zuo, J. (2014). Social support mediates loneliness and depression in elderly people. *Journal of Health Psychology* 21(5), 750–758.

Lyons, D. E., Damrosch, D. H., Lin, J. K., Macris, D. M., and Keil, F. C. (2011). The scope and limits of overimitation in the transmission of artefact culture. *Philosophical Transactions of the Royal Society B: Biological Sciences* 366(1567), 1158–1167.

Madden, J. R. (2008). Do bowerbirds exhibit cultures? *Animal Cognition* 11(1), 1–12.

Malinowski, Bronislaw (1922). *Argonauts of the Western*

Ritual. https://journal.burningman.org/2016/12/black-rock-city/participatein-brc/burning-man-2017-radical-ritual/ [2020年9月20日アクセス].

Henrich, Joseph (2009). The evolution of costly displays, cooperation and religion. *Evolution and Human Behavior* 30(4), 244–260.

Henrich, Joseph (2015). *The Secret of Our Success: How Culture Is Driving Human Evolution, Domesticating Our Species, and Making Us Smarter*. Princeton, NJ: Princeton University Press. 『文化がヒトを進化させた：人類の繁栄と〈文化-遺伝子革命〉』白揚社、2019年

Henrich, N. S., and Henrich, J. (2007). *Why Humans Cooperate: A Cultural and Evolutionary Explanation*. Oxford: Oxford University Press.

Henslin, J. (1967). Craps and magic. *American Journal of Sociology* 73, 316–330.

Herrmann, P. A., Legare, C. H., Harris, P. L., and Whitehouse, H. (2013). Stick to the script: The effect of witnessing multiple actors on children's imitation. *Cognition* 129(3), 536–543.

Hockey, G. R. J. (1997). Compensatory control in the regulation of human performance under stress and high workload: A cognitive–energetical framework. *Biological Psychology* 45, 73–93.

Homans, G. C. (1941). Anxiety and ritual: The theories of Malinowski and Radcliffe-Brown. *American Anthropologist* 43(2), 164–172.

Horner, V., and Whiten, A. (2004). Causal knowledge and imitation/emulation switching in chimpanzees (Pan troglodytes) and children (Homo sapiens). *Animal Cognition* 8(3), 164–181.

Hove, M., and Risen, J. (2009). It's all in the timing: Interpersonal synchrony increases affiliation. *Social Cognition* 27(6).

Iannaccone, L. (1994). Why strict churches are strong. *American Journal of Sociology* 99(5), 1180–1211.

Inglehart, R. F. (2020). Giving up on God: The global decline of religion. *Foreign Affairs* 99, 110.

Inzlicht, M., Shenhav, A., and Olivola, C. Y. (2018). The effort paradox: Effort is both costly and valued. *Trends in Cognitive Sciences* 22(4), 337–349.

Jaubert, J., Verheyden, S., Genty, D., Soulier, M., Cheng, H., Blamart, D., Burlet, C., Camus, H., Delaby, S., Deldicque, D., Edwards, R. L., Ferrier, C., Lacrampe-Cuyaubère, F., Lévêque,　F., Maksud, F., Mora, P., Muth, X., Régnier, É., Rouzaud, J.-N., and Santos, F. (2016). Early Neanderthal constructions deep in Bruniquel Cave in southwestern France. *Nature* 534(7605), 111–114.

Jonaitis, A. (1991). *Chiefly Feasts: The Enduring Kwakiutl Potlatch*. Seattle, WA: University of Washington Press.

Joukhador, J., Blaszczynski, A., and Maccallum, F. (2004). Superstitious beliefs in gambling among problem and nonproblem gamblers: Preliminary data. *Journal of Gambling Studies* 20(2), 171–180.

Kapitány, R., and Nielsen, M. (2015). Adopting the ritual stance: The role of opacity and context in ritual and everyday actions. *Cognition* 145, 13–29.

Keinan, G. (1994). Effects of stress and tolerance of ambiguity on magical thinking. *Journal of Personality and Social Psychology* 67, 48–55.

Keinan, G. (2002). The effects of stress and desire for control on superstitious behavior. *Personality and Social Psychology Bulletin* 28(1), 102–108.

Kelley, Dean M. (1972). *Why Conservative Churches Are Growing: A Study in Sociology of Religion*. New York: Harper & Row.

Kim, T., et al. (2021). Work group rituals enhance the meaning of work. *Organizational Behaviour and Human Decision Processes* 165, 197–212.

Kjaer T. W., Bertelsen, C., Piccini, P., Brooks, D., Alving, J., and Lou, H. C. (2002). Increased dopamine tone during meditation induced change of consciousness. *Cognitive Brain Research* 13(2), 255–259.

Klavir, R., and Leiser, D. (2002). When astronomy, biology, and culture converge: Children's conceptions

態　オーストラリアにおけるトーテム大系』筑摩書房、2014年

Evans, D. W., Milanak, M. E., Medeiros, B., and Ross, J. L. (2002). Magical beliefs and rituals in young children. *Child Psychiatry and Human Development* 33(1), 43–58.

Evans-Pritchard, E. E. (1937). *Witchcraft, Oracles, and Magic among the Azande*. Oxford: Clarendon Press. 『アザンデ人の世界：妖術・託宣・呪術』みすず書房、2001年

Evans-Pritchard, Edward (1951). *Social Anthropology*. London: Cohen & West. 『社会人類学』同文館、1957年

Fairlie, R. W., Hoffmann, F., and Oreopoulos, P. (2014). A community college instructor like me: Race and ethnicity interactions in the classroom. *American Economic Review* 104(8), 2567–2591.

Festinger, Leon, Riecken, Henry W., and Schachter, Stanley (1956). *When Prophecy Fails: A Social and Psychological Study of a Modern Group that Predicted the Destruction of the World*. Minneapolis, MN: University of Minnesota Press. 『予言がはずれるとき：この世の破滅を予知した現代のある集団を解明する』勁草書房、1995年

Fink B., Weege B., Neave N., Ried B., and do Lago, O. C. (2014). Female perceptions of male body movement. In V. Weekes-Shackelford and T. K. Shackelford (eds), *Evolutionary Perspectives on Human Sexual Psychology and Behavior*. Berlin: Springer.

Fischer, R., et al. (2014). The fire-walker's high: affect and physiological responses in an extreme collective ritual. *PLOS ONE* 9, e88355.

Fisher, R. A. (1930). *The Genetical Theory of Natural Selection*. Oxford: Clarendon Press.

Fiske, A., and Haslam, N. (1997). Is obsessive–compulsive disorder a pathology of the human disposition to perform socially meaningful rituals? Evidence of similar content. *The Journal of Nervous and Mental Disease* 185, 211–222.

Flanagan, E. (2013). Superstitious Ritual in Sport and the Competitive Anxiety Response in Elite and Non–Elite Athletes. Unpublished dissertation, DBS eSource, Dublin Business School.

Foster, D. J., Weigand, D. A., and Baines, D. (2006). The effect of removing superstitious behavior and introducing a preperformance routine on basketball free-throw performance. *Journal of Applied Sport Psychology* 18, 167–171.

Frazer, J. G. (1890). *The Golden Bough: A Study in Comparative Religion*. London: Macmillan.『金枝篇』岩波書店、1951年；筑摩書房、2003年

Gayton, W. F., Cielinski, K. L., Francis-Keniston, W. J., and Hearns, J. F. (1989). Effects of preshot routine on free-throw shooting. *Perceptual and Motor Skills* 68, 317–318.

Gerard, H. B., and Mathewson, G. C. (1966). The effect of severity of initiation on liking for a group: A replication. *Journal of Experimental Social Psychology* 2(3), 278–287.

Gmelch, G. (1978). Baseball magic. *Human Nature* 1(8), 32–39.

Gómez, Á., Bélanger, J. J., Chinchilla, J., Vázquez, A., Schumpe, B. M., Nisa, C. F., and Chiclana, S. (2021). Admiration for Islamist groups encourages self-sacrifice through identity fusion. *Humanities and Social Sciences Communications* 8(1), 54.

Goodall, J. (2005). Primate spirituality. In B. Taylor (ed.), *The Encyclopedia of Religion and Nature*. New York: Thoemmes Continuum.

Gray, Jesse G. (1959). *The Warriors*. Lincoln, NE: University of Nebraska Press. 『戦場の哲学者：戦争ではなぜ平気で人が殺せるのか』PHP研究所、2009年

Handwerk, Brian (2003). Snake handlers hang on in Appalachian churches. *National Geographic News*, 7 April.

Harrod, J. B. (2014). The case for chimpanzee religion. *Journal for the Study of Religion, Nature and Culture* 8(1), 16–25.

Harvey, Larry (2016). *Burning Man 2017: Radical*

(2020). Ritual, fusion, and conflict: The roots of agro-pastoral violence in rural Cameroon. *Group Processes & Intergroup Relations*, 1368430220959705.

Bulbulia, J., Xygalatas, D., Schjødt, U., Fondevila, S., Sibley, C., and Konvalinka, I. (2013). Images from a jointly-arousing collective ritual reveal emotional polarization. *Frontiers in Psychology* 4, 960.

Bulbulia, J., Shaver, J. H., Greaves, L., Sosis, R., and Sibley, C. (2015). Religion and parental cooperation: An empirical test of Slone's sexual signaling model. In J. Slone and J. Van Slyke (eds), *The Attraction of Religion*. London: Bloomsbury.

Burns, James (dir.) (2017). *Inside a Gang Initiation with the Silent Murder Crips*. Vice video.

Cannon, Walter B. (1942). Voodoo death. *American Anthropologist* 44(2), 169–181.

Chang, Z., and Li, J. (2018). The impact of in-house unnatural death on property values: Evidence from Hong Kong. *Regional Science and Urban Economics* 73, 112–126.

Chartrand, T., and Bargh, J. (1999). The chameleon effect: The perception–behaviour link and social interaction. *Journal of Personality and Social Psychology* 6(76), 893–910.

Cimino, A. (2011). The evolution of hazing: Motivational mechanisms and the abuse of newcomers. *Journal of Cognition and Culture* 11, 241–267.

Clegg, J. M., and Legare, C. H. (2016). Instrumental and conventional interpretations of behavior are associated with distinct outcomes in early childhood. *Child Development* 87, 527–542.

Csikszentmihalyi, Mihaly (1990). *Flow: The Psychology of Optimal Experience*. New York: Harper & Row. 『フロー体験 喜びの現象学』世界思想社、1996年

Dal Pesco, F., and Fischer, J. (2018). Greetings in male Guinea baboons and the function of rituals in complex social groups. *Journal of Human Evolution* 125, 87–89.

Damisch, L., Stoberock, B., and Mussweiler, T. (2010). Keep your fingers crossed! How superstition improves performance. *Psychological Science* 21(7), 1014–1020.

Darwin, C. (1871). *The Descent of Man and Selection in Relation to Sex*. London: John Murray. 『雌雄淘汰』日本評論社、1926年

Darwin Correspondence Project, 'Letter no. 2743', http://www.darwinproject.ac.uk/DCP-LETT-2743 [2021年10月23日アクセス].

de Castro, J. M., and de Castro, E. S. (1989). Spontaneous meal patterns of humans: Influence of the presence of other people. *The American Journal of Clinical Nutrition* 50, 237–247.

de Waal, Frans (1996). *Good Natured: The Origins of Right and Wrong in Humans and Other Animals*. Cambridge, MA: Harvard University Press. 『利己的なサル、他人を思いやるサル：モラルはなぜ生まれたのか』草思社、1998年

Deacon, Terrence (1997). *The Symbolic Species: The Co-Evolution of Language and the Brain*. New York: Norton & Co. 『ヒトはいかにして人となったか：言語と脳の共進化』新曜社、1999年

Delfabbro, P. H., and Winefeld, A. H. (2000). Predictors of irrational thinking in regular slot machine gamblers. *Journal of Psychology: Interdisciplinary and Applied* 134(2), 117–128.

Dissanayake, Ellen (1988). *What Is Art For?* Seattle, WA: University of Washington Press.

Dömötör, Z., Ruíz-Barquín, R., and Szabo, A. (2016). Superstitious behavior in sport: A literature review. *Scandinavian Journal of Psychology* 57(4), 368–382.

Dulaney, S., and Fiske, A. (1994). Cultural rituals and Ritual obsessive–compulsive disorder: Is there a common psychological mechanism? *Ethos* 3, 243–283.

Dunbar, R. (2012). Bridging the bonding gap: The transition from primates to humans. *Philosophical Transactions of The Royal Society B (Biological Sciences)* 367(1597), 1837–1846.

Durkheim, Émile (1915). *The Elementary Forms of the Religious Life*. London: Allen & Unwin.『宗教生活の原初形態』岩波書店、1941年；『宗教生活の基本形

参考文献

Amin, M., Willetts, D., and Eames, J. (1987). *The Last of the Maasai*. London: Bodley Head.

Anastasi, M. W., and Newberg, A. B. (2008). A preliminary study of the acute effects of religious ritual on anxiety. *Journal of Alternative and Complementary Medicine* 14(2), 163–165.

Archer, John (1999). *The Nature of Grief: The Evolution and Psychology of Reactions to Loss*. London: Routledge.

Aronson, E., and Mills, J. (1959). The effect of severity of initiation on liking for a group. *The Journal of Abnormal and Social Psychology* 59(2), 177–181.

Atkinson, Q., and Whitehouse, H. (2011). The cultural morphospace of ritual form. *Evolution and Human Behaviour* 32(1), 50–62.

Baranowski-Pinto, G., Profeta, V. L. S., Newson, M., Whitehouse, H., and Xygalatas, D. (2022). Being in a crowd bonds people via physiological synchrony. *Scientific Reports* 12: 613.

Bekoff, M. (2009). Animal emotions, wild justice and why they matter: Grieving magpies, a pissy baboon, and empathic elephants. *Emotion, Space and Society* 2(2), 82–85.

Bell, Catherine (1992). *Ritual Theory, Ritual Practice*. Oxford: Oxford University Press. 『儀礼の理論・儀礼の実践』金港堂出版部、2021年

Bellah, Robert N. (2011). *Religion in Human Evolution: From the Paleolithic to the Axial Age*. Cambridge, MA: Harvard University Press.

Bem, D. J. (1967). Self-Perception: An alternative interpretation of cognitive dissonance phenomena. *Psychological Review* 74, 183–200.

Bentzen, J. S. (2020). *In Crisis, We Pray: Religiosity and the COVID-19 Pandemic*. London: Centre for Economic Policy Research.

Bernieri, F., Reznick, J., and Rosenthal, R. (1988). Synchrony, pseudosynchrony, and dissynchrony: Measuring the entrainment process in mother–infant interactions. *Journal of Personality and Social Psychology* 54(2), 243–253.

Biesele, M. (1978). Religion and folklore. In P. V. Tobias (ed.), *The Bushmen*. Cape Town: Human & Rousseau.

Bleak, J. L., and Frederick, C. M. (1998). Superstitious behavior in sport: levels of effectiveness and determinants of use in three collegiate sports. *Journal of Sport Behavior* 21(1), 1–15.

Bloom, Paul (2021). *The Sweet Spot*. New York: HarperCollins.

Bocquet-Appel, J.-P. (2011). The agricultural demographic transition during and after the agriculture inventions. *Current Anthropology* 52(S4), S497–S510.

Boothby, E. J., Clark, M. S., and Bargh, J. A. (2014). Shared experiences are amplified. *Psychological Science* 25(12), 2209–2216.

Boyer, Pascal (2005). A reductionistic model of distinct modes of religious transmission. In H. Whitehouse and R. N. McCauley (eds), *Mind and Religion: Psychological and Cognitive Foundations of Religiosity*. Walnut Creek, CA: AltaMira Press.

Boyer, P., and Liénard, P. (2006). Why ritualized behavior? Precaution systems and action parsing in developmental, pathological and cultural rituals. *Behavioral and Brain Sciences* 29, 595–650.

Brenner, S. L., Jones, J. P., Rutanen-Whaley, R. H., Parker, W., Flinn, M. V., and Muehlenbein, M. P. (2015). Evolutionary mismatch and chronic psychological stress. *Journal of Evolutionary Medicine* 3, 1–11.

Brevers, D., Dan, B., Noel, X., and Nils, F. (2011). Sport superstition: Mediation of psychological tension on nonprofessional sportsmen's superstitious rituals. *Journal of Sport Behavior* 34(1), 3–24.

Brooks, A. W., Schroeder, J., Risen, J. L., Gino, F., Galinsky, A. D., Norton, M. I., and Schweitzer, M. E. (2016). Don't stop believing: Rituals improve performance by decreasing anxiety. *Organizational Behavior and Human Decision Processes* 137, 71–85.

Buhrmester, M. D., Zeitlyn, D., and Whitehouse, H.

謝辞

人生においては、どんなものであれ何かをつくるときには、その前に、そして実際に取り組んでいる時間よりもはるかに長きにわたって、いくつもの出来事が連なっているものだ。本書もそうしたことの結果として完成した。私はこれまで、才能にあふれて思いやりがあり、心が広い人々との出会いにめぐまれ、ほんとうに幸運だった。その人たちが私の考え方に与えてくれた影響は大きく、研究の着想を得るうえでためになった。ここにすべての人の名前を記そうとしても、大切な人がもれてしまうかもしれない。さらに、科学の知見は数々の取り組みの集大成であり、そこにはじつに多くの人々がかかわっている。したがって、ここでは、一人ひとりに感謝を伝えるというより、本書に関連してとくに大きな意義があった出来事や組織について書くことにしたい。

そうは言ったものの、私にとくに重要な影響を与えてくれた三人がいる。テッサロニキのアリストテレス大学で教鞭をとるパナヨティス・パヒス教授のおかげで、宗教を科学的に探究することについて興味をかき立てられた。ギリシャの学生時代、私はなかなか芽が出なかった。大学に入って二年ほどは、勉学にあまり意欲がわかず、中退することを真剣に考えていた。パナヨティス教授から指導と助言を受け、友人のように接していただいたおかげで、私は情熱を注ぐ対象を見つけ、すばらしい旅路へと向かうことができた。

また、旅路の途中の大事な時期に、優秀な人たちのいる研究機関で一緒に仕事をする幸運にめぐまれた。たとえば、デンマークのオーフス大学の相互作用意識センターと宗教認知文化研究ユニットでは、学生として学び、のちに教えるようになった。北アイルランドにあるクイーンズ大学ベルファストの人類学部の認知文化研究所では、博士号を取得することができた。博士号取得後には、アメリカ・ニュージャージー州のプリンストン大学にあるシーガー・ギリシャ学研究センターで、フェローとして研究する機会をもつことができた。こうした環境は、私が学究を深めるうえでたいへん重要であり、若い研究者が望んでやまない指導と支援が得られ、自由な雰囲気があった。

チェコ・マサリク大学の宗教実験研究研究所で所長を務めていたときには、すばらしい人たちと交流できたことをうれしく思った。心から信頼できる多くの人たちが協力してくれ、よい友人にもなれた。

もっと最近について言うと、コネチカット大学の人類学部、心理学部、認知科学プログラム、人文科学研究所の同僚や学生は、いつも知的な刺激と発想の源になってくれている。なかでも人文科学研究所からは、本書の執筆にあたって大きな助力を得た。同研究所のフェローシップがなければ、本書の執筆に着手する機会はなかったと思う。

本書で紹介した研究は、共同執筆者や協力者の支援がなければできなかった。コネチカット大学の私の実験人類学研究室で研究に参加した学生たちと、フィールドワークでお世話になったモーリシャスの研究アシスタントの皆さんに感謝する。そして当然ながら、フィールドワークでかかわったいくつもの地域コミュニティの人たちの協力とあたたかい心遣いがなければ、研究はなりたたなかった。フィールドワークのコミュニティで過ごした年月は、私がこれまでに受けてきた最高の教育期間だったと考えている。

それから、本書の出版にかかわった、著作権事務所のサイエンス・ファクトリー、イギリスの出版社プロファイル・ブックス、アメリカの出版社リトルブラウンスパークにお礼を申しあげたい。各社のスタッフ、経営陣、協力者の方々の導きのおかげで、研究者の考えを広く一般の読者に伝えるという、わくわくするような、しかし苦労も多い道のりを進むことができた。こうした方々からの本書に対する展望と助言と信頼があってこそ、執筆が実を結んだのだ。

最後になるが、もっとも大きな影響を与えてくれた人たちのうちの残る二人は、私の両親だ。二人には高等教育を受ける手段も機会もなかった。しかし、学ぶことの大切さをたえず子どもにたたき込んでくれた。両親が多くの犠牲を払ってくれたおかげで、私はこれまでの道をたどることができた。本書を両親に捧げたい。

ま行

な行

た行

さ行

か行

索引

あ行

著者

ディミトリス・クシガラタス

Dimitris Xygalatas

コネチカット大学・実験的人類学研究所長。認知人類学者。南ヨーロッパとモーリシャスで数年間のフィールドワークを行ったのち、プリンストン大学、オーフス大学で役職を歴任し、マサリク大学・宗教実験研究研究所の所長を務める。コネチカット大学では実験的人類学研究室を指揮。実際の環境での行動を定量化するための方法と技術を開発している。認知科学プログラム、コネチカット脳認知科学研究所、健康、介入、および政策に関するコラボレーション研究所での活動も多数。その活動は、ニューヨーク・タイムズ、ガーディアン、PBS、ヒストリーチャンネル、その他の多くの媒体でも取り上げられている。

訳者

田中恵理香

たなか・えりか

東京外国語大学英米語学科卒、ロンドン大学ロンドン・スクール・オブ・エコノミクス修士課程修了。訳書に『むずかしい女性が変えてきた――あたらしいフェミニズム史』(みすず書房、2022年)、『ヴィクトリア朝医療の歴史――外科医ジョゼフ・リスターと歴史を変えた治療法』(原書房、2021年)、『巨大企業17社とグローバル・パワー・エリート』(パンローリング、2020年)などがある。

RITUAL《リチュアル》

人類を幸福に導く「最古の科学」

2024年1月31日　初版

著者／ディミトリス・クシガラタス
訳者／田中恵理香
翻訳協力／株式会社リベル
発行者／株式会社晶文社
東京都千代田区神田神保町1-11　〒101-0051
電話03-3518-4940(代表)・4942(編集)
URL：https://www.shobunsha.co.jp

印刷・製本　ベクトル印刷株式会社

ISBN978-4-7949-7408-2 Printed in Japan